发展适宜性实践与早期教育课程

主编　霍力岩　张仁甫

Sixth Edition

Developmentally Appropriate Practice

Curriculum and Development in Early Education

0—3岁婴幼儿发展适宜性实践

[美]卡罗尔·格斯特维奇　著

Carol　Gestwicki

李柃霏　高静雅　何　淼　王　驰　刘祎玮　张仁甫　黄　爽　译

教育科学出版社

·北 京·

出 版 人　郑豪杰
策划编辑　王春华
责任编辑　王春华
版式设计　杨玲玲
责任校对　贾静芳
责任印制　李孟晓

图书在版编目（CIP）数据

0—3岁婴幼儿发展适宜性实践/（美）卡罗尔·格斯特维奇（Carol Gestwicki）著；李柃霏等译. —北京：教育科学出版社，2024.4
（发展适宜性实践与早期教育课程/霍力岩，张仁甫主编）
书名原文：Developmentally Appropriate Practice：Curriculum and Development in Early Education
ISBN 978-7-5191-3630-7

Ⅰ.①0…　Ⅱ.①卡…　②李…　Ⅲ.①婴幼儿—早期教育　Ⅳ.①G61

中国国家版本馆 CIP 数据核字（2023）第 230275 号
北京市版权局著作权合同登记 图字：01-2023-3654 号

发展适宜性实践与早期教育课程
0—3岁婴幼儿发展适宜性实践
0—3 SUI YING-YOU'ER FAZHAN SHIYIXING SHIJIAN

出 版 发 行	教育科学出版社				
社　　　址	北京·朝阳区安慧北里安园甲9号		邮　　编	100101	
总编室电话	010-64981290		编辑部电话	010-64989395	
出版部电话	010-64989487		市场部电话	010-64989572	
传　　　真	010-64989419		网　　址	http://www.esph.com.cn	
经　　　销	各地新华书店				
制　　　作	北京金奥都图文制作中心				
印　　　刷	保定市中画美凯印刷有限公司				
开　　　本	720毫米×1020毫米　1/16		版　　次	2024年4月第1版	
印　　　张	26.25		印　　次	2024年4月第1次印刷	
字　　　数	378千		定　　价	88.00元	

发展适宜性实践与中国早期教育课程建构

——在国际视野下开展本土行动

发展适宜性实践（Developmentally Appropriate Practice，DAP）不是一个具体的课程模式，而是一套儿童早期教育哲学、理论框架、行动指南和评估标准，应该成为当下早期教育改革特别是托幼一体化课程改革的努力方向。发展适宜性实践由美国幼儿教育协会（National Association for the Education of Young Children，NAEYC）提出，是基于儿童发展理论促进儿童发展的一套价值理念。在当下关注婴幼儿快乐健康成长，建立完善促进婴幼儿照护服务发展的政策法规体系、标准规范体系和服务供给体系，努力为婴幼儿提供更加适宜的早期教育，建设高质量的早期教育体系的价值追求背景下，发展适宜性实践的教育哲学与基本原则可以为建设具有中国立场、儿童立场、文化立场的幼儿园发展适宜性课程提供借鉴。

一、发展适宜性实践的产生与发展

（一）《国家处在危机之中》与学前教育出现"小学化"倾向

1983 年，美国一家教学质量研究机构发表了研究报告《国家处在危机之中》（*A Nation at Risk*）。该报告对 1973—1982 年美国高中毕业生的考试成绩进行了统计分析，结果显示学生成绩大幅下降。这引起了美国全社会的忧虑和关切，并由此揭开了 20 世纪美国第二次教育改革的序幕，美国开始了在教育改革中提升学生学业成绩的价值转向和现实努力。美国《国家处在危机之中》以及其后的第二次教育改革对学前教育领域产生了巨大影响，直接教学模式开始复苏，传统的读写算教学重返学前课堂，学前教育出现了严重的"小学化"倾向。可以说，在这次教育改革的推动下，曾由"儿童中心""活动教学""综合教学"等学前教育观念和模式长期主导的美国学前教育，出现了向"教师中心""直接教学""分科教学"转变的倾向。

（二）发展适宜性实践的基本框架及其可持续发展意蕴

1986 年，美国幼儿教育协会提出了"发展适宜性"的概念，并进而发布关于发展适宜性实践的立场声明，开始宣传并推行自己所坚守的一套发展适宜性的教育价值观和一系列发展适宜性的评价标准。美国幼儿教育协会明确提出，这份关于发展适宜性实践的立场声明并不是要提供除以往多种课程模式外的又一种更优或更具特点的课程模式，而是"为管理者、教师、家长以及其他需要在儿童保育与教育中做出决策的人提供一份详细说明，描述在早期教育项目中开展'发展适宜性实践'需要遵循的原则"①。也就是说，发展适宜性实践可以用来分辨学前教育中适宜的教学实践和不适宜的教学实践，不管这些教学实践采用的是哪种课程模式，如蒙台梭利课程（the Montessori Approach）、高瞻课程（the HighScope Approach）、光谱课程（the Project Spectrum）或瑞吉欧课程（the Reggio Emilia Approach）。

1987 年，休·布里德坎普（Sue Bredekamp）在《早期教育中的发展适宜性课程》（*Developmentally Appropriate Practice in Early Childhood Programs*）中明确提出，发展适宜性包括年龄的适宜性和个体的适宜性两个维度，通过狭隘地测验学业技能而获得的心理测验分数从来都不应该成为推荐入学、留级、接受特殊教育或者补偿教育的唯一尺度。② 这一对于发展适宜性的阐释

---

① BREDEKAMP S & COPPLE C. Developmentally appropriate practice in early childhood programs [M]. Washington, DC: National Association for the Education of Young Children, 1997: 3.

② 布里德坎普. 美国年幼儿童教育协会对发展适应性早期教育方案（面向0—8岁儿童）的说明 [M] //黄人颂. 学前教育学参考资料（上册）. 北京: 人民教育出版社, 1991: 291-307.

以及其中所蕴含的对简单学业技能培养和学业技能测验的批评在美国引起了极大反响，并很快在全球教育界特别是学前教育界引起广泛关注。因为封面是绿色的——体现其蕴含的倡导儿童可持续发展的意蕴，《早期教育中的发展适宜性课程》后来被美国学前教育界称为"绿色圣经"。可以说，在某种意义上，"绿色圣经"代表了儿童为本向书本为本的反攻，代表了建构主义课程对训导主义课程的反攻，也表达了对可持续发展早期教育的向往和追求。

（三）发展适宜性实践的修订与文化适宜性的提出

1997 年，美国幼儿教育协会对发展适宜性实践声明进行了修订，特别提出了文化适宜性问题，也就是说，发展适宜性实践必须考虑到文化和语言多样性的问题。在关于发展适宜性实践的立场声明中，美国幼儿教育协会指出，发展适宜性实践的知识基础包含 3 个方面的内容，其中之一为"关于儿童生活的社会和文化背景知识"，并指出这一方面知识"能够保证学习经验有意义、有价值，体现对参与项目的儿童和他们家庭的尊重"①。从某种意义上说，维果斯基的建构主义理论为美国幼儿教育协会在 1997 年修订发展适宜性实践提供了理论基础。新版声明在"影响发展适宜性实践的有关儿童发展和学习的原则"这一部分指出："发展和学习是在多元的社会和文化背景下发生的，并受到多元的社会和文化背景的影响。""儿童是主动的学习者，吸取直接的自然和社会经验、知识，以此来建构他们自己对周围世界的理解。""发展和学习是生理上的成熟以及与环境相互作用的结果，环境包括儿童生活的自然界和社会。"②

特别值得注意的是，在对发展适宜性实践的修订中，美国幼儿教育协会抛弃了多年课程争论中非此即彼的逻辑套路，尝试整合建构主义课程和训导主义课程，倡导关注两种因素的互动与交融。他们指出："成人有责任来确保儿童的健康发展和学习。从出生起，与成人之间的关系就是儿童社会性和

---

① NAEYC. Developmentally appropriate practice in early childhood programs serving children from birth though 8 [M]. Washington, D. C. : National Association for the Education of Young Children, 1997: 4-5.

② BREDEKAMP S & COPPLE C. Developmentally appropriate practice in early childhood programs [M]. Washington, D. C. : National Association for the Education of Young Children, 1997: 7-8.

情感发展的关键因素，也是儿童语言和智力发展的中介。同时，儿童是知识的主动建构者，通过发起和管理自身的学习活动以及与同伴互动获益。因此，幼儿教师应努力实现儿童的自发学习和成人的指导或帮助两者之间的最优平衡。"① 在"建构适宜的课程"这一部分，该声明指出，"发展适宜性课程要促进儿童所有方面，包括身体、情感、社会性、语言、审美以及认知"，"课程要促进知识和认识、方法和技能的发展，并培养儿童使用和应用技能以及继续学习的态度"。② 总的来说，发展适宜性实践一方面认为儿童主导的活动和教师主导的活动对于儿童的发展均具有价值，另一方面认为适宜的教育实践可以而且也应该兼顾儿童的发展与儿童的学业成就。

（四）发展适宜性实践的再修订与对文化背景及教师决策作用的凸显

第 3 版的发展适宜性实践立场声明重点提出了教师教学有效性的问题，将教师的教学聚焦于缩小儿童学习的差距，使所有儿童的学业成就均能得到提升，同时也强调了幼小衔接的重要性。新版本立场声明强调了社会、文化和历史背景的重要性，即发展适宜性实践并不是绝对的，对适宜性的解读需要在相应文化语境中进行。例如，"婴儿地板自由"是一个在某些文化环境中不被接受的概念。教师要具有敏锐的文化意识，发展跨文化沟通、跨文化思维。

此外，新版本在强调教师教学有效性的基础上进一步指出："教师每天都要做出许多决定，熟记儿童学习和发展目标，并制定有意义的策略来帮助儿童实现目标。""将有关儿童发展的知识转换为对儿童进行培养和教育的实践，这需要成人做出很多的决策。"对发展适宜性实践的决策的强调，凸显有意图的教师在面对各种实际问题和情况时做出适宜性决策的重要性。在教师决策的作用方面，新版本重新进行了定义和排序，分别为：①创建一个关爱学习者的社区；②与家庭建立互惠伙伴关系，加强与社区的联系；③观察、

---

① NAEYC. Developmentally appropriate practice in early childhood programs serving children from birth though 8 ［M］. Washington, D.C.: National Association for the Education of Young Children, 1997: 11.

② 同①: 13.

记录和评估儿童的发展和学习；④通过教学促进每个儿童的发展和学习；⑤计划和实施引人入胜的课程，实现有意义的目标；⑥展示教师的专业素养。上述 6 项内容凸显了对家园社一体化发展的考量、对儿童个体差异的关注和对儿童可持续发展的支持，并再次强调了教师专业性的意义和价值所在。

二、本书结构与发展适宜性实践的主要观点

（一）本书结构与发展适宜性实践的整体框架

本书以两位家长选择截然不同的两种教育理念开始，围绕"适合儿童的最佳学习环境和课程实践"展开讨论。全书共分为四部分。第 1 部分介绍发展适宜性实践的核心要素及原则，探讨发展适宜性实践的概念，共包括 4 章。第 1 章介绍发展适宜性实践的历史发展、基本原则、对儿童发展的影响，并指出一些对于发展适宜性课程的错误理解。基于游戏在发展适宜性实践中的核心地位，第 2 章介绍关于游戏与儿童发展的理论和研究。第 3 章审视关于课程的一般概念，并描述教师在设计适宜性课程时的角色和可采取的行动。第 4 章描述多种课程模式，并考虑这些模式如何与发展适宜性实践的原则相适应。这些介绍性的章节为后面重在将发展适宜性实践原则转换成教师有意图的行动的章节奠定了基础。

在总体介绍之后，第 2、第 3 和第 4 部分分别围绕发展适宜性的物质环境、社会性及情感环境和学习环境展开论述。这里的环境包括班级中的材料、活动、安排、关系和互动。

总的来讲，本书的目的在于激发早期教育实践者反思并检验当前的实践，帮助他们进一步了解美国幼儿教育协会发布的立场声明，并尝试将发展适宜性理念转化为日常决策和行动，为儿童创造最具支持性的学习环境。

（二）发展适宜性实践的主要观点

第一，发展适宜性实践并不代表某一种实践，而是一套充满活力和创造性的实践方法论。美国幼儿教育协会一直强调，"发展适宜性标准并不是要

成为一个严格的处方，而是要成为提供决策所需信息、反思问题的思想指南"①。换言之，发展适宜性实践并不是要让所有的教育实践都遵循同样的模式，而是试图为教育工作者提供一种思想和方法上的指导，在这种思想指导下，教育工作者可以设计出更加适宜儿童发展需求的课程方案。同时，没有绝对适宜或不适宜的教育实践，事实上，发展适宜性实践认为所有的教育实践都处在从适宜到不适宜的连续体的某一点上。抛开儿童不同发展特点、不同文化背景谈论适宜本身就是不适宜的，教师可以依据发展适宜性实践的原则设计课程、支持儿童等。此外，发展适宜性实践还充分体现了兼容性、开放性和多元性的特点。发展适宜性实践没有绝对遵从建构主义或训导主义的课程哲学，而是尝试在二者之间取得某种妥协和平衡：既强调儿童自发活动的价值，又重视教师的指导作用；既重视儿童的能力发展，又不忽视儿童的学业成绩。它以一种开放的态度对待并力图整合这两种哲学理念，从而建构出开放的哲学体系。

第二，"发展适宜性实践是一种基于儿童发展理论做出儿童教育相关决策的哲学。"② 基于证据、研究和专业判断的有质量的实践被称为专业实践。教师必须具备广泛和不断发展的技能知识基础，以便做出决策，解决各种多样性问题。这意味着教师必须具备与发展适宜性实践核心因素相关的知识。有准备的教师要有意识地做出适宜的决策来指导儿童的发展和学习，以实现具有挑战性但是可以实现的目标。教师应具备的支撑性知识，也即发展适宜性实践决策的基础，主要包括3个方面：①关于儿童发展和学习规律的知识，以便教师能够围绕"哪些经历可能丰富儿童的经验"做出一般性预测；②关于儿童个体的情况，以及如何最有效地适应和响应个体差异的知识；③关于儿童个体社会和文化背景的知识，包括家庭和社区的价值观、期望和语言等。此外，教师也要充分反思自身的社会和文化背景，以避免内隐或外显的偏见，从而支持每个儿童的发展和学习。在制定决策时，需要将文化差异性考虑在内。

---

① GESTWICKI. Developmentally appropriate practice：Curriculum and development in early education [M]. 6th ed. New York：Thomson Delmar Learning，2015：104.

② 同①：9.

第三，发展适宜性实践的开展离不开家庭与社区的深度参与。教师真正做到与家长和社区成员共同决定如何教育和照顾儿童，会为儿童的发展提供量身定制式的支持。社区既是可以支持儿童发展的物质环境，又是可以为儿童提供文化认同感的社会性及情感环境，同时也是教师可资利用的教育资源，因此，社区对于开展发展适宜性实践的积极作用不容小觑。新版本指出，"家长参与"或"家长教育"的传统模式是片面的，无法为教师提供他们所需要的知识或见解，不足以使他们提供完全满足每个儿童需求和经验的学习体验。在发展适宜性实践中，家庭参与儿童成长与发展，包括课程设计、实施及评估，以保证家庭与教育机构对于发展适宜性的理解一致，对儿童发展的要求一致，从而使家庭教育与机构教育这两股力量聚集在一起，更好地理解和支持儿童的发展，满足儿童发展的独特需求。

三、建构适合中国儿童的发展适宜性课程

（一）国际视野下中国早期教育课程的本土行动

中华人民共和国成立后，我国学前教育界师从苏联，学习了一套与中小学直接教学和分科教学模式类似的集体主义教育模式。苏联学前教育家乌索娃主导的学前教学、直接教学、分科教学的集体主义教育模式，在相当程度上成为影响新中国成立以来30年幼儿园教育教学的主旋律。在改革开放以后，我国学前教育界步入借鉴欧美的阶段，学习了以活动教学和综合教学为主要特点的自由主义教育模式，开始了儿童中心和基于游戏的学前教育的探索，这个过程也是中国学前教育向高瞻课程、蒙台梭利课程、瑞吉欧课程、光谱课程等优秀学前教育模式学习的过程。反思学习和借鉴多种国外学前教育模式的真实状况可知，我们的学习思路、借鉴原则、实践历程、实践方式并不令人乐观。我们不应只是简单重复过去的轨迹和逻辑，而应当从国际发展视角出发，展现大国担当，开展本土行动。换言之，只有在与各类学前教育模式的碰撞与融合中，以中国核心文化特质为中心，创建与时代息息相关的中国早期教育课程模式才是正道。中国早期教育课程建构应以立德树人为

根本任务，贯彻落实《中共中央 国务院关于学前教育深化改革规范发展的若干意见》《幼儿园教育指导纲要（试行）》《3—6岁儿童学习与发展指南》等文件对早期教育事业发展的战略引领和专业指导，为培养德智体美劳全面发展的社会主义建设者和接班人奠定坚实基础。

（二）发展适宜性实践与"托幼一体化"体系建构

2019年，《国务院办公厅关于促进3岁以下婴幼儿照护服务发展的指导意见》提出，发展婴幼儿照护服务要"按照儿童优先的原则，最大限度地保护婴幼儿，确保婴幼儿的安全和健康"，特别强调了科学规范的托育服务要遵循婴幼儿成长规律和发展特点，促进婴幼儿在身体发育、动作、语言、认知、情感与社会性等方面的全面发展。2021年，《中华人民共和国国民经济和社会发展第十四个五年规划和2035年远景目标纲要》在"健全婴幼儿发展政策"中指出："鼓励幼儿园发展托幼一体化服务。推进婴幼儿照护服务专业化、规范化发展，提高保育保教质量和水平。"2023年，国家卫生健康委员会发布《托育机构质量评估标准》，从托育机构资质、环境空间、设备设施、玩具材料等办托条件，以及托育队伍、保育照护、卫生保健、养育支持、安全保障和机构管理等多方面，对托育服务质量进行了规定。

"幼有优育"的高质量托幼一体化服务体系建设，是推动人口高质量发展的重要基础，是社会可持续发展的重要保障。当前，我国托育服务质量与人民群众对安全优质的托育服务需求之间仍存在一定差距。发展科学、专业和规范的托育服务不仅是国家健全婴幼儿发展相关政策的基本要求，更是满足家庭对婴幼儿健康发展与幸福成长内在需求的重要举措。译者认为，发展适宜性实践从立场定位、课程取向、物质环境、情感氛围以及学习环境等方面，为我国建构高质量托幼一体化服务体系提供了参考和借鉴。

托幼一体化的发展适宜性实践不是创造一个冷冰冰的课堂，而是要营造一个充满关爱的学习者社区，基于和谐、温暖的关系，建构适宜的托幼一体化课程体系。在这样的课程体系中，教师起着至关重要的作用。教师应在研究婴幼儿发展特点与个体差异的基础上，有意图地将婴幼儿研究转化为支架婴幼儿学习与发展的过程，形成科学的、发展性的托幼一体化评估体系，建构"教学评促"托幼一体化课程新生态，并与家庭建立互惠关系，与家庭密切合作，协同促进婴幼儿的全面发展。

（三）发展适宜性实践与"双减时代"下的早期教育课程发展

2021年7月，中共中央办公厅、国务院办公厅印发《关于进一步减轻义务教育阶段学生作业负担和校外培训负担的意见》，使基础教育的格局发生了翻天覆地的变化，教育领域整体走进了"双减时代"，引领基础教育进一步由知识为本、升学为重向同化为本、发展为重倾斜，着重发展儿童的好奇心、主动性、创造性等学习品质。"双减"政策看似针对中小学阶段的减负要求，但是儿童的发展是连续、整体和可持续的，各阶段的教育不是完全割裂的，因此需要步调一致的科学化衔接。做好幼小衔接工作是实现基础教育高质量发展的关键要素之一。《教育部关于大力推进幼儿园与小学科学衔接的指导意见》从幼儿园入学准备和小学入学适应教育两方面对幼小衔接工作进行了规范和引导。

落实"双减"政策以及实施科学的幼小衔接，最重要的是要深入研究儿童的有效学习，深化课程改革。课程是教育的核心要素，是教师对儿童施加影响的主要抓手。重新思考和建构新时代早期教育课程，对于儿童的学习与发展发挥着至关重要的作用。

在思考"双减"政策下的早期教育课程如何建构的过程中，译者体会到发展适宜性实践的一些基本原则可以作为重要参考。发展适宜性课程不是仅基于一种理论进行建构的标准答案式的课程模式，而是基于多种理论的具有一定架构但是又可在架构中根据儿童年龄特点、个性特征和文化差异提供不同关键经验的理念。早期教育课程内容的组织与实施必须遵循儿童身心发展的基本规律，关注儿童的主体地位，关注儿童的学习过程。同时，教师要进一步确立课程内容的中心点或核心点，回归儿童本身的发展水平和方向，在儿童原有经验的基础上确立儿童可以"跳一跳够得着"的教育目标，并以此引领课程建构与教学。早期教育具有基础性和启蒙性，应当培养儿童可持续发展的学习能力、积极的学习品质、良好的学习习惯与态度等基础素养。此外，儿童在课程中获得乐趣和学习同样重要，因此课程的设计不仅要支持儿童的发展，同时也要兼顾儿童的良好体验，支持他们进行快乐且有价值的学习。

（四）发展适宜性实践与教师的决策和支持能力

发展适宜性实践不是课程，也不是一套可以用于支配教育实践的固定标准。相反，它是一种哲学，或者是说一种与儿童一起工作的方法。这意味着将有关儿童发展的理论知识转换为对儿童进行培养和教育的实践行动，需要教师做出专业的决策，提供有效的支持。教师的决策包括儿童"学什么""如何学"，教师"教什么""如何教""如何评"。儿童的发展是通过与他人、材料和经验的互动发生的，适宜的支持会为儿童创造一个适宜的环境，而非代替儿童思考进行直接教学。

《教育部关于大力推进幼儿园与小学科学衔接的指导意见》中指出，要将入学准备教育有机渗透于幼儿园3年保育教育工作的全过程。"有机渗透"4字将教师实施入学准备教育的方式特点展现得淋漓尽致，即要做到潜移默化、润物无声，看似"随意""无意识"，实则"明确""有意图"。换言之，入学准备不是有意为之的教育，而应是教师常存于脑中的自觉意识。教师要注意对儿童学习兴趣和探索能力的激发，从儿童的实际需要出发，不断创造适宜的支持途径和方式。

中国学前教育研究者的时代使命在于努力建设具有中国立场、适合中国娃发展、彰显中国底蕴的话语体系和行动体系。在当今的全球化时代，在新时代中国特色社会主义思想蓬勃发展的进程中，我们需要通过建设与时代相适应的、具有中华文化特色的早期教育体系来实现"幼有所育""幼有善育"，需要切实从中国现状出发，寻找中国解决方案，完成新时代中国早期教育战略与策略两方面的调整，为民族复兴筑牢根基，为世界提供参考。

目 录

第2部分　发展适宜性的物质环境

第5章　发展适宜性的物质环境：婴儿期　175

第6章　发展适宜性的物质环境：学步儿期　207

第3部分　发展适宜性的社会性及情感环境

第 4 部分　发展适宜性的学习环境

前　言

在过去的几十年里，各早期教育专业组织发布了一系列关于发展适宜性实践的立场声明。

本书绝不是要与那些立场声明竞争。相反，我们希望教师把那些立场声明作为主要资源，把本书作为辅助，把阅读本书作为一个反思立场声明含义和实际应用的机会。

在职教师和相关专业学生需努力学习如何将发展适宜性实践的理念转化为儿童早期课堂中的日常决策和行动。本书就是为了帮助他们每天在班里落实发展适宜性实践的理念。

本书中的观点实用而全面，用于特定年龄段。总之，本书适用于学生、新教师或有经验的教师，或任何在早教中心、家庭育儿点、托育中心、幼儿园从事相关工作的专业人士。

此外，社区的管理者和决策者也必须清楚地了解能对儿童发挥积极作用的学习环境。正在为子女的保育和教育做出选择的家长，需要了解好的实践是什么样子，这样他们就可以做出明智的选择，并在孩子的学校倡导最佳实践。

发展适宜性实践理念的一个重要组成部分是个体适宜性的概念，也就是说，没有一个绝对的标准可以完全满足每个人的需求。因此，本书可以作为课堂实践的指南，而不是一个绝对的处方。

值得注意的是，本版所有章节都经过了大量的修改，包括关于发展适宜性实践和实际问题的最新思考。

首先，文本已经过充分修改和更新，以反映最新的立场声明和标准。读者还会经常看到近期其他重要的立场声明，包括美国幼儿教育协会和圣文森特学院弗雷德·罗杰斯早期学习和儿童媒介中心（Fred Rogers Center for Early Learning and Children's Media）的联合立场声明《技术和互动媒体作为0—8

岁儿童早期教育的工具》（2012）。

本书为学习者提供了丰富的学习、研究和反思工具。

"学习目标"在每章的开头呈现，与章的主要标题和小结相关。这些目标突出了读者理解本章信息所需的知识。完成本章后，读者应该能够展示他们如何应用新知识和技能。

"反思"突出教师成为有意图的实践者的重要性。

"多样性考虑"描述了在典型课堂情境中可能出现的文化问题或冲突。读者将有机会从他人的角度进行思考，并发现共同点和平衡方法。

"发展适宜性实践的当前话题"关注当今许多教师所关心的问题，都与发展适宜性实践的原则有关。

"建议"突出了教师指导课堂实践的实用策略。

"家园交流"突出显示可用于就特定主题与家长进行交流的内容。

"发展适宜性实践的决策"是针对教师经常遇到的家长提问、管理要求设计的，帮助教师解释适宜性做法并对他人做出回应。这些非常现实的情况和场景再现了教师的日常困境，有助于读者学习如何解决问题，并向他人解释他们的工作。这些通常会为重要的课堂讨论和个人反思建立基础。

"小结"是简要的回顾，列出每章涉及的关键概念。

"思考"是为进一步学习而进行的活动，可用作课内或课外作业。

"自测"帮助读者评估自己是否已经掌握了每章的重点。

"应用：案例研究"帮助读者应用和反思本章内容。

致 谢

许多对话和经历促成了本书。30多年来，我不断与新教师、老教师进行讨论，这些讨论形成我的问题和假设。我也非常感谢那些促使我找到更好解释方式的学生。同时，作为一名教育工作者，我很幸运一路上有同事支持和激励我成长。我特别要感谢已故的朋友和同事贝蒂·高·朗兹（Betty High Rounds），是他首先给了我这个写作灵感，然后在初稿阶段提供了有用的反馈，并且提供了许多关于瑞吉欧·艾米利亚的令人兴奋的材料。

当然，我也要感谢我的家人——他们一直不断进步，并且愿意忽略我身上存在的像我作品一样的许多缺点。书中提到的我的孙女莉拉（Lila）和罗斯（Rose），她们已经进入了高中生活——这太棒了！

我把我的作品献给我深爱的丈夫罗恩（Ron），他的求知欲和对学习的热情一直激励着我。此外，我要感谢在各阶段审阅文本的人，包括：帕洛玛学院（Palomar College）的劳雷尔·安德森（Laurel Anderson）；梅里特学院（Merritt College）的詹妮弗·布里法（Jennifer Briffa）；捷威社区技术学院（Gateway Community Technical College）的嘉娜·坎姆（Jana Camm）；兰斯顿大学（Langston University）的埃维娅·戴维斯（Evia Davis）；佛罗里达海湾海岸大学（Florida Gulf Coast University）的伊丽莎白·埃利奥特（Elizabeth Elliot）；麦迪逊维尔社区学院（Madisonville Community College）的艾普尔·格雷斯（April Grace）；圣劳伦斯学院（St. Lawrence College）的金·霍利（Kim Hawley）；萨姆·休斯敦州立大学（Sam Houston State University）的卡琳·米基·亨德森（Carlene Miki Henderson）；昆内特技术学院（Gwinnett Technical College）的谢伦·墨菲（Sherron Murphy）；亨德森社区学院（Henderson Community College）的布丽奇特·默里（Bridget Murray）；峡谷学院（College of the Canyons）的温迪·鲁伊斯（Wendy Ruiz）；三角洲州立大学（Delta State University）的科利斯·斯诺（Corlis Snow）。

第1部分 发展适宜性实践的界定

第1章　发展适宜性实践的界定

学习目标

学习本章之后，你应该能够：

1-1　了解发展适宜性实践的内涵；

1-2　阐述发展适宜性实践的基本组成部分；

1-3　理解儿童发展的12个基本原则；

1-4　阐述不适宜的实践；

1-5　回应有关发展适宜性实践的10条误解。

塞思和玛莉亚是美国上百万婴幼儿中的两个，她们将在今年进入托育机构。塞思将进入"忙碌学习者"日托中心（Busy Learners Day Care Center）的两岁班，玛莉亚将进入"快乐时光"托儿所（Happy Days Nursery School）的半日班。两个孩子的家长在做出选择前都考察了所在社区的多个托育机构。

塞思的父母选择了"忙碌学习者"。他们在参观期间了解到了该中心的理念和活动。该中心手册上有如下声明。

我们相信儿童有能力进行认真的学习，所以我们中心为您的孩子提供了学习重要学业技能的机会，这种技能将使他/她成功升入您为其选择的学校。我们的课程包括强调发音练习的基础阅读技能和数学入门活动。在您的孩子从我们的两岁班毕业时，他/她将学会背字母表，分辨许多字母的发音，认识一些形状和颜色，从1数到20。我们的西班牙语老师每周为两岁班上一个小时的课。

塞思父母参观教室时，发现孩子们安静地坐在桌边给单词"dog"和字母"D"涂色。墙上贴着前一天的活动安排，以及按照规格裁切的小狗轮廓图，老师们似乎认为完全控制就是对孩子们的指导。这符合塞思父母心目中有关学校的观念。

玛莉亚父母也是基于托育机构理念及他们参观后的感觉做出的选择。该机构的手册上是这样写的。

我们认为孩子们应该积极地参与游戏，实现全面发展。老师们每天都会为孩子们准备丰富多彩又充满趣味的游戏。当孩子们探究活动材料、学习与其他孩子玩耍时，就是在自主自发地探索世界。

玛莉亚父母在教室里参观时，发现不同小组的孩子们忙碌地穿梭于教室的各个角落：一个孩子在画架前画画，3 个孩子在一个活动区里搭积木，一个孩子在推玩具卡车，3 个孩子穿着华丽的成人服饰在聊天。另一组孩子在桌边和老师捏橡皮泥。教室中有许多谈话声。

两对家长都坚信他们在自己孩子入学的问题上做出了最佳选择。显而易见的是，这两个孩子将会获得完全不同的学习经历。这两个托育中心在教育理念上大相径庭。我们如何让这两种不同的理念和谐融合，促进婴幼儿的发展呢？

像塞思和玛莉亚入读的这两种差异显著的托育机构随处可见。从幼儿园到小学，差异普遍存在。在许多地方，关于发展适宜性实践的理念没有起到任何作用，也没有得到任何认可。这种现象的出现在一定程度上是由于人们倾向于避免接受与过去或当前认知水平相冲突的观点或知识。本书希望可以帮助学生、专业人士、家长和相关社区成员理解面向 0—3 岁婴幼儿的发展适宜性课程的内涵和意义，同时我们会分析在特定情境下将理念转换为行动的方法。

关于发展适宜性实践的讨论并不是刚刚开始，也远未结束。20 世纪 80 年代到 90 年代，一系列由美国一些重要教育组织发表的关于发展适宜性实践的出版物，使这一讨论进入了一个新的阶段。随着 21 世纪有关如何确保"不让一个孩子掉队"的国际对话的进行，早期教育工作者和家长不断寻求适合

0—8 岁儿童的最佳学习环境和课程实践。本书将对这些对话的诸多方面进行讨论。

首先，我们来了解一下什么是发展适宜性实践。

发展适宜性实践的背景和历史

美国幼儿教育协会于1987年首次明确了发展适宜性实践的立场观点。美国早期教育机构认证体系的发展，要求对发展适宜性实践做出更加明确的界定，否则诸如"使用发展适宜性活动或材料"这样的说法会太过宽泛，会引发各种不同的解释。

第一份立场声明中关于发展适宜性实践的定义针对0—8岁儿童，并分别概述了适宜和不适宜的实践（Bredekamp，1987）。国际儿童教育协会（The Association for Childhood Education International，ACEI）在1988年发表了一篇文章，证实了游戏对儿童发展的重要性（Isenberg & Quisenberry，1988），而美国小学校长协会（The National Association of Elementary School Principals，NAESP）则在1990年阐述了自己关于高质量早期儿童项目的看法，并于2005年修订（NAESP，2005）。美国州教育委员会协会（National Association of State Boards of Education，NASBE）在全国入学准备特别工作组报告中提出了自己的观点（NASBE，1991）。美国幼儿教育协会和美国州教育部早期教育专家协会（National Association of Early Childhood Specialists in State Departments of Education，NAECS/SDE）联合发布了一项声明，即《3—8岁儿童发展适宜性课程内容和评价指南》，分为第一卷（Bredekamp & Rosegrant，1992）和第二卷（Bredekamp & Rosegrant，1995）。2003年，美国幼儿教育协会和美国州教育部早期教育专家协会联合发布最新的关于课程、评价和项目评估的声明。

其他立场声明包括：由国际阅读协会（International Reading Association，IRA）和美国幼儿教育协会提出的《学习阅读和书写：儿童早期阶段发展适宜性实践》，由美国幼儿教育协会和美国数学教师理事会提出的《儿童早期阶段数学：促进良好的开端》（NAEYC & NCTM，2002，2010）。另外，还有一些具体声明针对早期学习标准、入学准备、对语言和文化多样性的回应以及科技与儿童的关系等，将在本书后续相关章节中进行探讨。

在早期干预与早期特殊教育领域中，特殊儿童委员会（Council for Exceptional Children）的早期儿童部（Division for Early Childhood，DEC）1993 年发表立场文件，最近又提出了一份综合指南（Sandall，Hemmeter，Smith，& McLean，2005）。早期儿童部和美国幼儿教育协会关于儿童早期融合的联合立场声明提出了对包容和质量的定义。

对这一问题的探讨仍在继续。1997 年，美国幼儿教育协会对关于发展适宜性实践的立场声明进行了第一次重大修订，发表了《早期教育中的发展适宜性实践》修订版（Bredekamp & Copple，1997）。这一文件在前言部分承认知识基础不断改变（既源于研究，也源于专业人士之间持续进行的对话），需要每隔 10 年左右进行审查并出版修订文件。

许多早期教育专业人士、家长和社区，感谢该文件努力在这个千变万化的领域指明道路。早期教育领域面临的新趋势和关注点包括以下方面：

- 接受集体照料的婴幼儿数量持续增长；
- 特殊需要儿童被纳入常规课堂；
- 来自不同语言和文化的儿童、家庭数量持续增长；
- 对学前儿童的学业评价和入学准备越来越受到重视；
- 许多学校开设学前班；

- 在"良好开端，聪明成长"计划的推动下，美国大多数州制定了早期学习标准；
- 小学阶段面临标准化考试的压力以及《不让一个孩子掉队法案》的要求；
- 少数族裔和经济弱势学生与其他学生之间的学业表现差异不断扩大。

早期教育的一个新趋势是许多学校开设学前班

　　美国幼儿教育协会立场声明的第 3 版概述了当前早期教育项目运行的背景，当前面临的关键问题是：尽快缩小学业差距，使所有儿童都能成功；加强学前教育与基础教育衔接；认识到教师决策对教育有效性的重要性。

　　自从美国幼儿教育协会发表第一版立场声明之后，早期教育领域对发展适宜性实践的质疑和争论不绝于耳。吉普森（Jipson）认为该立场声明在确定适宜性的构成要素时忽略了文化差异性（Jipson，1991）。德尔皮（Delpit）指出该声明没有关注非洲裔美国儿童的特别需求，并印证了以欧洲裔为中心的偏见（Delpit，1988）。马洛里（Mallory）和纽（New）进一步对文化的有效性进行了探讨，并对残疾儿童的发展适宜性原则提出了质疑（Mallory & New，1994）。凯斯勒（Kessler）提醒专业人士应该谨防基于特定群体观点的实践"处方"，他主张教育目的应保持多样性（1991）。沃尔什（Walsh）认为声明中关于儿童发展的共识并不全面真实，忽略了关于学习和发展的其他重要观点（Walsh，1991）。维恩（Wien）指出目前的评论分为两个方面：将主流文化作为所有儿童的课程规范，忽视了其他文化及其价值和规范；没有将一些实践包含在内，比如对所有儿童都很重要的直接指导（Wien，1995）。有两位早期教育专家发表了一系列的对话文章，运用实例证明这场争论的本质是探讨发展适宜性实践是否对每个人都适用（Charlesworth，1998a，1998b；Lubeck，1998a，1998b）。1997年版立场声明认识到需要澄清和解决一些受到关注的问题，并"更加清晰地表达美国幼儿教育协会的立场，以使精力不再浪费在对显而易见的问题的无效争论上，而是花在对真正的不同观点的探讨上"（Bredekamp & Copple，1997，p.4）。新版立场声明承认了该专业面临的更多问题，并继续鼓励讨论和辩论，指出这种对话对该领域专业知识的持续增长非常重要。

立场声明最初的目的之一，是希望为寻求美国幼儿教育协会认证的早期教育机构提供对发展适宜性实践的解释。当然，发展适宜性实践只是基本原则，适合不同的机构和情境。

所有努力的核心在于如何最好地服务发展中的儿童。对于所有的专业人士来说，熟悉这些立场声明是很重要的。

1-1　关于发展适宜性实践的立场声明

美国幼儿教育协会关于发展适宜性实践的立场声明指出了该声明的理论基础，并对早期教育中的关键问题和当前背景进行了讨论。

美国幼儿教育协会认识到，早期教育工作者每天都要做出许多决定，要牢记儿童学习和发展目标，并制定有意义的策略来帮助儿童实现这些目标。"发展适宜性实践的核心在于这种目的性，在于从业者在做决定时所需要的知识，在于他们总是以对儿童来说既具有挑战性又可实现的目标为目标。"（Copple & Bredekamp，2009，p. 9）。

发展适宜性实践的特点是"我们从理论和文献中了解到儿童是如何发展与学习的"（Copple & Bredekamp，2009，p. 10）。在后面的章节中，我们将考虑儿童发展和学习的一系列原则，这些原则决定了发展适宜性实践。

立场声明从 5 个相互关联的维度提出了指导方针：

- 建立关系，创造一个充满关爱的学习者社区；
- 教要促进学，同时要考虑教师在促进儿童学习过程中的角色和使用的策略；
- 建构适宜的课程，同时注意内容和策略；
- 评估儿童的学习和发展；
- 与家庭建立互惠关系（见图 1-1）。

尽管有关这 5 个维度的适宜性实践与策略实例并非立场声明的一部分，但其中仍然提供了针对 0—3 岁、3—8 岁儿童的相关实例。

立场声明中还提及了一个质疑：立场声明是在暗示进行是/不是的两极化思考。

针对这一质疑，我们认为应该思考更复杂的维度，如"两者/和"，因为通常两种方式的结合是最佳的，教师和家长不应该只选择一种方法而忽略另一种。答案比简单的"是"或"否"更为微妙。

立场声明的最后一部分指出了实施发展适宜性早期教育所需的支持政策和资源。

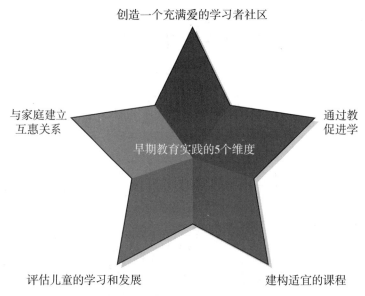

图 1-1   立场声明为早期教育实践的 5 个维度提供指导

最新的立场声明反映了人们思考和决策的进一步发展，这将促使早期教育实践更加完善。

有意图的教学

如果教师是有意图的，他们会这样做：

- 创设学习环境，提供丰富的材料和经验；
- 鼓励儿童探索和思考；
- 与儿童相互尊重，开展对话；
- 了解每个学习领域的内容；
- 了解必要的学习标准和基准；
- 了解并使用适合不同情况的特定教学策略；

- 有计划，有目的，深思熟虑；
- 充分利用有教育意义的时刻；
- 仔细观察儿童，了解他们接下来的兴趣和能力；
- 采取适合个人和群体的教学策略；
- 反思并回应儿童的学习。（Epstein，2014）

发展适宜性实践——进一步定义

发展适宜性实践指的是将有关儿童发展的知识用于为早期教育实践制定经过深思熟虑的、适宜的决策，理解"最佳实践是基于对儿童如何学习和发展的认知——而不是假设"（Copple & Bredekamp，2009，p. xii）。有关不同年龄和阶段的儿童在特定的环境中如何发展与学习的研究都被用于创造学习的环境——与儿童的能力和发展任务相匹配的环境。这就意味着发展适宜性实践只能建立在对儿童的现有认识之上。发展适宜性实践并不是建立在成人对儿童的想象、期望或猜测之上。它完全不必以未来的目标为基础。

发展适宜性实践对儿童的了解是建立在翔实的数据和事实的基础之上的。首先必须了解，发展适宜性实践"不是课程，也不是一套可以用于支配教育实践的僵死的标准。相反地，它是一种理念，一种哲学，或者说一套与儿童一起工作的方法"（Bredekamp & Rosegrant，1992，p. 4）。那些以为发展适宜性实践是为实践既定标准从而使所有的机构趋同的人应该明白事实并非如此。相反，发展适宜性实践的真正目的是了解儿童，弄清楚我们能够从儿童和他们的家庭里学到什么，并以此作为特定环境下决策的基础。

将有关儿童发展的知识转换为对儿童进行培养和教育的实践，这需要成人做出很多的决策。在设计课程和制订计划时，我们需要考虑和决定的问题是："如何让课程和计划符合我们对儿童的认识？"如果我们的实践是对我们所掌握的有关儿童的知识的补充和完善，那我们的决策就是以发展适宜性实践为基础的。如果我们的实践与有关儿童的知识不相符，那么这个实践和决策就需要接受质疑和检验，并很有可能被替换。

对于早期教育实践者来说，一个很明确的任务就是学习儿童发展理论。如果没有这样的背景，教师很容易依靠模糊概念来做决策，这些概念部分是个人价值观，部分是经验，部分是对未来行为的想象。不适宜的期望导致不适宜的教学。如果你还没有完成有关儿童发展的基础课程或阅读，那么对你来说，在为儿童做计划和评估前先好好学习是非常重要的一点。本书简略回顾了相关的儿童发展理论，借此提醒读者在开展教育实践前应具备相应的理论基础。

很显然，仅仅依靠儿童发展理论并不能为实践者提供设计课程所需的全部知识。课程是各种决策的综合产物，这些决策包括课程内容（儿童将学习什么）、学习过程（儿童如何学习）、指导策略（教师如何教）和评估方法（如何知道儿童已经学会了什么以及如何制订未来的方案）。

这些决策的基础包括儿童发展理论，也包括家庭、社区、社会的价值观和取向。在专业人士的理论知识与家庭、社区的期望中寻求平衡是发展适宜性理论的重要内容。

1-2   发展适宜性实践的基本组成部分

正如美国幼儿教育协会的立场声明所指出的，发展适宜性实践的决策建立在 3 种重要的信息和知识的基础之上。

第一，关于儿童发展和学习的知识。这包括对年龄特征的了解，以便对什么样的实践最有可能促进儿童的学习和发展做出一般性预测。了解儿童的发展和学习可以让教师了解特定年龄段的儿童通常会是什么样的，他们通常会做什么和不会做什么，以及如何才能更好地学习和发展。这些知识将允许教师对环境、材料、活动、教学策略和互动做出初步决定。儿童发展知识在帮助教师了解儿童如何学习方面是最有用的，这样教师就可以整合既可实现又具有挑战性的经验。

第二，关于每个儿童个体的情况，这可以帮助教师适应并响应个体的变化。通过观察儿童，与儿童互动，思考儿童的工作，并与家长交谈，教师可以了解集体中每个儿童特殊的生活经验、优势、兴趣和学习方法。每个儿童都有自己的发展模式，而立场声明要求针对每个儿童实施发展适宜性教育。儿童的独特性与遗传和经验有关，如儿童生活的环境。教师要支持所有儿童的成长和发展，就必须利用他们知道的每个儿童的一切，包括个人的学习风格、兴趣、个性和气质、能力和不足。这些知识使教师和机构能够充分支持所有儿童的发展，包括残疾或发展迟缓的儿童。对每个儿童做出反应可以防止人们视差异为缺陷。将儿童作为个体来对待是发展适宜性实践的基础。有专家指出，使用"发展适宜性实践"可能会引起一些学校管理人员的戒备，因此，用"差异化教学"代替也一样（Kauerz，2013）。

第三，关于儿童生活的社会和文化背景情况。社会和文化背景包括家庭和社区的价值观、期望和行为，只有理解这些，才能确保学习经验是有意义的、相关的，并且要尊重参与的儿童和他们的家庭（Copple & Bredekamp，2009，pp. 9-10）。

关于发展适宜性实践的第一个立场声明与之后修订版之间的主要区别之一是，修订版更充分地认识到发展和学习中文化背景的作用。在第一份声明中，文化差异性被归为个体差异性的一部分。但目前大家已经意识到个体差异性与群体文化差异性是不同的，也就是说，在相同的时间内，个体儿童的发展既与个人经历有关，又受到所处文化背景中群体共享的行为预期的影响。

文化由价值、规则和行为预期组成，在家庭和社区中或隐或现地代代相传。在当代社会，儿童及其家庭来自不同的文化和语言群体，教师必须对此保持敏感并尊重他们。如果人们认识不到文化背景对儿童发展的重要性，那么儿童的发展将会面临很多问题。

当家庭和学校的要求不一致时，一系列问题会随之产生。当文化或语言差异在学校被当作缺陷而不是长处或能力时，问题也会出现，儿童的自尊心会受到严重的伤害，能力也会被低估。修订版立场声明将文化背景视为儿童保育与教育决策的重要考虑因素，这一点是非常重要的。

设计真正的发展适宜性教育方案必须特别注意 3 个方面的知识：不同年龄发展阶段儿童是如何学习的；每个儿童的能力、个性和需要获得的支持情况；每个儿童的不同文化背景。教师会发现，由于人和物的改变，这一年的

发展适宜性实践强调教师要认识文化和家庭对每个儿童的影响

决策跟上一年会大不相同。因此，一些人担心发展适宜性实践充满局限性——因为他们担心立场声明会导致统一的方案，使所制订和设计的方案看起来都一样——事实上这是不可能的。

做出发展适宜性决策时，至关重要的一点就是成人必须持尊重的态度。这种态度可以使成人自然而然地接受儿童在发展中的差异，而非试图改变他们或拔苗助长。尊重的态度要求教师能够认识并接受儿童的不同背景和家庭状况。尊重的态度要求教师和家长在决策前进行沟通，以便更好地促进儿童的发展。对学习过程的尊重使教师对于儿童以自己的方式和节奏发展充满信心。尊重的态度要求教师在任何情况下都寻求发展适宜性方案，而不只是随便找一个可以适用于所有情况的解决办法。对发展过程的尊重使教师在面对问责时不会感到压力。他们明白在一个发展适宜性实践得到支持的环境中，好奇心、经验、支持和适宜性指导最终会促进儿童知识和技能的提高。

综上所述，发展适宜性实践是一种基于儿童发展理论做出教育决策的哲学。专业人士通过研究了解到年龄适宜性的知识，并通过理论学习和自己的研究发现个体差异性。他们认识到文化也是儿童行为的强有力的决定因素，因此在决策时将文化差异性也考虑在内。保持尊重是指导教师与儿童及其家庭互动的原则，旨在寻求促进儿童发展的最佳方案。就发展适宜性决策而言，了解儿童发展理论本身以及影响儿童发展和学习的相关因素都是至关重要的。

好奇心和经验可以帮助儿童学习新的技能与知识

1-3　儿童发展的 12 个基本原则

发展适宜性实践建立在有关儿童如何发展和如何学习的知识基础之上。所有教师都应该了解儿童 0—8 岁发生了什么变化，怎样才能最好地支持儿童的成长和发展。教师应该不断学习儿童发展课程。在立场声明中，美国幼儿教育协会列出了 12 个基本原则，这些原则来自几十年的研究、学习、理论和实践探索。

原则 1，发展和学习的所有领域——身体、社会性及情感、认知——都很重要，而且彼此密切相关。儿童在一个领域的发展和学习会影响其他领域的发展，并受其他领域的影响。

一个领域的发展能够限制或者促进另一个领域的发展。一个旨在促进儿童发展的课程认为所有领域都同等重要。所有的学习经历——而不是某个独立的技能或内容领域——都在为儿童发展提供机会。只把学习重点放在某一个领域，比如认知领域，势必打乱各个领域的内在联系。制定有关综合课程内容和教学策略的决策时必须将这一原则谨记于心。

原则 2，儿童学习和发展的许多方面都遵循着有据可查的顺序，并以已有的能力、技能和知识为基础。

有关儿童发展的研究表明，存在一种相对稳定并可预测的成长和发展模式，只不过在表现形式和相关的文化意义上具有个体差异。了解典型的发展行为和能力为教师提供了一个框架，这个框架引导教师如何认识儿童的普遍发展模式，如何更好地支持儿童学习并应对挑战。当教师知道具体概念和技能的学习顺序时，就可以做出适宜的课程决策。了解儿童发展次序中每个阶段的价值，也可以帮助教师顶住压力，在打好学习基础以前不提供不适宜经验。拔苗助长式的教育实践将使儿童的发展难以持续，儿童需要时间来按照顺序去经历每个阶段的发展。

原则 3，每个儿童的发展和学习速度都不一样，同时，每个儿童不同领域的发展和学习速度也是不均衡的。

对同龄儿童的发展进行横向比较是不可取的，也是危险的。每个儿童都有自己独特的发展方式和发展速度，众多因素如遗传、身体状况、个性和性格、学习方式、经验和家庭以及文化背景使不同个体具有很大的差异性。只按照年龄群体标准对不同的儿童持僵化的期待，不符合本原则要求——要为具有特殊能力、需求和兴趣的个体提供差异化支持。

每个儿童的发展都是独特的，受遗传、健康、家庭、学习风格和气质的影响

优质幼儿园的特点

美国幼儿教育协会列出了优质幼儿园的以下特点。仔细思考它们与本章讨论的发展适宜性实践原则的关系。

1. 儿童的大部分时间都在和材料互动，与其他儿童玩耍或工作。他们不会漫无目的地游荡，也不会被要求长时间静坐。

2. 儿童全天都可以参加各种各样的活动，玩各种各样的建构材料，使用用于假装游戏的道具、颜料和其他艺术材料，玩桌面玩具，看书。不要求儿童在同一时间做同一件事。

3. 教师在一天的不同时间分别开展个体、小组和大组活动。他们不会把所有的时间都花在团体活动上。

4. 教室里装饰有儿童的原创作品，如儿童发明的拼写，儿童口授、教师记录的故事。

5. 儿童在日常生活中学习数字和字母，认识自然世界，开展有意义的活动，如制作或享用零食，为学习活动积累经验。

6. 儿童热衷于参与项目，有大段时间（至少一个小时）用于游戏和探索。尽可能少使用工作单。

7. 儿童每天都有机会在户外玩。从来不会为了有更多的教学时间而牺牲户外游戏时间。

8. 教师每天都与儿童进行一对一阅读或进行小组阅读，而不仅是集体讲故事。

9. 课程可以为那些领先的以及需要额外帮助的人而调整。教师认识到，儿童不同的背景和经历意味着他们不能在同一时间以相同的方式学习相同的东西。

10. 儿童及其父母都期待着上幼儿园。父母对送子女入园感到放心。儿童很乐意上幼儿园，不会经常哭，也不常生病。

原则4，发展和学习是生物成熟与经验动态、持续相互作用的结果。

发展是成长中的儿童与所处的社会和物质环境相互作用的结果。例如，个体身体潜力的发挥可能会受到早期营养的影响。遗传塑造了人的性格，并通过与他人的互动逐渐稳定。这不是先天与后天竞争——而是先天与后天一起作用。

原则5，早期的经验对于儿童个体来说，既有累积的效应，也有延时的效应。不同类型的发展和学习都存在最佳发展期。

儿童的早期经验，不管是积极的还是消极的，都具有累积效应，都会对儿童以后的发展产生影响。例如儿童通过和同伴游戏获得的社会交往经验会帮助他们发展社会交往技能和自信。这将使他们在进入小学后比那些没有在同伴交往中形成早期经验的儿童更有自信，并且在小组学习的情况下表现得更加自如。幼年时期是某些学习的最佳时期，我们需要充分利用这段时间。例如神经生物学的研究表明，人生最初几年的社会和感觉经验对大脑发展有积极作用，对儿童的学习有持续性影响。

原则6，发展朝着更复杂、更自主和更抽象的方向进行。

儿童的发展变得越来越复杂，包括语言、身体运动、问题解决、社会交往以及其他各个领域的发展。儿童早期的学习是从肢体动作、感觉运动向象征性知识发展的。根据这一规律，教师可以通过提供一系列一手经验拓展儿童行为知识，并通过提供媒介和活动材料等帮助儿童掌握符号，加深对概念的理解。

原则7，当儿童与给予反馈的成人建立安全且稳定的关系，并有机会与同龄人建立积极的关系时，他们的发展最好。

与有责任心的成年人建立温暖滋养的关系是必要的。对父母和主要照料者的依恋与语言和沟通、自我调节、合作、同伴关系和积极自我概念等方面的发展呈正相关。社会性和情感能力是以后在学校中取得成功的必要条件。

原则8，多种文化和社会环境可以产生发展和学习，发展和学习受到多种社会和文化环境的影响。

只有了解儿童的家庭背景、学校背景和社会背景，才能更好地理解儿童的发展。这些背景是相互关联的，并且都影响着儿童的成长。如果得到尊重和支持，儿童就能在多种背景下进行学习。儿童应该在积累新的文化和语言经验的同时不放弃他最初的任何东西。最新理论告诉我们，一旦儿童的母语文化在幼年时期得不到尊重与加强，儿童的发展将失去重要活力。

原则9，在寻求理解周围世界的过程中，儿童的思维总是活跃的，学习的方式多种多样；广泛的教学策略和互动可以有效地支持所有儿童的学习。

发展适宜性实践的关键原则是以皮亚杰和维果斯基的理论及与之相关的后续研究为基础的，这些理论将在本书的后面部分呈现。他们认为智力的发展是一个建构的过程，通过与人、材料和经验的互动发生。儿童通过家庭成员、教师、同龄人和大一点的儿童以及无处不在的媒体了解世界。

当儿童形成并验证他们自己关于世界如何运转的假设时，他们的思维过程和心理结构也在不断调整。适宜的教育会创造一个能够为其提供所需材料和交互作用的环境。教师应支持儿童的主动学习，让儿童自己建构知识，尽可能少进行直接教学。

知识是通过与人、材料和经验的互动而构建的

原则10，游戏是发展自我调节能力以及语言、认知和社会能力的重要工具。

游戏是儿童积极构建他们对世界的认识的最佳环境。游戏"允许儿童的想象力、语言、互动和自我调节能力最大限度地扩展，并锻炼他们新获得的技能"（Copple & Bredekamp，2009，p.18）。立场声明继续表示，研究表明游戏与基础能力，如记忆、自我调节、口头语言能力、社交技能以及学业成就之间存在联系。

全面理解游戏是什么以及它如何支持与推动儿童的整体发展是发展适宜性实践的一个重要方面，具体内容我们将在第2章全面展开。

原则11，当儿童在略超出其目前掌握的水平上受到挑战，并有许多机会练习新获得的技能时，就会获得发展。

儿童能把自己看作成功的学习者，是因为他们在大多数实践中取得了成功。因此，教师的一个重要任务就是充分了解儿童的发展能力和兴趣，并呈现与他们能力和兴趣相匹配的课程，为他们设定有挑战性的、可实现的目标。此外，儿童能够完成略超出他们现有能力的学习任务，尤其是有了成人的支持，并与更有能力的同伴协作，能促进儿童发展到更为复杂的技能和知识水平，就像搭脚手架一样。我们将在后面的内容中对这一发展过程进行更多的讨论。

原则12，儿童的经历塑造了他们的动机和学习方法，如坚持性、主动性和灵活性；反过来，这些性格和行为又会影响他们的学习与发展。

学习方法已被确定为入学准备的一个方面。这里强调的是"如何"学习而不是学习"什么"，涉及儿童的感受，如学习的快乐和热情，以及他们在学习中的行为，包括坚持性、灵活性、专注程度和自我调节能力。儿童的家庭经历和早期教育课程会影响他们的学习。教师也可以施加影响，通过加强与儿童的关系，与他们的家庭一起工作，并选择有效的课程和教学方法。

对上述12条原则进行认真研究，可以发现它们之间的相互关系。当教师在实践中进行决策时，这些原则将发挥重要的影响。在实践中，需要重点阐明的是：任何事情都不是非此即彼的，如不是儿童自发就一定是教师主导，不是过程导向就一定是结果导向。变化并不意味着绝对好或坏。发展适宜性实践要求我们寻找一种平衡，包括让每位教师都能感到与个人经验和价值观的平衡。许多课程方案都处于两极之间的连续体上的一点。有些部分是发展适宜性的，有些可能就不够适宜。发展适宜性实践的目的是考核教育方案的所有方面，以支持儿童的全面发展。

发展适宜性实践支持儿童全面健康发展

发展适宜性实践的不确定性

我们是否总是能确定当下的实践适合儿童的发展？

布里德坎普等在有关发展适宜性实践的一篇文章中，请教师考虑以下哪一个说法描述的是发展适宜性实践：

- 为 3 岁儿童提供持续 30 分钟的活动，其间儿童大多数时候在听教师讲课；
- 一位教师为一组 4 岁儿童阅读图画书；
- 在 1 小时自由活动时间中，儿童堆积木、玩桌面玩具、穿衣服等；
- 为小学二年级学生上数学课，教师站在黑板边教。

许多教师很容易就指出大声读故事书和自由活动时间属于发展适宜性实践，并对让 3 岁儿童长时间听讲和上集体数学课的适宜性提出质疑。但文章后面的更多信息使大多数教师改变了最初的看法。文章中提到长时间的听讲活动是为一些生活于边远地区的美国原住民社区的儿童提供的，教授者是他们社区中的成员。他们的文化认为相互帮助的价值高于独立的价值，并且他们希望儿童通过观察和非语言性交流进行学习。这位经验丰富的教师正在帮助儿童发展有价值的技能，因此，这个活动具有文化适宜性，因而也是发展适宜性的。此外，阅读故事书的背景信息显示大部分儿童的母语是西班牙语，而教师却在阅读一本儿童听不懂的英语字母书，尤其是其中还有一位听力受损儿童，但却没有任何人为他解释书的内容。教师过了很长时间才意识到儿童心不在焉。显然，这说明教师缺乏关于如何指导儿童学习第二语言的知识。

同样，自由游戏活动虽然提供了活动材料，却连续 6 个月没有更换，儿童不是开小差就是玩一成不变的游戏。教师扮演了一个消极的角色，只是纠正儿童的错误行为并按照昨天的日程表工作。现在这也可以被视为不适宜的实践，因为教师忽视了儿童学习的互动性。

全班集体上数学课之前，孩子们花了一个星期的时间，通过数学教具学习数学概念，并主动以合作的方式解决难题，因此，集体的数学课是帮助儿童学习数学概念的一种发展适宜性的方式。所以，判断是否发展适宜需要复杂的思考，涉及许多因素和知识。相对于快速地做出判断，"'我如何知道特定的活动是否适合发展？'的答案总是以'看情况而定'开头"（Copple & Bredekamp，2009，p. 47）。发展适宜性实践并非一个狭义的关于做什么或不做什么的处方，它是为特定背景下的特定儿童选定发展适宜性行动方案。

在立场声明所包含的例子中，许多与发展不适宜的做法都与直接教学学业技能有关，仅侧重认知发展。"学业"指的是"一种正式的学习，将知识去语境化，并将其作为一种有组织、按顺序来获取的商品"（Cooper，2009，p.17）。布里德坎普等注意到，"（立场声明的）目的是拓展课程和教学实践，并将孤立地关注学业技能和练习的方式转变为指导的方式"（Bredekamp & Rosegrant，1992，p.4）。对适宜/不适宜的讨论的关键点可能在于对以下3个问题的不同回答：

- 处于这个年龄的儿童怎样学习最有效？
- 处于这个年龄的儿童最应该学习什么（无论他们是在哪个幼儿园还是在家里）？
- 儿童在学前期的学业技能学习经验与发展适宜性课程学习经验分别会对他将来的小学生活、青春期生活和成年以后的生活有怎样的影响？（Greenberg，1990，p.75）

大家普遍认为以下做法适宜儿童发展：

- 课程吸引儿童；
- 游戏丰富并得到教师支持；
- 综合课程；
- 允许儿童自主选择；
- 教师有意图地做出决策，安排学习经验；
- 教师调整课程和教学策略，以帮助每个儿童取得最佳进步。

大家普遍认为以下做法不适宜儿童发展：

- 高度控制，尤其是时间表不灵活；
- 严重依赖集体教学；
- 课程零散，没有与儿童建立有意义的联系；
- 严格遵守课程，不考虑儿童的反应；
- 关注点窄，如只关注读写和数学教学；
- 要求非常规范，并为实现这些要求制定严格时间表。

（Copple & Bredekamp，2008）

多样性考虑

文化意识的重要性

在21世纪，传统上被低估的群体——通常被称为少数群体——将成为美国新的多数群体。随着家庭变得更加多样化，专业人员必须准备好满足他们独特的需求。

对专业人员的培养必须包含跨文化有效沟通所需要的态度和技能。

1-4　发展适宜性实践与非发展适宜性实践的结果

为什么许多早期教育工作者都认为对发展适宜性实践进行描述至为关键，并认为这样可以使更多教师践行发展适宜性实践呢？答案首先在于4个重要领域的发展：自尊心、自控力、抗压力和学业学习。

1-4a　自尊心

当儿童能够掌握生活中的新经历和挑战时，他们的自尊心就会增强。

这里的关键概念是胜任。当成人让儿童进行超出他们发展水平的学习时，失败就成为必然。当儿童不能胜任某项任务时，儿童并不能判断出其实是成人为他们选择的学习方式或任务错了。儿童只是感觉到这种学习对他们而言陌生而困难，他们无法达到成人的标准。一个儿童由于无法在教师讲课时保持静坐不动而引起教师的不满，而教师的不满伤害了这个儿童的

当儿童完成有意义的活动时，自尊心就会增强

自尊心。他因为不能完成指定的任务而一遍又一遍地被教师叫停，这会伤害他的自尊心。以学业为重的课程方案往往强调的是对狭义认知技能的掌握，会对儿童形成一种暗示，即其他领域的学习是没有价值的。"让儿童过早学习学业技能的另一个风险是使那些未能掌握学习内容并完成任务的儿童感觉力不从心。"（Katz，1988，p. 30）这些消极经验会影响儿童自尊心的发展。

1-4b　自控力

随着儿童认知能力的成熟，他们越来越能够按照成人的指导支配自己的行为。如果成人主要使用武断、强制性的策略来训导儿童，那么儿童就没有机会学习如何控制情绪，也没有机会逐渐将他们需要掌握的信息内化为自己的能力。这些儿童过多地受到了外部力量的控制，以至于他们不仅自尊心受到伤害（"我无论做什么都不能让老师和爸爸妈妈高兴"），自我控制能力也得不到发展（"我要拼命去做这件事，我知道他们迟早都会阻止我，并让我付出代价"）。

期望婴儿理解他人的需求或控制自己的冲动是不适宜的

所有的教师都认为需要用纪律对儿童的行为和冲动进行限制。发展适宜性实践与不适宜的实践，或者与那些有可能最终实现自我控制的策略（相对于只是暂时阻止错误行为的做法）的区别，在于教师选择的方法与他们对儿童学习能力的了解的符合程度。当教师不了解儿童在语言表达、认知推理、判断或者去自我中心方面的能力和局限时，他们很可能就会使用强制性的训导了。例如当教师对学步儿不愿意分享的行为感到恼火时，他们注意不到儿童的真实本性——学步儿确实无法理解和内化"他人的权利"概念，也无法控制自己的冲动。

伊普西兰蒂研究（The Ypsilanti Study）：
对自尊心和自控力的影响

戴维·韦卡特和他的同事发表的研究报告，强调了发展适宜性课程对儿童自尊心和自我控制能力的影响（Berreuta-Clement et al.，1984；Schweinhart，Weikart，& Larner，1986；Schweinhart & Weikart，1993，1997；Schweinhart et al.，2005）。

该研究的目的是评估高质量的早期教育项目是否对贫困儿童和面临学业失败风险的儿童既有短期效果，也有长期效果。

该研究在密歇根州的伊普西兰蒂进行，追踪调查了3组参加不同早期教育方案的儿童从离开幼儿园直到他们40岁为止的情况。3个组采用不同的教育方法和实践：第一组是对处境不利儿童进行直接指导，"教师按照研究要求直接教儿童学业技能，强制他们集中注意力，并对正确回答老师问题的儿童予以奖励"（Schweinhart & Weikart，1997，p.9），现在这被称为"数学和阅读直接教学系统"（Direct Instruction System for Teaching Arithmetic and Reading，DISTAR）。第二组采用传统的幼儿园课程，鼓励儿童积极参与围绕主题开展的自主游戏，这些主题包括社区、四季、假期等，在一种社会性的支持氛围中，教师对儿童的需求和兴趣做出回应。第三组是采用开放的教学模式，即高瞻课程，在这一组，教师和儿童结合多种兴趣共同设计学习活动，教师以开放式问答的方式引导儿童主动学习关键发展指标，采用计划—工作—回顾的模式。后两组都包含了社会性知识和学业技能的内容，并且都要求儿童主动学习（Schweinhart，1988）。

尽管这项研究招收的被试儿童数量相对较少，但其研究结果却被认为颇具启发意义。

该研究最初发现，所有参加过任一早期教育项目的儿童的智力分数都有巨大的提高，远远胜过没有接受过早期教育的儿童，而且随着时间的推移，这一差距在他们10岁时进一步扩大，由此可以得出结论：参与任何高质量的早期教育项目都会使处境不利儿童的教育经历发生重大的变化。研究者在被试19岁、27岁和40岁时都将其与控制组进行了对比（Schweinhart & Weikart，1993，1997；Schweinhart et al.，2005）。研究发现，比起没参与过任何一种早期教育项目的人，接受过早期教育项目的人更有可能从高中毕业，接受高等教育，找到工作。这种差距在15岁及之后更加明显，参加注重儿童自主性项目的儿童在社会性能力和责任感方面比参加直接教学项目的儿童发展更快。前者很少有接受特殊教育、犯罪、青春期怀孕或是领取救济金的情况出现（Schweinhart & Weikart，1997）。在23岁和40岁时，参加了以儿童为中心的项目的人接受了更高的教育，挣到了更多的薪水，更可能拥有属于自己的房子、第二辆车，已婚的也更多，接受显然更少的社会服务，很少有被逮捕的，更有可能参加社区志愿者工作。参加直接教学项目组的人表现出更多的反社会的性格和行为，包括犯重罪被逮捕，犯金融罪，行为不轨，失业，接受情绪障碍和干扰治疗（Schweinhart & Weikart，1997，p. 9）。

这些显著的不同表明：自己拥有选择机会、建立对学习的信心、逐渐发展自我控制能力的儿童会收获良多。

将儿童经验与在学校和社区中取得更大成功联系起来的，似乎是使儿童能够与他人和任务积极互动的性格。这既不是基于智力表现，也不是基于学业知识。正是特定个人和社会态度的发展，使高质量的早期教育项目能够显著影响参与者成年后的表现（Schweinhart & Weikart，1993，p. 11-12）。

根据这一发现，研究者得出结论：一个高质量的早期教育课程必须有大量由儿童发起的学习活动，这正是发展适宜性实践所建议的，让儿童发展决策、规划以及与其他儿童及教师相处的技能与素质。这种想法后来体现在高瞻课程方案中。

这些结果令人质疑让4岁的儿童接受正式教育的可行性，特别是侧重教师指导的课程，可能不是提高弱势儿童成功机会的最佳途径。要克服通往成功的障碍，弱势儿童必须有机会规划自己的道路。他们必须为自己学习，遵循自己的计划，并评估结果（Schweinhart, Weikart, & Larner, 1986）。

在高瞻课程中，儿童有机会做出选择，并在学习中建立自尊

研究结果显示，参加发展适宜性课程的儿童——这些儿童自己制订计划，自己发起活动，自己对活动负责——发展了终身学习的特质，"有主动性、好奇心、信任、信心、独立性、责任心和发散性思维"（Schweinhart & Weikart, 1993, p. 12）。而接受直接教学、在成人限定目标和范围下学习的儿童，对自己、对教育或整个社区毫无兴趣（Schweinhart, 1988）。

发展适宜性原则认识到发展的局限性，并将儿童引向更为积极的替代方案。然后，当儿童能够意识到其他人也像他一样喜欢玩那个玩具时，他就会被鼓励去寻找一个解决方案——轮流使用或合作使用。这样的教育方法使成年人成为儿童的促进者和引导者，而不是管理儿童的所有行为。只有当儿童能够理解并体验到为什么以某种方式做事是可取的，而不是被成年人简单地阻止时，他们的自我控制能力才能提高。

有关研究揭示了不适宜的惩戒措施对儿童后期行为的不良影响。小学一年级教师观察发现，与来自发展适宜性幼儿园的儿童相比，那些来自非发展适宜性幼儿园的儿童较多敌意和攻击性，更易担心和害怕，更易兴奋和分心（Hart，1991）。发展适宜性幼儿园的儿童比非适宜性幼儿园的儿童更加善于合作。

学会做出正确的选择是自控力的一个重要组成部分。为儿童提供信息且支持儿童选择的环境和互动对健康的自我控制至关重要。

1-4c　抗压力

当代一些儿童心理学家认为，儿童被催促快快长大，由此带来的压力使儿童正处于危险中（Elkind，1988，2006）。催促儿童快快长大的方式有很多，包括提早进行竞争性运动，提早学习专业课程，提早面对成人世界的快速变化，以及承受着压力的家庭（比如离异和单亲家庭）中不断增加的情绪和身体问题。较早地在早期教育中引入学业知识是本书主要关注的"催促"方式之一。

当通过正规教学对儿童提出额外和不适宜的要求时，压力就成为一个普遍的危险。当儿童被要求学习与他们天然学习风格相悖的内容时，他们就会经历主观意愿与成人强加的期望之间的冲突。克制天性以赢得成人的赞许，要求儿童竭尽全力来抑制和控制他们的行为。比如 5 岁男孩不能按照教师要求的那样坐着听，或 18 个月大的学步儿每爬一下就被挪回去，这就是真正的压力。

一些研究证实非发展适宜性的环境对儿童施加了越来越多的压力。与发展适宜性教室中的儿童相比，非发展适宜性教室中的儿童明显表现出更多的压力行为，男孩更为明显（Sprung，Froschl，& Gropper，2010）。研究发现对早期儿童最具压力的活动是作业、等待及过渡活动（Durland et al.，1992）。无论是在发展适宜性教室，还是在非发展适宜性教室，少数族裔儿童和较低社会经济背景的儿童都表现出更多的压力行为（Burts et al.，1992；Charlesworth，1998a）。然而，当使用发展适宜性的全语言教学法教社会经济地位较低的非洲裔美国儿童读写时，他们的进步极为迅速，相应地，压力行为爆发频率减少（Sprung，Froschl，& Gropper，2010）。

为了了解非发展适宜性实践对统一的学习方式或时间的期望是如何将

儿童置于不必要的压力之下的，我们来看一看以下发生在太多的早期教育环境中的场景。观察学步儿在无法按教师要求静坐不动时所感受到的严重挫败感。想象一下当一个 4 岁儿童很想模仿教师的完美示范而无能为力时的焦虑。想象一个 6 岁儿童只是因为不能区分字母而不能连贯地读课文，教师一次次纠正他时他所感到的羞愧和受到的打击。对失败的恐惧会让人无法承受，如果成人学习了什么是发展适宜性实践，就会发现哪些是不必要的冒险。

过早的学业期待可能会给儿童带来压力

1-4d　学业学习

儿童在后来的学业学习中的收益，能证明提早让儿童学习学业知识是值得的吗？事实上，被要求使用不适宜他们发展阶段的方法进行学习的儿童可能会早早地在教育上走上岔路。

当然，儿童可以成功地获得初步的阅读技能；然而，这种早期成就的风险在于，教学中考虑到在早期取得成功需要大量练习和实践，儿童的阅读能力被削弱。……可悲的是，在幼儿园里看到的是儿童愿意做这么多与他们年龄无关、无聊的事情，而到了二年级时就发现其中很多人对这些事情感到厌

烦。儿童没有获得相应的性格或技能。各级教育工作者面临的挑战是帮助学习者获得技能，加强良好的性格。（Katz，1988）

戴维·埃尔金德（David Elkind）指出了解和理解之间的真正区别。他认为，许多早期的学业学习只允许儿童获得表面知识，如学习识读单词，而不理解音的组成（Elkind，2012）。由于基础学习的重点是理解，早期引入学业可能不利于学习者日后的成功。

一个真正的危险就是这些儿童可能会习得性无助，也就是说，他们可能变得只依赖于教师组织的学习，而不是自发的学习——提出问题并自己解决问题的学习。因此，儿童学习的内驱力可能会遭到严重破坏（Elkind，1987b）。

事实上，一些证据显示，推迟而不是提前学习抽象学科知识更有积极效果，而且明确显示没有任何不利影响。对比一年级学生的阅读分数发现，来自非发展适宜性学前班儿童的分数比来自发展适宜性学前班的要低（Burts et al.，1992）。测验分数的差异并不能证明接受非发展适宜性实践的儿童所承受压力的合理性（Burts，Charlesworth，& Fleege，1991）。在一年级和二年级结束时，发展适宜性学前班与非发展适宜性学前班的平均分没有什么不同（Verma，1992）。其他研究都证实了发展适宜性实践中的儿童所获得的长远的学业收益。

一个值得关注的影响是，过早接触学业知识实际上会有损后来的成功，而推迟接触是有益的。丽莲·凯茨（Lillian Katz）的话可能是值得留意的："虽然没有令人信服的证据表明从长远来看早期学业教学能够保证日后的学业成功，但有理由相信它可能会适得其反。"（1988）

1-5　对发展适宜性实践的误解

发展适宜性实践在推行中遭遇某些阻力和抵制是由于人们对其存在误解。之所以会造成这种误解，一方面是由于对儿童发展理论没有透彻了解，另一方面是因为当早期教育工作者在对发展适宜性实践的含义进行研究时，他们没有持有开放的态度，而是简单地认为实践标准是固定的、不变的。然而，不管其产生的根源是什么，这些误解都对人们接受发展适宜性实践造成了障碍。在我们试图理解发展适宜性的本质时，认识到这种困惑是很重要的。想要提倡发展适宜性实践，教师需要能够自如地解释为什么这些是误解，不是真相。

误解 1，发展适宜性实践只有一种正确方式。

这一不正确的界定让人误以为发展适宜性实践就等同于某一种课程。布里德坎普等认为这种错误理解来源于 1987 年版的立场声明，该声明将适宜性实践和非适宜性实践放在一起对比，使它们看起来像是相反的两极而并非一个连续体中的不同阶段。显然，误认为"只有一种正确方式"恰恰与回应独特性的意图相矛盾，后者强调的是有意为之的教师策略，旨在评估个人的需求和兴趣。

有些儿童将比其他儿童更需要成人指导、直接教学。经验有限的儿童、已有基础知识技能相对少的儿童以及来自不同语言和文化背景的儿童，需要教师不断调整教学策略，知道在特定的时间怎样做才是最好的。

某一课程如果需要进行专门设计以符合特定人群需要，那么就会和其他课程大不相同，尽管二者可能都是发展适宜性的。主要为居住在大城市的白人儿童服务的课程，与为居住在偏远乡村的西班牙裔农民家庭和外来务工人

有些儿童可能需要比其他人更多的支持或直接指导，这取决于他们的经验

员的儿童服务的课程，两者所提供的课程是不同的。教室中的儿童不会同时参与一个活动，这是因为他们有不同的学习方式和学习速度、能力和兴趣、需求和经验。信奉发展适宜性实践的教师会在特定的时间为这些特别的儿童寻求最佳的答案，而不是唯一正确的答案。

误解 2，发展适宜性课堂/教室是非结构化的。

当一些人听说在开展发展适宜性实践的教室中，教师对所有的教和学活动都不进行直接控制，他们就很担心教室里会一团糟。每个发展适宜性教室都是结构化的，只不过这种结构化不像在完全由教师主导的教室中那么显而易见。

结构化涉及教师为达到教学目的，规划教学设计，精心安排空间、时间、活动材料和互动。正如我们将在本书后面部分讨论的，在发展适宜性教室中，儿童自发的活动和教师主导的活动实现了平衡。

有目的的计划和有意的互动支持着儿童在各个领域的发展。儿童主动地参加并影响着课程计划，做出自己的选择，但这肯定是在教师掌控的范围内。偶尔来教室参观的人可能无法看到其背后的组织、计划和评估，看不出儿童是通过主动参与在学习。尽管发展适宜性教室中有多样化的活动和游戏，但它并不是杂乱无章和漫无目的的。

误解 3，在发展适宜性教室中，教师很少教甚至完全不教。

这种错误认识又一次囿于如下观点：教师只通过指挥和控制教室中所有的学习活动来进行教学，包括指导、布置作业和纠正错误。这种误解隐含的意思就是说，在发展适宜性教室中，教师只是一个被动的观察者，他们并不真正地做很多工作去促进儿童的学习。

教师使用多种教学策略。如他们用一些策略——观察、设计、计划、安排和组织——创造了一个无形的结构化环境，以支持儿童的学习活动。他们还有一些策略隐含在与儿童的互动中。当儿童忙于游戏时，教师在一边评论、提问和建议，并提供信息和材料。教师们示范、质疑并帮助儿童改变他们的目标。

教师与儿童一起参与学习活动，帮助儿童通过努力达到更高水平。教师帮助儿童成立小组或寻找合作伙伴，使儿童在小组中能够互相支持、扩充知识。教师会在必要时通过直接指导和讲解促进儿童的学习。他们会安排小组学习，也会安排大组活动。教师发现如果他们总开口说话，儿童就不会学习。只有在观察中发现干预能够促进儿童的学习时，他们才会进行干预。发展适宜性教室中的教师通过大量直接或间接的教学策略促进儿童的主动学习。

当儿童忙于游戏时，教师在一边评论、提问，并提供信息和材料

误解 4，发展适宜性课程不包括学业性学习内容，即一般被认为正规的阅读、书写和算术。

这个错误理解源自以下两种观点：一是认为没有接受过早期学业训练的儿童在以后的学习生涯中难以达到预期水平，二是认为儿童还没有为接受学业学习做好准备。两种观点都忽略了实质问题，即儿童在操作材料时学习，兴趣自然而然地将他们带入了与读写算有关的活动和科学探究："再读一遍！""那是什么意思？""我需要两块空地放桌子！""蒂米拿得太多了，我才拿了一个！"

儿童的兴趣是幼儿园学业教学的依据，并且促使儿童在小学阶段继续学习这些技能。因此，"学业学习是非发展适宜性的"这种说法过于简单化了。进一步来说，以单一的技能发展为重点，强调教师集体教学和抽象练习的教学策略，都不适合儿童。在发展适宜性教室中，学业内容和教室中的其他学习经验整合在一起，许多传统的教师主导的教学模式常用于年龄稍大的儿童。

日常阅读为以后的理解奠定了基础

戴维·埃尔金德的评论很中肯。

发展性的教育方法并不否认这些知识的重要性。这两种方法的区别在于孰先孰后。……从发展的角度来看，好奇心、主动性的发展必须先于特定信息的获取。……简单地说，发展性方法的目的是培养出"想知道什么"的学生，而心理计量学方法的目的是培养出"知道我们想要什么"的学生。(Elkind，1989)

正如莉莲·凯茨提醒我们的那样，我们希望儿童不仅是学会读写，我们希望他们以能使他们成为终身读者和作者的方式学习。如果我们强迫他们学习这些技能，而不是让他们从自发的兴趣和能力出发，长远来看，我们可能会让他们未来无法享受学习的快乐。

在关于发展适宜性实践的争论中，沃尔什（Walsh）指出问题并不是因为发生在学前班或幼儿园就不好，而是因为许多这样的做法对任何儿童都不合适。问题不在于幼儿园看起来像一年级，问题在于幼儿园和一年级（以及二年级和三年级）应该是什么样子（1989，p. 389）。

具有讽刺意味的是，当儿童被鉴定为"没准备好"入读严格的学业型学前班或小学一年级时，他们通常会被送到注重儿童主动性、实践性学习经验的"发展性"学前班或"过渡班"。发展适宜性实践被提供给了这些在缺乏适宜性的传统学习机构中"失败"的儿童。

误解5，发展适宜性课程只对特定人群有效果。

受益于发展适宜性实践的人群"通常被认为是白人的、中产阶级家庭的儿童"（Bredekamp & Rosegrant，1992，p. 5）。这种观点意味着其他种族、文化或社会经济背景的儿童，或者有特殊需要的儿童，不会在发展适宜性课程中得到很好的服务。许多专家为社会经济地位较低的儿童设计了干预方案，他们觉得为消除学前阶段因缺少早期经验和启蒙而产生的不利影响，直接指导儿童的学业学习是基本手段。数学和阅读直接教学系统在很大程度上是按照既定的课程计划练习、死记硬背。

其他持反对意见的人，尤其是戴维·埃尔金德和戴维·韦卡特，认为数学和阅读直接教学系统对大多数来自各种社会经济背景的儿童来说都是不适宜的。

该教学系统对处境不利的儿童带来的不利影响更大，因为会让他们养成死记硬背的习惯，这可能会对他们以后的生活造成伤害。正如皮亚杰指出的那样，儿童通过操作环境来学习，而一个良好的早期教育项目会创设环境，使儿童能充分利用。该教学系统还限制了儿童的学习风格。（Shell，1989）

从长远来看，直接教学组的表现不如研究中的其他两个课程组。……直接教学侧重于学业目标，而不是儿童计划或社会目标，而且这种策略似乎并不符合它所服务的儿童的最大利益。（Schweinhart & Weikart，1997）

很多早期教育专业人士不确定直接教学和发展适宜性实践哪个更好。

许多（少数群体儿童）家长也认为，在发展适宜性的课堂上，非说教性的和由儿童发起的活动对他们孩子的成功是有害的。这些家长认为，与非正式课堂所特有的"游手好闲"的特点相比，用作业单和其他能证明信息和技能的材料更合适。

雷娜塔·库珀（Renata Cooper）表明了非洲裔美国人群体的态度，即"考虑到我们的经济和社会现实情况，我们的孩子在学校中没有时间玩游戏"（Lakin，1996，p. 10）。

从事特殊教育的教师和有特殊需要儿童的家长表达了相同的观点，认为特殊需要儿童需要尽可能接受直接指导和教学。

根据发展适宜性实践的基本原则，课程、环境以及针对个体需要和能力的策略需要进行调整以适合每个儿童，无论儿童经验或能力如何。由于不存在针对教室中所有儿童的统一标准，特殊需要儿童或拥有特定文化背景的儿童就不会那么害怕失败，也因此能够更加顺利、轻松地成长。在发展适宜性教室中，每个人都可以按照自己的速度和方式学习。2014 年，纽约市的学校系统验证了这种方法，为该市的贫困儿童开设了学前课程，使用浸入式、游戏式和项目驱动式学习方法（Bellafante，2014）。

此外，立场声明更加明确地指出，教育方案必须对其服务的儿童的文化差异性做出回应。教育方案必须适合所有儿童的需要、兴趣、语言和遗传特征。那些批评发展适宜性实践的人不承认文化价值观和经历的差异，他们似乎没有理解发展适宜性实践的一个重要方面就是儿童个人文化历史背景和教室环境之间的关系。如果文化得到认真对待，如果教师真正做到与家长和社区成员共同决定如何教育与照顾他们的孩子，那么教育方案的指导思想和设计都必然会有显著的不同。

在接下来对发展适宜性实践的讨论中很重要的一点是，我们谁都不能掉入如下陷阱，即相信我们知道哪种教育方式对儿童是最好的（Delpit，2006），或代表主流文化压制其他不打算融入甚至不曾意识到主流文化的人的观点。

开展发展适宜性实践的教师必须使他们的教室适宜每个儿童，并得到每个家长的支持。

在发展适宜性教室中，每个人都可以按照自己的速度和方式学习

家园交流

理解发展适宜性实践

亲爱的家长朋友：

我们收到了一些关于课程的问题，有些家长担心孩子能否为未来上学做好准备。

我们将就此进行对话，因为这无疑是我们共同关心的问题。让我们首先回答这个问题，我们的课程受到我们对发展适宜性实践的理解的影响。发展适宜性实践鼓励我们将决策建立在知识的三个组成部分之上。首先是一般的儿童发展知识和理论——知道特定年龄的儿童通常能做什么以及他们如何学习。其次是个体知识——了解每个独特的儿童能做什么，具有什么兴趣、学习风格、需求和特征。这是我们通过观察、与您和您的孩子的对话了解到的。最后是对儿童生活的特定社会和文化环境的理解。同样，我们是从您那里了解到的。因此，我们今年的课程可能与其他学校不同，甚至与平行班不同。我们可以共同创造最符合您孩子需求的课堂学习环境，确保他们取得成功。

感谢您的提问，欢迎保持沟通。

××老师

误解6，在发展适宜性的教室中，没有任何方法能辨别儿童是否在学习。

这种观点认为在发展适宜性教室中，测试儿童兴趣保持时间的方法绝不是传统易于应用的技巧。问责的压力将标准化测试带给了儿童。即使是最小的儿童也会经常面对突然袭击的小测验（"这是什么颜色？" "我有几个球？"）。我们并不能像测验儿童在认知方面的成就一样，随意地对儿童在各个领域的学习进行测量。儿童对世界、物以及人的理解是通过操作和互动方式的不断复杂化体现出来的。他们的语言、问题和专注程度表现出了他们的发展。发展适宜性教室中教学的精髓在于：不间断地观察儿童游戏、语言、互动以及借助读写等方式交流的能力。当教师做了专门的观察记录后，他们就能识别每个儿童的成长及变化模式。

教师的观察记录是为儿童设定进一步挑战的基础。这些观察记录也回答了成人有关学习的疑问。那些尊重儿童先天能力和自主探究渴望的教师都有着这样的信念，即儿童将在一个回应性的环境中获得发展。他们认为对儿童进行观察是实践这种信念的一种具体方式。

教师观察游戏中的儿童，思考如何最好地支持他们的学习

误解7，只要有特定种类的玩具和材料就能进行发展适宜性实践。

这不仅是一种谬论，还是对重要观点的粗暴简化。当一些教育机构因为购买了蒙台梭利教具就把他们的课程称作蒙台梭利课程时，他们也犯了同样的错误。没有对教育理念的透彻理解和基本掌握，这些玩具只不过是教室中的材料而已。事实在于，材料是积极的学习环境中的重要组成部分，发展适宜性实践对学习活动中出现太多的纸笔活动颇为在意。发展适宜性教室中的教师认为，实践以及与材料的互动，帮助儿童建构感知运动的、前运算的和具体的概念。因此，在儿童的学习环境中，他们需要花费大量的时间和精力来精心选择玩具与材料。由于儿童需要的是无论处于何种能力水平都能够成功操作的材料，因此发展适宜性教室中的许多玩具都是开放式的，这些开放式玩具的使用方式也是多种多样的。除此之外，活动材料还包括传统玩具（如积木、书）和来自真实世界的材料（如水、沙子、成人服饰、厨房用具和古老的钟表）。判断发展适宜性教室中的材料的标准是：支持某种学习兴趣或目的。

误解 8，发展适宜性实践没有具体目标或最终目的。

这种观点认为，在发展适宜性教室中，儿童自己决定他们将要学习什么以及如何学习，这是对"以儿童为中心"这句话的错误理解——把以儿童为中心解释为由儿童做决定，由儿童支配或纵容儿童，更准确的理解应该是"敏锐感知儿童"（Bredekamp & Rosegrant，1992）。尽管限于学业技能的学习已经遭到了美国幼儿教育协会的反对，并被视为非适宜性发展实践，但是发展适宜性实践也是有具体目标和最终目的的。"所有有效的教育方案都明确地表明了它们的目标（或成果），教师的规划与他们和儿童一起开展的工作都是为了实现这个目标。"（Bredekamp & Rosegrant，1992，p. 5）关注当前美国各州发布的早期学习标准，可以为理想的结果提供一个框架。发展适宜性实践的目标是儿童所有领域的发展，是建立在对儿童年龄水平和儿童个体学习与发展需要的认识基础之上的。

儿童的需要、问题和兴趣是教师设计儿童中心课程时的主要考虑因素。另外，教师也需要知道在游戏和课程中如何、为什么以及什么时候去拓展学习的可能性。他们密切关注着儿童的进步，看着儿童从学习具体的课程中获得识字能力、计数能力、社交技巧、情绪控制能力，发展身体，达到国家要求的学习目标。

误解 9，在发展适宜性实践中，课程就是儿童的发展。

这种观点忽视了一个事实，即其他知识只有与有关儿童发展的知识一起，才能保证所有儿童的潜能都得到激发。尽管有关儿童发展的知识是决定发展适宜性教学实践的关键因素，但其他的因素也影响着课程决策。儿童的发展只是影响实践的三个方面之一，其他还包括文化因素（要考虑社会的价值观，即社会成员希望他们的孩子成为怎样的人）和知识因素（相关标准要求儿童了解什么）。这就使教育者有必要与社区经常性地进行交流，就下列问题做出决定：

- 儿童成为 21 世纪的公民需要什么技能和素质？
- 家庭和社区的价值观是什么？
- 哪些技能、知识是必备的？
- 儿童或儿童群体的兴趣在哪里？

关注这些方面与发展适宜性的概念并不矛盾，相反地，这将使所有决定真正适宜个体和文化。

误解 10，发展适宜性实践只是教育发展过程中的浪潮之一。

很显然，与过去相比，对教师的要求已经发生了变化，教师不再对那些他们认为不会太持久的事情过于认真。尽管如此，如果把发展适宜性想成是一种专业思想的演变，并且还将在几十年之后继续存在，那么这一理念就会融入专业思维和实践。发展适宜性实践的根源在于"过去的 100 年伟大思想家们——蒙台梭利、皮亚杰、弗洛伊德、施泰纳、埃里克森、杜威、埃尔金德、加德纳——的工作，以及关于大脑在儿童时期如何发展的最新发现"（Armstrong，2006）。所以今天的教师不再被要求全新开始或改变他们所做的所有事情，相反地，他们被要求结合自己有关儿童发展的知识开展工作。不变的问题是："我所做的是依据了我对这一个/一群儿童的认识吗？"教学策略可能会改变，但是知识和态度将一直不变。发展适宜性实践应该坚守能把所有早期教育工作者团结起来的价值观。讨论将不会停止，美国幼儿教育协会将会每 10 年左右对其立场声明进行回顾和修订。

本书致力于帮助学生、教师和其他对发展适宜性实践感兴趣的人，帮助他们思考在自身所处的特殊环境中实施发展适宜性实践可能产生的具体影响。

发展适宜性实践并不是一份确定的声明或一份绝对的行动计划，本书希望可以激发人们反思并检验当前的实践，帮助早期教育工作者为儿童创造最具支持性的学习环境。

优秀的教师要知道：

- 教什么和怎么教同样重要；
- 教师主导的和儿童主导的经验同样重要；
- 乐趣和学习同样重要。（Copple & Bredekamp，2009，p. 49）

小结

- 美国幼儿教育协会和其他专业性教育组织发表了立场声明，将发展适宜性实践界定为以年龄特点、个人兴趣和需要以及具有文化适宜性的发展性知识为基础的活动。
- 发展适宜性实践强调主动学习，由知识渊博、反应灵敏的教师使用广泛的教学策略来支持儿童主动学习。
- 美国幼儿教育协会详细地阐述了针对0—8岁儿童的适宜和不适宜的实践，并且指出了课程设计和评估的原则。
- 最重要的可能是对儿童及其特征的尊重。这种尊重引导教师不断反思自己的实践是否与儿童的发展相符。
- 教师对发展适宜性实践的含义存在大量误解。
- 透彻掌握有关儿童发展的知识和原理是根本。对儿童进行不适宜实践会造成负面的影响。

思考

1. 访谈几位教师，询问"发展适宜性实践"这一术语对他们意味着什么。请他们举出自己在教室中进行发展适宜性实践的例子，描述他们满足儿童个体需要的方法。然后与你的同学讨论。

2. 向家长了解他们对游戏的感受及他们关注的问题。与你的同学讨论。

3. 通读美国幼儿教育协会有关发展适宜性实践的论述，记录其中讨论的主要内容。

自测

1. 描述发展适宜性实践的含义。
2. 描述发展适宜性实践的关键组成部分。
3. 列出儿童发展的原则并进行讨论。
4. 讨论非发展适宜性实践对儿童的负面影响。
5. 讨论对发展适宜性实践的误解，并逐一做出准确的解释。

应用：案例研究

1. 假设自己是一位试图帮助家长理解儿童发展理论的教师，请结合具体的例子来说明本章讨论的儿童发展原则。
2. 假设你和一位小学教师对发展适宜性实践有非常不同的观点，反思各自背后的理论依据。找到一些例子来佐证。

第 2 章　游戏在发展适宜性实践中的重要性

学习目标

学习本章之后，你应该能够：

2-1　定义游戏并描述游戏的关键要素；

2-2　阐述游戏的分类；

2-3　阐述游戏的社会性发展阶段；

2-4　阐述主要游戏理论；

2-5　了解游戏是最具发展适宜性的课程的原因；

2-6　探讨什么样的环境能够为游戏提供支持；

2-7　讨论有关游戏的常见问题，包括暴力游戏、技术对游戏的影响、有特殊需要儿童的游戏、游戏和早期学习标准；

2-8　讨论如何帮助家长理解和接受游戏。

全世界的儿童都在游戏。他们或一个人游戏，或几个人一起游戏，或和成人一起游戏。他们玩专门为他们制作的玩具，包括那些已经存在几个世纪的玩具，如球、环、娃娃，还有日常用品的微缩版。他们玩自己能够找到的东西，然后把这些东西变成游戏需要的道具。他们按照成人和大孩子教他们的方式游戏，于是像躲猫猫和捉迷藏这样的游戏代代相传。他们游戏的方式表明他们一直在观察成人世界的生活——抚慰假想的婴儿或用锤子不停地修理汽车。游戏时他们只对自己小声嘟囔或用独特的对话方式与同伴互相提示。

他们愉快地、自发地做游戏，其中复杂的游戏规则很容易被曾经玩过这个游戏的前辈认出来。他们从婴儿的时候就开始玩游戏，直到应该把注意力集中到学校功课上时，他们依然在玩游戏。游戏是童年不可分割的一部分。

多年来，儿童的游戏由于其普遍性而引起无数研究者和理论家们的注意。尽管这些研究者对游戏的基本假设在某些方面是不同的，但他们一致认为游戏对儿童的身体、社会性、情感和认知发展具有极其重要的作用。蒙台梭利率先指出，游戏是儿童的工作。在论述游戏的重要性时，这句话被反复提及。在本章中，我们将尝试超越这种陈旧的说法来理解为什么游戏是发展适宜性实践的核心。

2-1　什么是游戏?

定义游戏的方式多种多样，这取决于研究者/理论家或参与者的思维方式。当被问及儿童游戏由什么构成时，莫奈恩–诺赫特（Monighan-Nourot）会提到乐趣和自我选择（2003）。研究者在定义游戏时注意到游戏具有以下特征。

- 游游戏是具有内在动机的、自发的，儿童愿意游戏。虽然这种说法可能不适用于有特殊需求或发育迟缓的儿童，但通常来说，游戏的冲动似乎是天生的。
- 游戏包含创造和想象。
- 游戏让儿童主动参与其中，儿童沉浸在他们自己的游戏世界中。
- 游戏的目标是灵活的、自愿的，而且是可以在游戏过程中改变的，儿童在游戏中不会被规则所束缚，这样可能会使游戏朝着多个方向发展。
- 游戏时儿童的注意力放在游戏的方法、过程上，而非一个特定的结果上——是过程导向而不是结果导向；重要的是游戏本身，不管它会有怎样的结果。（Brown，2010）

弗兰伯格（Fromberg）为游戏的含义加上了更多词汇：有意义、情节性和受规则制约（2002）（更多关于"受规则制约"的内容见本章中关于维果斯

基的部分）。早期有理论家通过定义游戏活
动的特定元素探讨了游戏与工作之间的连续
体（Dewey，1916）。一个关于游戏的很有
趣的观点是认为游戏整合和统一了"显然
自相矛盾的内容"（Monighan-Nourot，2003，
p. 130），这种观点考虑到了游戏具有使人
愉快和令人沮丧的两种相反特质。

儿童沉浸在自己的游戏世界中

　　因此，游戏的定义中应包含：游戏是愉
快的、自愿的和自发的活动，而且游戏是不
受现实情况和指令束缚的活动。莫奈恩−诺
赫特将游戏定义为经验、象征意义和矛盾的
统一体（Monighan-Nourot，2003）。阿姆斯
特朗（Armstrong）将游戏描述为"一个动
态的、不断变化的过程，是多感官参与的、互动的、有创造力的和有想象力
的"（2006，p. 73），"一个由儿童发起的开放的体验，包括假装、打闹活动，
或者自发地使用真实的物体进行创造性活动"（p. 75）。

　　这些定义排除了一些通常被视为游戏的活动。坐在电脑屏幕前玩电子游
戏或操作玩偶不是真正意义上的游戏，参加足球比赛或其他社区组织的竞争
性体育活动也不是真正意义上的游戏。思考下列在幼儿园中常见的非游戏
活动：

- 教师发出指令，让儿童把彩色木块按一定规律排列好，这无疑是一个
  儿童带着特定目标的、亲手操作的主动活动，但这不是儿童自己选择
  和内在驱动的活动；
- 蒙台梭利教室中的儿童按照教师教授的专门方式操作材料时，儿童可
  能会感受到快乐，但这个活动不具备游戏的其他特征；
- 教师为儿童安排戏剧游戏中的角色（如"你演粗暴的大公羊"），这
  个戏剧游戏就不是真正的游戏。

　　相反地，当儿童（或成人）选择进行一些看起来更像工作的活动，如写
一个故事或解一道数学题时，他们很可能是在游戏，因为这个活动是他们自

由选择的、令人愉快的和过程导向的。到底是游戏还是工作，要看实际情况。

很小的孩子也做游戏。婴儿最喜欢玩自己的身体，也喜欢摆弄成人给他们的东西。他们喜欢和周围的人游戏，沉浸在重复、惊奇和互动带来的快乐中。我们可能无法从他们的游戏中找到代表性的元素，但我们可以从其中发现自由选择和使人愉快的元素。

2-2　游戏的分类

当我们继续定义游戏时，我们必须注意游戏的不同类别。皮亚杰（Piaget）根据自己对儿童的观察，将游戏划分成了许多种类（1962），后来斯密兰斯基（Smilansky）对这一划分进行了调整（1968）。游戏的这 3 个种类分别是功能性游戏、象征性游戏和规则游戏。

这些种类分别与一定的认知发展阶段相对应。不过除相应阶段之外，它们仍以某种形式出现在整个认知发展阶段。皮亚杰认为游戏伴随儿童心理结构的改变，贯穿儿童认知发展的各个阶段。

2-2a　功能性游戏

功能性游戏也叫感知运动或练习性游戏，在儿童 0—2 岁时最常见，在其后的各个阶段也都大量出现。

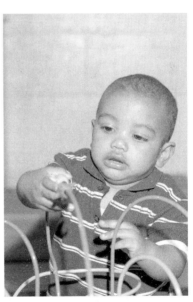

儿童通过与物体、人和语言的互动不断练习智力图式。儿童因在游戏中所进行的运动和感官探索而快乐。

以下就是功能性游戏：

- 一个婴儿不断地移动玩具珠子；
- 一个学步儿爬到任何能够爬的东西上去；
- 一个 4 岁的儿童在完成一幅拼图以后，立即打乱拼图重新再来；

反复移动珠子的婴儿正在进行功能性游戏

- 一个 6 岁儿童只要醒着就要玩轮滑。

通过这些游戏，儿童对自己身体技能有了信心。对于婴儿和学步儿来说，功能性游戏是占主导地位的游戏形式。

2-2b　象征性游戏

象征性游戏也叫表征性游戏，出现于儿童 2 岁左右，之后以各种形式继续出现于儿童成长的过程中。象征性游戏包括建构游戏和戏剧游戏。

建构游戏。当儿童使用材料或物体去制造其他东西时，他们就在进行建构游戏。建构游戏是功能性游戏和更为复杂的象征性游戏之间的过渡和桥梁。儿童通过使用具体的材料制造有代表性的物体来进行创造和建构。建构游戏的实例如下：

- 一个 2 岁儿童在搭大积木，说着"我的房子"；
- 一个 3 岁儿童在建一座高塔；
- 一个 5 岁儿童仔细地挑选着标记物来说明他去农场的行程；
- 一个 7 岁儿童花了很长的时间用橡皮泥来做一个宇宙飞船模型。

儿童在进行建构游戏

戏剧游戏。当儿童在虚构的情境中扮演某人或某物时，他们是在进行戏剧游戏。这种游戏通常吸收了各种常见情境中的直接经验或间接经验。当两个或更多的儿童参加游戏时，这个游戏就被认定为社会性戏剧游戏，而且游戏的进行是以扮演角色的游戏者与一起协商主题的游戏者之间的互动为基础（Smilansky，1990）。

社会性戏剧游戏需要与他人合作

戏剧游戏也包括建构假想的事物，这可能比建构游戏要抽象很多。例如一个儿童用各种小东西搭起一座塔后，拿起这座塔说："假想一下我们正在一座真的这样的高塔里，好吗?"他还做手势，假装自己不得不努力保持平衡。

通过建构游戏和戏剧游戏掌握象征性游戏是学前儿童的主要任务。象征性游戏将儿童的游戏与学步儿的游戏明确地区分开来。象征性游戏为儿童读写能力、表征性抽象思维的发展奠定了基础，这将在本章后面内容中谈到。

对 3—5 岁的儿童来说，成为一名游戏高手是发展的巅峰。游戏高手擅长在即兴自发的戏剧中象征性地表现他们的经历，有时独自一人，有时与他人合作。他们将自己的幻想和日常生活中的事件演绎出来。通过假装游戏，儿童巩固他们对世界的理解、语言和社交技能。（Jones & Reynolds，2011）

以下场景中出现了戏剧游戏。

- 一个学步儿拿着一个大木块放在耳边，说："喂。"

- 一个 3 岁儿童小心翼翼地将一个插满钉子的小钉板拿到教师面前，唱道："生日快乐!"
- 一个 4 岁儿童摆弄着一些小人偶在房子里进进出出，与每个人偶交谈。

以下场景中出现了社会性戏剧游戏：

- 几个 5 岁儿童玩鞋店游戏，其中一个扮演店员，两个假装成正在试鞋的顾客；
- 一个儿童对另一个儿童说："好了，你现在是妈妈，我是准备去约会的姐姐。"

2-2c 规则游戏

规则游戏是学龄儿童和更大一点的儿童进行的一种游戏。这种游戏的前提是儿童理解并认同事先制定好的规则。儿童在这一阶段成为"严肃的游戏者"，具备一定的逻辑思维和控制能力与社交技能是非常必要的（Wasserman，2000）。有些游戏有正式的名称，而且是众所周知的；有些游戏则是由儿童简单约定，作为临时的非正式规则。在这两种情况中的游戏都可能让儿童进行逻辑思考，理解世界的规则。

在操场上做游戏需要制定规则

根据规则进行游戏的能力可从以下情境中看到：

- 一群 7 岁儿童为一个踢球游戏挑选球队成员；
- 两个 6 岁儿童一起下国际象棋，他们事先约定每个人可以移动两次自己的棋；
- 在课外活动中，儿童从丰富的器械中选择足球；
- 两个小组在坡道上玩跳跃游戏，并决定跳得最高的小组可以在下一轮游戏中第一个开始玩。

2-3　游戏的社会性发展阶段

在一项关于"儿童在游戏中的社会参与"的经典研究中，帕顿（Parten）描述了儿童社会性行为发展的各个阶段（1932）。

2-3a　旁观者行为

儿童只是在一旁看别人游戏就是旁观者行为。儿童做旁观者，可能是不愿意参加到其他儿童的游戏，也可能是正在通过观察来学习怎样游戏（Anderson，2002）。

3 个孩子正一起在沙箱里挖洞。另一个孩子坐在旁边看着。

2-3b　独自游戏

如果一个儿童自己游戏，不和其他人进行任何明显的互动，那他就是在独自游戏。这种游戏在年幼的、缺乏经验的游戏者中很典型，而稍大一点的儿童在进行复杂的扮演或不和别人一起的游戏时也会独自游戏。

2 岁的雷娜塔坐在楼梯上，正在玩叠叠圈。

5 岁的佩特拉坐在地板上，她的周围放着各种各样的农场动物和人偶，并且还有为

独自游戏可以让儿童探索自己的兴趣

这些人偶和动物准备的小房子。

2-3c　平行游戏

当儿童分享活动材料或在彼此附近游戏却并不想一起游戏时，他们就是在进行平行游戏。进行平行游戏的儿童不理会对方的游戏。这种游戏可能是小组游戏的前身。

两个男孩坐在地毯上用手推玩具汽车。两个人都一边喊叫一边推车，却不看对方一眼。

两个孩子都在用记号笔涂颜色。一个孩子放下了红色笔，另一个就拿起来。他们一句话都没说。

他们在进行平行游戏——彼此靠近，玩相似的游戏，但是没有交流

2-3d　联合小组游戏

联合小组游戏是帕顿划分的小组游戏中的第一种。这种游戏出现于以下情况：儿童在相邻的位置进行类似的活动，他们可能会共享活动材料，但不会全心全意地投入共同的工作。儿童之间会进行一些互动。

两个孩子在沙子中挖洞，他们同意共同使用一个自动卸载卡车，但每人都只挖自己的洞。

2-3e 合作游戏

合作游戏是小组游戏的第二种形式，这种游戏体现了儿童努力在协商游戏主题和角色任务。游戏者们的沟通交流决定了游戏的任务、角色和主题。如：

"好的，假装这个宝宝生病了，你应该马上把他送到医生那去。"

"嗯，你最好找辆车。"

游戏者重新开始了他们作为爸爸和妈妈的游戏角色。

了解本部分介绍的术语有助于识别儿童游戏的分类和发展阶段，这是了解如何最好地支持游戏的关键第一步（见表2-1）。尽管如此，在关注教师支持之前，我们有必要先了解一下"通过游戏来学习"的理论基础。

表 2-1 游戏的分类与发展阶段

游戏的分类	
功能性游戏（也称练习性游戏）	游戏的第一个等级，涉及重复性的身体动作
象征性游戏（也称表征性游戏）	学前儿童象征性游戏包括建构游戏和戏剧游戏。在建构游戏中，儿童通过使用具体的材料来创造和构建。在戏剧游戏中，儿童建构假想的事物
规则游戏	学龄儿童或更大一点的儿童的游戏，前提是儿童理解并同意使用一套预先安排好的规则
游戏的发展阶段	
旁观者行为	看别人游戏
独自游戏	儿童一个人游戏，和他人没有任何交流
平行游戏	儿童分享材料或在彼此附近游戏，但并不试图彼此协调或建立连接
联合小组游戏	儿童在彼此附近开展类似的活动，也许分享材料，但他们在游戏中没有共同的关注点
合作游戏	第二种形式的小组游戏，儿童努力与同伴协商游戏主题和角色

2-4 游戏和发展

一些著名的理论家影响了我们对游戏的认识。在过去大概 60 年的时间里，皮亚杰和维果斯基的观点在游戏研究领域一直居于主导地位。他们在游戏如何影响认知发展方面有着不同的观点，但都认为游戏是知识建构的媒介或手段。我们先来认识他们各自在游戏和认知发展方面的观点。

2-4a 皮亚杰和游戏

皮亚杰认为儿童的学习在建构中发生。这意味着儿童并非通过吸收环境中的信息或模仿他人的行为来获取知识，而是通过一个缓慢、持续的建构过程来建构知识和技能。当儿童发展到不同的阶段时，会不断调整他们对知识的理解。这里包括两个过程——同化（吸收信息并按照自己的喜好使用信息，而并非使自己的认知适应新的信息）和顺应（调整自己当前的认知水平或图式来适应新吸收的信息），儿童改变自己的思维模式，即智力适应。皮亚杰认为儿童在游戏时会遇到（同化）新的思想和观点。

当新的信息和情况与他们已有知识不相符时，儿童会感觉到混乱（失衡）。他们对现有知识进行调整以适应新的观点，从而掌握新的观点，并因此学习到新知识，达到新的认知水平（平衡）。皮亚杰认为游戏首先是同化活动（Kagan，1990；Berk & Winsler，1995），在这一活动中，儿童将周围出现的真实情况融入自己的心理结构中，实践新建构的观点，并建构经验的意义。在游戏中，儿童"凭直觉表达一项实践或情境的知识元素，这些元素与儿童已有知识结构中的理解和意义不能完全相符。在思考游戏时，儿童明确表达他们的疑问"（Monighan-Nourot，2003，p. 134）。即使当儿童和其他人一起游戏时，游戏也首先是儿童个体发展的一部分。

皮亚杰指出儿童需要 3 种基本知识：物理的、数理逻辑的和社会经验的。儿童通过参加观察物体并总结其物理性质从而获取物理知识。例如通过游戏，儿童发现小汽车在斜坡上跑得特别快，重物会沉到水里。儿童通过发现物体、人和观点之间的联系而增长数理逻辑知识。儿童玩积木的时候发现，把长积木放在底部会比把短积木放在底部更加稳固。游戏为儿童提供了建构这几种知识的必要经验。对于文化、社会习俗和规则，人们经常采取直接教学的方式。然而，与他人一起的游戏可以使儿童应用他们在社会情境中学习的知识。儿童使用口头语言、工具和材料，进行创造性的表达和调查，从而发展知识。

　　皮亚杰特别指出，象征思维或抽象思维是儿童智力发展的主要表现。通过戏剧游戏将扮演对象变为与最初形象完全不同的事物，这种能力预示着儿童表征思维的开始。

　　抽象思维要求儿童将自己此时此地的行为与行为的心理表象区别开。丰富的游戏经验让儿童在象征性游戏阶段获得持续的成长。"儿童进入'好像'框架并就此框架与其他人进行协商，这种能力为人类进入真实世界的精神领域打下了基础。"（Monighan-Nourot，2003，p. 134）

　　皮亚杰发现了儿童在与其他人合作互动的游戏中重构认知的另一种情况。当儿童与同伴争吵并反对对方的观点时，他们不高兴地发现，其他人有他们自己的世界观（Berk & Winsler，1995）。因此，在皮亚杰看来，游戏中的交往对减弱学前儿童表现出的自我中心思维具有至关重要的作用（Piaget，[1923] 1926）。

女孩们正沉浸在探索身体平衡的游戏之中

2-4b   维果斯基和游戏

与皮亚杰同时代的心理学家维果斯基也持建构主义观点，但与皮亚杰不同的是，维果斯基认为儿童日益复杂的心理活动源自社会和文化背景的影响。也就是说，社会参与和与他人的合作是转换儿童思维的强有力的力量。根据维果斯基的观点，儿童在挑战任务时与知识更渊博的成员进行的合作性对话，使他们学习用反映他们群体文化的方式来思考（Berk & Winsler，1995，p. 19）。如皮亚杰所说，与比自己成熟的同伴或成人合作时，关键要素不是冲突，而是"分歧得到何种程度的解决，责任如何分担，以及反映合作和互相尊重的对话如何开展"（p. 20）。我们会在本章后面有关成人支持游戏部分进一步讨论。

关于游戏本身，维果斯基只写了12页，重点讲述了学前期象征性游戏的重要性。在他的认知发展理论中，假装游戏也占据了重要位置。

> 游戏为儿童创造了一个最近发展区。在游戏中，儿童的行为总是超过他的平均年龄，超过他的日常行为；在比赛中，他似乎比自己高出一截。就像放大镜的焦点一样，游戏以浓缩的形式包含了所有的发展趋势，它本身就是发展的主要来源。（Vygotsky，[1930-1935] 1978）

维果斯基提出"最近发展区"，认为儿童能独立解决问题的现有发展水平，与在成人引导或与更有能力的同伴合作解决问题的潜在发展水平之间，存在差距，这个差距即"最近发展区"（对"最近发展区"的讨论会在后面章节展开）。维果斯基相信教育先于发展，即通过指导和支持，使儿童主动建构新的认知。

维果斯基认为学前期游戏有两个显示其独特性及其发展价值的关键特征（有趣的是，与皮亚杰突出游戏的象征性特征不同，维果斯基认为象征性并非游戏特有）。第一个特征是指所有的象征性游戏创造了一个想象的情境，这个情境"允许儿童有一些不现实的愿望"（Berk & Winsler 1995，p. 53）。游戏首次出现在照看者要求学步儿延迟满足愿望并做出符合社会期许的行为时。儿童看到的是一种情况，做出来的却是另一种；他们依靠想象而非周围世界的刺激来指导自己的行为。在想象中使用替代物的能力是关键。当儿童用木棍来代表马时，这根木棍就成了区分象征意义的马和真实的马的关键。儿童把词语的意思和它所代表的客体区分开来，对于依靠抽象思维来指导行为非常关键。

第二个特征是，象征性游戏意味着儿童要想成功玩游戏，就必须遵守游戏规则（这与认为游戏无规则的研究者的观点不同，尽管规则是基于儿童对应该如何做的理解而外加的）。假装游戏受到规则的制约，就像玩过家家一样："不，你得先去上班，然后才能吃饭。"当儿童一起游戏的时候，他们建构与游戏的需要有关的意义。尽管假装游戏是儿童自发开展的，但在游戏中儿童不可以只按照自己喜欢的方式进行活动，他们必须遵守隐含的行为规则。

对维果斯基来说，游戏的这两个特征为两种相关能力的发展提供了支持：区分想象与其代表的实物和行为的能力，约束自己的冲动行为并有意识地调节行为的能力。

维果斯基与皮亚杰还有一个分歧，就是对认知发展中自言自语作用的理解。儿童在进行假装游戏或解决问题时，常自言自语。皮亚杰认为自言自语只是处于前运算阶段的儿童的一个思维特点，即自我中心和不考虑他人的想法，对儿童的发展没有什么积极作用。然而，维果斯基认为自言自语另有目的，而不是为了与他人交流。他觉得自言自语的目的是"与自己交流，进行自我调控，知道自己的思维过程与行动目标"（Berk & Winsler，1995，p. 37）。渐渐地，自言自语转化为了内在语言和言语思维。这样看来，自言自语是儿童学习如何思维的重要阶段。

2-4c　认知发展和游戏

皮亚杰和维果斯基之后的研究者发现了认知发展的各个方面与儿童参与象征性游戏之间的联系。游戏为儿童提供了练习发散思维的机会——他们以新奇的方式使用物体，不断提高自己思维的灵活性和创造性以解决游戏中出现的问题。"与成人通过'讨论'解决问题一样，儿童会把'讨论'替换为游戏，以游戏的方式来解决自己的问题。"（Monighan-Nourot，2003，p. 135）儿童参与象征性游戏能够提高创造力和想象力。瓦色曼（Wasserman）称游戏是创造力的主要来源，许多创新人物回忆说他们的游戏经验是其后来创造性表达的起点（2000）。

游戏加深了儿童对叙述性信息和客体的记忆。语言嵌入各种游戏，尤其是社会戏剧游戏之中。儿童获得了倾听别人正确表述词汇和增加自己词汇量的机会。在协商分工和解决纠纷时，儿童发展了语言和沟通技能。儿童通过游戏不断建立和修正概念。儿童的推理能力也受其参与象征性游戏的经验的影响。象征性游戏甚至能够帮助儿童区分想象和真实。可以说，儿童参与象征性游戏提高了他们的认知能力。

脚手架是指支持儿童做一些在没有成人帮助的情况下可能做不到的事

研究者指出，研究证实对游戏的重视不会削弱——事实上会促进——儿童的学业学习（Bodrova & Leong，2004）。"游戏与基础技能不矛盾：通过成熟的游戏，儿童学习基础技能，从而为迎接学业挑战做好准备。"（p.10）他们还报告了维果斯基的学生埃尔科宁（Elkonin）的研究。埃尔科宁列出了游戏影响认知发展的4种方式：

- 游戏影响动机；
- 游戏促进认知的去中心化；
- 游戏支持心理表征的发展；
- 游戏鼓励思考以后再行动。

2-4d 情感发展和游戏

埃里克森说，游戏在儿童自我发展中的作用，是使儿童将自己视为与他人相联系的独特存在（Erikson，1963）。通过游戏，儿童意识到自己的和他人的感觉，并能够考虑他人的想法。观察表明，游戏可以让儿童在一个不被禁止表达的虚拟世界中释放和表达感情。

当儿童在一个虚拟的世界中构建现实时，儿童有机会培养自信，并掌控

语言包含在与他人愉快的游戏中

现实。维维安·佩利（Vivian Paley）曾提到儿童自己写故事，然后把故事表演出来——结合了故事、写作、阅读和戏剧。教师帮助儿童记下他们的剧本，然后教师大声朗读给全班听。接着儿童以小组的形式一起表演他们的故事。佩利说，儿童的问题每天都在戏剧中得到解决。正如她所说，"没有什么活动比假装游戏更能让孩子们做好准备了"，"没有比这更可靠和无风险——只是假装的危险"（Paley，2004，p.8）。儿童用幻想来释放他们的焦虑。佩利担心游戏，尤其是儿童在学校的游戏减少。她说："当游戏被减少时，他们该如何面对想象中的坏人呢？"

埃尔金德认为游戏把儿童从现实的压力中解脱出来，真实的生理学证据表明焦虑的减轻与游戏有关。贝特尔海姆（Bettelheim）提到，游戏不仅为儿童妥善处理过去和现在关注的事情提供了途径，而且为其做好准备接受未来的任务提供了工具。

游戏在不知不觉中教会了儿童获得智力成长最需要的习惯，如坚持不懈，这在所有学习中都非常重要。坚持是很容易通过愉快的活动，如选择性的游戏而获得的。但是，如果它不是通过令人愉快的事情，如通过像学校作业这样的活动，那么它就不太可能成为一种习惯。（Bettelheim，1987）

与游戏相伴随的快乐为儿童的坚持提供了一个积极的情感环境。游戏让儿童单纯地为了经验本身——不是为了外界的奖励或别人的表扬——参与其中。游戏激励儿童承担风险并赋予他权力，冒险是提高儿童学习能力和个人水平的必要元素。正如瓦色曼所说，游戏加强了儿童对个人能力的感知，并帮助他们树立"我能"的信念（Wasserman，2000）。

2-4e 社会性发展和游戏

游戏鼓励社会互动。通过社会互动，儿童获得只能通过亲身经历才能获得的社会技能。因此，花了更多时间在戏剧游戏上的学前儿童社会能力更强也就不足为奇了。游戏为儿童学习接受另一种观点创造了情境。在游戏中，儿童会面临有待解决的社会问题。灵活性和综合考虑多种观点的能力能使儿童进行协商，及时替换角色和脚本，以防止游戏中断。被视为"熟练的游戏者"（Reynolds & Jones，1996）的儿童具备这种能力。儿童受欢迎程度与以友好、非攻击性的方式解决冲突的社会能力有关。相处的技巧——轮流、合作、分享、妥协——在游戏中得到练习。积极的同伴关系和友谊是不断重复的游戏经验的结果。

正如维果斯基所指出的那样，游戏给儿童提供了学习社会习俗并进行相关实践的机会。在游戏中，儿童也得到了摆脱真实世界中的限制的机会。例如在游戏中，儿童可以冲破限制，使用或开展一般情况下不被允许的特殊材料或活动。游戏允许儿童"测试"社会接受的和不接受的行为。

这个关于社会性发展的讨论展示了儿童如何在社会背景下学习。维果斯基做出了强有力的阐明：不存在任何脱离社会背景的学习。

2-4f 身体发展和游戏

儿童的身体主要通过游戏获得发展。大小肌肉运动技能都在游戏中得到练习。儿童在跑、爬和跳的游戏过程中发展身体的控制能力。骑车或者跳跃的时候他们需要判断距离。绘画、切割或搭建东西时，他们的手眼协调能力得到发展。他们喜欢在运动中"测验"自己的身体。游戏使儿童对自己的身体充满自信，他们在游戏中提高了各种技巧和协调能力。游戏就是操作，能够转化为身体发展、技能提升和自我认知进步。

游戏包括妥协以及与他人合作

　　简言之，理论家和研究者发现游戏是学习的媒介，游戏使儿童各个方面的发展互相联系，彼此促进，并帮助儿童发展应对未来的技巧和态度。美国幼儿教育协会宣称："儿童自发的、由教师提供支持的游戏是发展适宜性实践的关键要素。"（Bredekamp & Copple，1997，p. 14）

反思

找回童年游戏的记忆

　　回忆你小时候喜欢玩什么和去哪儿玩。你最喜欢什么玩具？谁是你的玩伴？你大部分时间是在室内还是室外玩？当你思考游戏在儿童生活中的力量和重要性时，把这些回忆记录下来。在可能的情况下，与朋友分享你的记忆，并发现其中的游戏元素。反思是什么让你的游戏丰富而有意义。

　　这些回忆很重要，因为只有当老师们确信游戏所蕴含的力量时，他们才会成为真正的游戏倡导者。

2-5   游戏作为发展适宜性课程

在半个世纪前，很多早期教育工作者就已经认识到教室中的游戏对儿童的重要价值，其中包括约翰·杜威（John Dewey）、帕蒂·史密斯·希尔（Patty Smith Hill）和苏珊·艾萨克（Susan Isaacs）。他们认为游戏为儿童探究活动材料、提高认知和问题解决能力以及发展社会性提供了机会（Isenberg & Jalongo，2000）。现在流行的观点也强调这一点。

早期儿童工作者的主要组织（国际儿童教育协会和美国幼儿教育协会）的立场声明指出，游戏是促进儿童在所有领域获得适宜性发展的媒介（Isenberg & Quisenberry，1988；Bredekamp & Copple，1997；ACEI，2002；Copple & Bredekamp，2009）。

美国幼儿教育协会最新版立场声明阐述了发展的基本原则，其中第 10 条是："游戏是发展自我调节能力以及语言、认知和社会能力的重要工具。"当我们了解到儿童不只是接受别人灌输知识的"空罐子"，而是积极构建自己的知识时，我们就能明白正是游戏构建了主动学习的环境。正是通过游戏，儿童真正地学会了自我教育。

在许多地方，游戏受到了严重的挑战，因为家长和立法者对教师施加压力，要求儿童学习更严格、更具体的课程。后面我们将讨论如何帮助家长理解游戏对于学业成功的重要性，理解"游戏不是学习的敌人，而是学习的伙伴"（Brown，2010，p. 101）。但对于教师来说，能够清楚地表达游戏中蕴含的重要价值是至关重要的。

价值 1，游戏为儿童所有领域的发展提供条件。

游戏促进儿童所有领域发展并互相影响。例如当托马斯和威尔在积木区搭大型建筑并称之为"太空站"时，他们：

- 合作和分享观点；
- 解决问题；
- 发展手眼协调能力和良好的动作技巧；
- 努力理解平衡；

游戏可以延长儿童注意力保持时间，发展儿童的毅力、创造力和专注度

- 表征概念；
- 延长注意力保持时间，发展毅力、创造力和专注度；
- 聆听并考虑他人的意见；
- 用语言表达自己的想法；
- 享受友谊和成就感；
- 学习基本的数学和科学概念。

想一想在这个游戏情境中，儿童还可能学到什么？还可能发展哪些能力？还有什么课程能比支持儿童的全面发展更好呢？

价值 2，游戏强调学习是一个主动/互动的过程。

有意义的活动给参与其中的儿童提供了学习的情境。维果斯基帮助我们认识到游戏引领发展，社会参与及与他人的合作是改变儿童思维的强大力量。通过与"更有见识"的同龄人或成年人合作、对话和互动，儿童学会以更成熟的方式思考和行动。看下面托马斯和威尔之间是如何交流想法的。

威尔："但我们不能住在那儿，因为人类不住在太空里。"

托马斯："嗯，但是我在照片中看到他们住在宇宙飞船里。他们跳来跳去。"

威尔（对于他来说这显然是个新鲜的想法）："好吧，但是在太空站里没有人跳来跳去，因为太空站将会落到水里去。就把这儿当作水吧！"他一边说一边跑到对面的美术架上拿了一张纸。

与其他儿童的互动使儿童在遇到不同的观点时，努力使这些观点与自己原有的观点相适合，结果便是获得心理发展。

儿童在与他人互动的过程中学习新的思想

价值 3，游戏提升学习动机。

儿童选择参与对他们富有意义的游戏活动，游戏也就为他们提供了强有力的学习动机和学习机会。他们自己决定是否参加游戏，自己选择游戏伙伴和任务、角色和参与时间。儿童之所以接受挑战，是因为他们对自己选择的游戏感兴趣并且做好了准备。

托马斯："不，那块掉下来了。"两个男孩一会儿看着对方，一会儿盯着他们的"太空站"。

威尔："是的，我知道怎么办了。把那块大积木放在角上。你先扶住它，我拿一块小积木顶着它。看，这样就行了。"

教师用一百节课的时间直接讲授大小和平衡的概念，都不如儿童在游戏中自己学会的东西多。

成人应该认真辨别什么是真正的游戏，什么是成人操控的隐含着成人教学目标的游戏，后者并没有真正允许儿童选择玩什么和如何玩。

价值 4，游戏允许差异的存在。

游戏允许儿童在发展能力、兴趣和学习方式方面存在差异。教师为儿童提供了选择机会。他们可以选择独自游戏或者在一起游戏，选择使用简单的或复杂的活动材料，选择进行建构、创造、比赛、操作、探究或表演——获得符合自己水平的成功。"如果一群各不相同的儿童接受千篇一律的教学，那么他们中的大部分人都可能遭遇学习上的失败。这一假设很有道理。"（Katz，1987，p. 3）在儿童自己发现和选择的最适合他们需要与兴趣的游戏中，这种失败就不会发生。很显然，在一个为游戏而设计或改造的教室环境中，特殊需要儿童、残疾儿童即使和再多的正常发展儿童在同一间教室学习，他们也能取得符合自己发展水平的成功（Sandall，2004）。

在托马斯和威尔旁边的活动区里，朱利奥正在往盒子里装红色的橡皮泥。他使劲压橡皮泥，想知道他能够往每个盒子里装多少橡皮泥。朱利奥在单独使用每个手指时存在障碍。在他旁边，希拉里和安娜正在商量怎么做比萨饼，她们把橡皮泥铺开并压成圆形。萨姆坐在桌子的另一端，正在用橡皮泥做字母 S，他高兴地指给朱利奥看："看，朱里奥，它在对我说 S 呢！"

游戏中的儿童可以给自己安排任务。他们很可能会在自己安排的挑战中赢得成功。他们更相信自己的学习能力了。

价值 5，游戏允许不断练习新获得的技能、能力和思想。

正如立场声明提醒我们的，当儿童有很多机会练习新掌握的技能时，儿童就能获得发展。只有在学习上不断取得成功，儿童的坚持性、动机才会得到加强。在游戏和活动中反复练习可以提高成功机会。

这就是为什么成人会经常看到儿童重复熟悉的谜题、建筑活动或相同的剧本。熟能生巧，不断练习能够培养儿童作为学习者的自信心。

价值 6，游戏促进自我调节。

儿童在戏剧游戏中学习规范自己的行为，因为他们所扮演的角色用其隐含的规则限制了他们的行为。在游戏中，儿童明白他们需要遵守某些规则和方式。一个儿童拿起电话和另一个儿童说话，另一个纠正他："不，首先你得说：'你好，这里是消防站，有什么紧急情况？'"这是他们在最近一次去消防站时学到的。或者儿童一起计划，知道恰当的角色行为和角色语言是什么："假装你是那个坏妹妹，好吗?"（每个人都知道"坏妹妹"和"好妹妹"的行为是不同的）尽管假装游戏是一种自发的活动，但儿童可能不会完全像他们所选择的角色那样行动。不过，在遵循其中隐藏的行为规则的过程中，他们学会了规范自己的行为。维果斯基说，只有持续的、有意的假装游戏才能培养反思和自我调节能力。

当环境经改造后适合所有儿童游戏时，有特殊需要的儿童也可以参与游戏。这个大托盘让这个女孩也能玩起来

价值7，游戏对大脑发展有益。

学前期是大脑额叶区发展最快的时期，游戏对大脑的发展大有裨益。大脑额叶区的快速发展促进了大脑处理速度、记忆和问题解决能力的提高。大脑高级中枢的活动使学前儿童的注意力水平和抑制冲动的能力得到提高。研究显示，大脑高级中枢的发展是由那些需要自我调控和问题解决的剧本与角色扮演激发的（Bergen，2004）。通过与其他儿童一起游戏获得的多元经验促进了大脑高级中枢的发展。

此外，将感觉运动、认知和社会性情感体验联系起来的游戏为大脑发育提供了理想的环境。最佳的大脑发育发生在儿童与环境相互作用的过程中。游戏提供了大脑发育所需的刺激和整合机会（Johnson，Christie，& Wardle，2005）。

来自神经科学的发现

神经科学家指出，如果脑细胞反复使用，就像在丰富的游戏体验中那样，那么构成新学习基础的脑细胞之间的连接就会变得紧密。"学习过程中参与的感官越多，大脑就越有可能接收和处理信息。"（Schiller & Willis，2008，p. 54）游戏活动用到多种感官，游戏的情感维度会嵌入大脑的结构。健康的大脑发育对以后的学业成就至关重要。

矛盾的是，将学业课程和教学方法延至儿童早期阶段的主要社会影响之一，是对大脑发育和儿童在学校取得成功的条件的误解（Reed et al.，2012）。如果学业被定义为文本化的知识，需要有组织地、按顺序获得，那么游戏和其他基础活动的时间就会相应减少。"如果读写能力被定义为发展过程，那么想象性游戏就成为儿童早期课程的核心。如果读写能力被定义为技能的集合，那么想象性游戏就变成了一种奢侈。"（Cooper，2009，p. 44）

价值 8，游戏帮助儿童获得基础技能。

在如今对考试成绩高度关注的大环境下，许多家长和教育工作者的关注点是确保儿童为将来在学业上取得成功做好准备。这种对儿童可测量的表现的不断关注，促使课程关注事实和较低层次的思维。这要求发展适宜性实践的支持者必须清楚并详细解释游戏和基本技能之间的联系。有数十项研究表明，游戏和许多复杂的认知活动，如记忆、自我调节、去语境化、口语表达、概括，以及成功的学校适应和更好的社会技能存在联系（Bodrova & Leong，2004）。

儿童在游戏的情境中能记住更多东西。如给儿童列出 10 个单词，在游戏环境中，儿童能更好地记住它们。儿童在游戏中使用更多的词汇和更高级的表达。游戏促进儿童的心理表征。在他们开始的假装游戏中，他们用复制品如玩具电话来代替真实的物体。然后，他们开始使用外观不同但功能相同的新物体，比如真的电话机。最后，大多数替换表现在语言中，不需要任何道具——儿童凝视天空，手放在耳边，踱步，同时与一个看不见的伙伴进行生动的对话。

这种心理转换的能力有助于抽象思维的发展。后来，在学校里，当儿童学习语言和数学的书面符号时，他们就会利用这种通过游戏发展起来的能力来进行符号转换。理解 H 和 K、猫和男孩、14 和 7 是表示声音、词与数字的组合的能力，类似于用积木来表示电话。

在儿童自发的游戏活动中，儿童表现出自己的认知。在促进读写能力的游戏环境中，当他们在餐馆点菜、在兽医诊所为生病的狗开处方、为街区内的道路制作标志时，他们表现出他们理解并使用读写材料的能力。理解书面语言的用途及其工作原理是读写萌发的重要组成部分。在关注游戏和识字之间关系的研究中，研究人员发现，随着儿童识字材料的使用，儿童语音意识也有所提高（Roskos & Christie，2001）。

因此，通过游戏，儿童能够以自己的方式来获取学业的成功，而不是像有的幼儿园那样采用错误的方式，即"在儿童还不知道如何做的时候就过早地要求儿童做"（Jones & Reynolds，2011，p. 11）。儿童通过目的明确、高质量的游戏学习到的技能是认知发展和学业学习的基本。

除了基本技能之外，游戏还能培养想象力和创造力以及其他素质，这些素质与儿童在 21 世纪获得成功有关。杰罗姆·布鲁纳（Jerome Bruner）曾提出适宜学习经验的困境："教育系统如何为年轻人进入社会做好准备，以应对一个越来越难以预测的未来？"（1991）

这个问题的一个答案至少是培养适应性、灵活性和创造性思维。假装游戏对这种能力的发展至关重要。阿姆斯特朗引用了发现新思维方式的发明家和科学家的话，说："几乎每一个对文化的重大贡献最初都可能源于在童年时代就生根发芽的淘气行为。"（Armstrog，20006，p. 75）"让我们假装……"是这种思维的基础，这种思维不只是会在测试中体现。

而且，当教师们面对那些认为直接教授基本技能比游戏更重要的怀疑论者时，他们可以指出，戴维·埃尔金德 2006 年报告的从学前到二年级的跟踪研究发现，在学龄前参与戏剧表演的儿童表现出较好的读写能力和数字技能。游戏和基本技能不是非黑即白的关系，二者是互相促进的关系。

高质量的游戏体验为儿童积累了重要的基础技能

戏剧游戏的两个主要效益

在游戏中，儿童用一个物体代替另一个物体，或想象某个物体。在这两种练习中，儿童都把不存在的物体的意义记在心里。这种意义与物体的分离为符号使用提供了基础。例如，当教师读一本书时，儿童理解他听到的词代表着书本上的物体和动作。

符号可以帮助儿童做以下事情：

- 学习词汇（读写）；
- 读和写（读写）；
- 理解地图（地理）；
- 使用数字，学习数字守恒（数学）。

依靠自我调节能力，儿童会停止自己的行为（冲动），实现自己的愿望。在游戏中，他遵循自己选择的角色和角色的规则，控制冲动和情绪反应。儿童扮演他所扮演的角色，而不是另一个角色。

自我调节能力促进儿童：

- 自主思考；
- 思考并控制行为；
- 控制冲动；
- 调节自己的言行；
- 遵守指示和规则；
- 计划并坚持完成任务；
- 与同伴合作；
- 提高决策能力。

价值 9，游戏奠定社会性和道德发展的基石。

当儿童一起创造虚构的世界时，他们面临着需要解决的社会问题：如果两个玩家都想当妈妈会怎么样？如果假装的爸爸拒绝帮忙洗碗怎么办？苏瑞不会说英语，却想一起玩，怎么能让她也加入进来呢？也许最紧迫的问题是，如果他们说我不能打球，我该怎么办？

在游戏的环境中，儿童学会了从别人的角度看问题。

"哇，她也很想当妈妈。"

"苏瑞看起来想玩。"

"他们不想让我打球，因为他们说我推倒了他们的房子。"

儿童能考虑其他观点的能力增强了他社交的灵活性，并允许他在角色和剧本上做出妥协或提出替代方案，从而使游戏继续下去。

"好吧，苏瑞，你可以当那只小猫。"儿童意识到小猫不需要会英语。

"我们都当妈妈，带着孩子去公园玩，怎么样？"

有经验的儿童有能力以友好、非攻击性的方式解决冲突。学习相处的技巧——轮流、合作、分享和妥协——都是在游戏中练习的。事实上，这些技能只能通过体验来学习，而不是由成年人传授。积极的同伴关系和友谊是不断游戏的结果。最好的结果是获得尊重和体贴他人的技能，也感到自己有能力，被同伴接纳。研究表明，教师认为花更多时间在戏剧游戏上的学龄前儿童和小学生具有更强的社会性能力。2000 年，美国国家心理健康研究所发表了一项重要的研究成果，报告的题目是《良好的开端——让美国孩子具备在学校成功所需的社交和情感能力》（*A Good Beginning*：*Sending America's Children to School with the Social and Emotional Competence They Need to Succeed*）。这种通过游戏的互动而获得的社会性能力，相比任何一堆学前作业，更能对学业成功产生持久影响。

价值 10，游戏有助于儿童的情感发展。

丹尼尔·戈尔曼（Daniel Goleman）认为，情商比智商更能决定儿童的未来（1995）。游戏能同时促进智力和情感的发展。通过游戏，儿童会意识到自己和他人的感受，并能够移情，从他人的角度看待问题。游戏让儿童在一个虚拟的世界中表达和处理他们的感情，所以表达是安全的和可接受的。例如，有教师看到一个孩子正严厉地惩罚一个玩具娃娃，然后又安慰了它。她可能是在让自己接受成人的愤怒或者处理被一个新婴儿取代时的感受。

儿童在游戏的时候，可以直观地理解自己的感觉，并以既具体又抽象的方式来处理它们。现实世界的压力、痛苦和恐惧可以通过游戏来减少。想象一个孩子在父母分居后刚搬到新公寓，她在游戏中度过了一个又一个治愈时间，把衣服和盘子装进盒子里，运到另一个地方，然后再打开。游戏帮助她应对新的情况和生活中的变化。

儿童游戏的 3 个常见主题根植于儿童的情感现实和欲望：对保护的需要（"我是孩子，好吧，你可以做我的妈妈"）；对力量的需求（"我要成为超级飞行者，我比任何人都快"）；攻击和摧毁的需要（"你知道超级飞行器可以摧毁人们的房子吗?"）。游戏给了儿童控制这些感情和冲动的机会，让他们有机会不断学习分辨善恶。游戏可以让儿童理解他们与家人和朋友的关系，认识自己是谁。

超级英雄游戏满足了儿童变强大的愿望

理解游戏的价值

为什么游戏是最适合儿童的课程？

1. 游戏促进儿童各个方面的发展。
2. 游戏强调学习是一种主动/互动的过程。
3. 游戏提升学习动机。
4. 游戏允许能力、兴趣和学习风格存在差异。
5. 游戏允许不断练习新获得的技能、能力和思想。
6. 游戏促进自我调节。
7. 游戏有助于大脑发育。
8. 游戏促进基本技能的获得。
9. 游戏是社会性和道德发展的基石。
10. 游戏有助于儿童的情感发展。

多年来，戴维·埃尔金德一直在写关于现代儿童压力的文章，而游戏为他们提供了释放这种压力的机会。实际的生理证据表明，焦虑的减少与游戏有关。游戏使儿童感觉更好。

因此，游戏应该被视为最适合儿童发展的媒介。

根据这些重要的证据，一些研究者主张明确发挥政策的作用：使所有儿童平等获得优质游戏环境（Hampshire Play Policy Forum，2002；Hirsh-Pasek et al.，2009）。

多样性考虑

跨文化游戏

虽然全世界的儿童都在游戏，但文化决定了游戏典型类型，以及成人在游戏时如何与儿童互动。"文化有助于决定游戏是否被视为儿童在很少或没有成人参与的情况下自己做事情，或者说成人的参与是否有价值。"（Gonzalez-Mena，2008，p. 103）另一个文化差异是，游戏在多大程度上被视为童年的一部分以及儿童学习的媒介。这些想法将影响成人接受"游戏能为以后的学习奠定基础"这一观点的容易程度。这是至关重要的，特别是对于那些提倡发展适宜性实践的教师。

再想想为什么在某些文化中，儿童为玩假装游戏而打扮是不被接受的，或者只有一些儿童（比如男孩）是被接受的——文化价值观是如何影响这种态度的？

2-6 支持游戏的环境

游戏发生在特定的情境中，这种情境能够提供可以支撑游戏质量的特定条件。从下面的例子中找出可以支撑游戏质量的条件。

这个早晨可以选择玩装满木屑的感知桌。老师放了一些小塑料恐龙和几片绿叶。也可以选择玩放有 3 堆橡皮泥和一些小的烘焙用具的小桌子。还可以选择玩装满小汽车的盒子，它放在黑板后面的地板上，在文件架旁边。

操场上有一个装满围巾和旧领带的盒子，以及一些塑料环和塑料绳，正等待孩子们去发现它们。昨天，由于孩子们试图模仿电视里的英雄，操场上的游戏多次被打断。了解到很多孩子上周都去马戏团了，老师希望游戏主题中使用的材料能有所改变。

老师坐在戏剧游戏区的旁边剪材料，希瑟、罗伯和莉亚正在那儿用医疗道具包扎玩具动物。当他们因为听诊器而发生争吵时，老师问道："有哪个病人已经准备好回家了？"

老师注意到孩子们今天在戏剧游戏区重复玩商店游戏，她把一叠新制的钱递给一个孩子，并站在旁边，说："看起来他们需要更多的钱进行兑换了。"

仔细观察这些小片段，能了解成人可以如何控制条件以创设支持游戏的环境。布鲁纳指出具备以下条件会使游戏得到改善：

- 游戏玩伴；
- 适宜的游戏材料，尤其是其设计能够鼓励儿童整合各种经验；
- 成人在旁，不一定要参与活动，但要保证游戏"局面"的稳定。

（Bruner，1983）

也有研究者指出，物理环境中的元素，如游戏空间和材料的数量与安排，能够帮助儿童将注意力集中到游戏上。充足的、没有预设的时间是影响游戏持续时间和复杂程度的另一个物质变量。游戏也受到真实世界的经验以及更广阔世界中社会文化关系背景的影响。下面我们将分别了解这些方面。

当教师密切关注游戏时，他们知道什么情况下进行干预是有益的

2-6a　游戏的物质环境

教师安排的物质环境会对儿童选择游戏，参与并持续游戏，以及与他人互动的能力产生影响。伊丽莎白·琼斯（Elizabeth Jones）建议教师们把自己当成舞台管理者，创造能够促进表演的环境。当教师用明确的路径和界线规划游戏场地时，儿童能够快捷地选择游戏和材料，创设游戏的情节。室内家具和材料的安置、移动及使用的灵活性（"嘿，那个小凳子是我们的篝火！"）能够支持游戏和创造性表达。

场地很重要，场地缩小会增加攻击性，降低游戏行为的社会性（Ward，1996）。为共同游戏提供足够大的场地，为个人想象游戏提供足够小的场地，能够帮助儿童进行不同的游戏。很多戏剧游戏在分隔的空间而非开阔的大空间中进行（Ward，1996）。一位教师既为一个人玩小汽车的游戏建立了一个区域，又为 3 个人一起玩烘焙游戏准备了一张桌子。

材料会从发展和文化两个方面影响游戏。对真实生活中的物体进行逼真的复制，能够帮助还没有充分发展符号表征能力的儿童以及那些能分辨出与他们家庭和文化背景中不一样的物体的儿童。玩具小汽车就是一种逼真的复制品。同样，提供充足的零件——能够以任何方式使用和组合的开放性材料——能使儿童在游戏中自由创造。围巾、领带、绳子和圆环就属于这种。游戏需要足够多的小道具。

敏锐的教师也会营造一种让儿童感觉自由的、能够自己进行创造的氛围，提供能够推动游戏、鼓励更多儿童加入的小道具，就像前文中提到的游戏钱币和凳子。当儿童带着材料去其他地方时，教师不应该觉得有必要让儿童先把玩具收起来——在游戏结束的时候收就可以，以免打断他们的游戏。

时间是物理环境中的另一个变量。当教师给儿童大量时间进行不被打扰的积木游戏时，儿童就更可能对游戏进行拓展。一项研究表明，儿童完全融入一个高质量的游戏至少需要 30 分钟（Johnson，Christie，& Wardle，2005）。产生想法、选择角色、寻找道具、协商和沟通都需要时间。正如每个儿童拥有不同的发展阶段、性情和风格一样，有些儿童融入游戏需要更多时间。一个旁观者需要对游戏进行足够长时间的观察才能找到一个加入游戏的合适位置和方法，而一个一直进行平行游戏的儿童需要慢慢融入小组互动游戏中。足够的时间使儿童能够扩充和发展游戏情节，太少的时间会使他们只能进行重复的或非常简单的游戏主题。支持游戏的教师会为游戏提供完整的时间段，无论在室内还是室外。在户外，戏剧游戏在身体活动之后展开——通常需要超过 45 分钟的时间。当然，游戏时间也意味着不打断儿童的游戏以实现教师的目标，比如当儿童在积木区快乐地建构时，让儿童画一幅画带回家给妈妈。

2-6b 真实世界的经验

亲手操作的机会和现实世界的经验为儿童的想象力奠定了基础。教师通过安排实地考察、邀请周围社区的人到访、仔细选择儿童文学作品来提供经验。如果教师希望开启一个以马戏团为主题的游戏，她就必须提供道具，帮助儿童回忆他们的真实经历（那个在前一天打断了操场活动的攻击性游戏就是对电视节目非真实经验的模仿，电视没能给儿童提供充足的经验来进行探究）。

2-6c 教师干预

斯密兰斯基第一个提出成人干预儿童游戏会提升游戏的质量（Smilansky，1968）。她在对以色列低收入移民家庭儿童的研究中发现，一些儿童的游戏在社会性、想象力、言语表达能力或组织程度方面比其他儿童的低；实际上，有些儿童完全不参加假装游戏。她假定：儿童缺乏参加戏剧游戏的能力会与将来的学习困难相关，特定的教师策略能教会儿童新的游戏技能。

在当今世界，许多教育者担心儿童的家校经验不足以产出内容丰富的、充满想象力的、长期以来被视为童年象征的游戏。这种担心可能部分源于这样一个事实，即社会环境的变化使儿童大部分的游戏时间是和同龄人一起度过，而同龄人可能无法像具备娴熟游戏技能的优秀教师那样发挥作用。

此外，玩具制造商生产了越来越多的仿真玩具，这些玩具不会激发儿童对表征技巧的需求。所谓的教育玩具，是为向焦虑的父母营销而设计的，通常不会促进假装游戏。当今社会对学前课程学业性内容日益重视，还有许多成年人认为没有人监督的游戏是危险的和没有成效的，导致儿童游戏机会和技能的缺乏（Bodrova & Leong，2004；Gray，2013）。他们很可能需要成年人的帮助来培养他们的游戏技能（Leong & Bodrova，2012）。

斯密兰斯基开发了一个评估儿童社会戏剧游戏质量的体系，这些评估标准包括如下几点：

- 选择角色并保持与角色一致的行为；
- 在假装游戏中使用小道具、手势和言语；
- 把假装游戏扩充为一个个情节，而不只是简单模仿动作；
- 假装游戏能持续一段时间（学龄前儿童最少进行 5 分钟）；
- 至少与一个儿童一起游戏；
- 通过语言交流来协调和引导游戏。

最近有研究者提出了类似的系统（PRoPELS）来识别儿童游戏中可以被成人评估和支架的元素：

- 在游戏之前做好计划；
- 采取特定角色的行动和语言；
- 使用道具；
- 长时间游戏；
- 使用语言来设计场景和扮演；
- 借助场景和指示角色之间的交互作用。（Leong & Bodrova，2012 ）

斯密兰斯基提出了以下干预技巧：

- 为儿童的游戏提供真实的经验，并提供相关的道具；
- 仔细观察儿童的游戏，留意谁没有参与进来，谁需要成人帮助他们扩展游戏；
- 进行主动干预以帮助儿童发展他们的游戏能力。借用维果斯基的追随者们用以描述帮助儿童采取下一步行动的术语，这种干预或游戏指导是一种脚手架。

　　注重对儿童游戏进行适宜干预的教师肯定会发现一些待注意的事项（Smilansky & Shefatya，1990）。教师应该只在儿童需要支持时进行干预。当游戏进行得很好时，教师的最佳角色是做一个观察者，通过游戏了解儿童。当教师进行干预时，不应打断游戏，而应该保护游戏并使其持续进行。干预应该是简练的，教师应该尽快地撤离。当儿童表示他们更想自己游戏时，教师应该尊重他们的意愿。

　　当教师断定干预将有助于游戏时，要采取一些方法，包括帮助儿童设计和组织游戏，激发儿童提出新想法，示范说明游戏行为，提供小道具。

　　● **帮助儿童设计和组织游戏**。成熟的游戏者能够彼此描述游戏的情节是什么，每个人扮演哪个角色，以及游戏活动将如何进行。教师对游戏进行观察之后，最适宜的做法就是帮助儿童界定他们的游戏重点和目标。这在游戏情节还没有扩展时显得更加必要，因为在这种情况下，儿童在单独发展自己的游戏片段或没有明确地把他的目标告诉其他参与者。然后，教师就可以以游戏伙伴的身份进入游戏，通过请求指点并对儿童的行为和评论做出回应来影响游戏（Heidemann & Hewitt，2010）。教师可以通过提问来帮助儿童在心中组织游戏，并更多地用言语与其他游戏者进行互动，从而引发更加复杂的游戏。

　　"你要开着你的小汽车去哪儿？"

　　"你打算做什么晚饭？"

　　"你打算扮演谁？"

　　● **激发儿童提出新想法**。教师可以通过提问题、暗示或直接提建议的方式拓展游戏，教师的角色就像导演。这一方面能够激发儿童表征，邀请其他儿童参加游戏，另一方面能够拓展游戏。这种游戏指导可能来自游戏之外（外部干预）——当教师坐在旁边，对儿童提出评论和建议时，也可能来自内部（内部干预）——当教师与儿童一起游戏，扮演积极参与者的角色时。在这种更直接的干预中，教师提出具体的策略来帮助游戏发展，并在该情节中教授新的游戏行为。教师在心里想好具体的策略来促进游戏发展。

　　"或许你可以用积木来做笔记本。"

　　"我们还需要一个人演病人——你可以问问达伦。"

教师的提问可以帮助儿童组织或扩展游戏

"你用什么东西来给小宝宝保暖呢？"

凭借想象力，教师可以成功地扩展儿童的游戏。他们可以在游戏中示范策略。

"喂，我饿了——晚饭快好了吗？"

"你做晚饭时，我帮你抱一下孩子好吗？"

● **示范游戏行为。**当教师做示范的时候，他们实际上是在形象地展示游戏角色的假装行为该如何进行。他们可以只是在一旁做示范，并不与正在游戏的儿童发生互动，也不直接指导游戏——做儿童正在游戏中做的事情，但是用更成熟的方式。教师也可以评论自己的游戏。当儿童邀请教师参与游戏时，教师可以进行示范，并加入新的想法和信息。

他们也可以示范如何开启游戏。

"我觉得又累又饿。我坐在这里，等你准备好晚饭。"

"太好吃了。你怎么做的这道菜啊？"

"哦，我感觉不舒服。你能开车带我去诊所吗？"

● **提供道具。**教师适时提供与主题相关的小道具能够支持儿童的假装游戏。增加道具能够扩展游戏或使游戏变得复杂。

"我看到你要上车了，这里有些票。"

当教师与儿童一起游戏时，可以示范行为并补充新的想法

"如果你想尝尝汤，用这个勺子吧。"

"你做晚饭的时候用这个锅好吗?"

教师如何支持游戏?

理解并重视游戏作为发展与学习最佳媒介的教师可以:

- 向他人解释为什么游戏能促进发展，从而获得支持;
- 确定游戏的种类和游戏的社会性发展阶段，从而知道儿童什么时候需要帮助;
- 创设支持游戏的环境;
- 提供增强游戏效果的材料;
- 安排好游戏时间，让儿童充分发展;
- 提供游戏的机会，以配合所有儿童的能力;
- 示范有益的互动，同时避免干扰;
- 引导儿童在精心设计的环境中游戏，帮助儿童达到早期学习标准。

然而，教师应该对干预持谨慎态度。有些教师的干预可能会打断游戏。当教师干预过多时，儿童会停止游戏。有时教师进入游戏后主导游戏，以至于游戏变得以成人为中心。这显然是破坏性的。

教师还面临一个诱惑，就是打断游戏来教授概念。当教师进行干预时，他们的方法不应该破坏游戏，而应该保持和支持游戏。

在对游戏有疑问的时候，选择相信。它是儿童的课程。散漫的或具有潜在破坏性的游戏可能需要重新聚焦，但聚焦良好的复杂游戏不需要干预。……不管出于什么原因，成人打断儿童的游戏时，通常都很匆忙，以至于他们没有注意到儿童的目的。要记住"慢下来"。……当我们关注儿童游戏的过程时，我们对儿童的了解会更多，也更能帮助他们学习。（Jones & Reynolds，2011）

2-7　关于游戏的常见问题

当教师和家长考虑通过游戏来促进儿童学习时，经常会有各种问题，其中包括超级英雄或暴力游戏、技术对游戏的影响、针对有特殊需要儿童的游戏等。

2-7a　暴力游戏

当前在干预儿童游戏方面遇到的问题之一与暴力游戏有关。这些暴力游戏被教师称作"战争/超级英雄游戏"（这与通常看起来像打架的粗暴游戏不同，对儿童的身体和社交发展都有真正好处）。这常常是因为儿童接触某种电视节目的缘故。有人认为这种游戏仅是重复，受制于特定的电视节目，是对暴力的简单重复，没有任何发展价值可言。另外，教师担心这种游戏会让儿童感觉失控、恐惧并受伤害，会有不良后果。当然，现代社会中儿童耳闻目睹了很多暴力事件。许多当今畅销的玩具和电子游戏都与暴力有关，吸引儿童不断重复他们所看过的暴力故事。

对于这种游戏，有一些人很反对。他们有的主张完全限制这些游戏，或至少将其限制在特定的时间和地点，如只在户外游戏时间玩这种游戏。有的主张通过禁止武器的方式来限制这种游戏，如警告说"不许使用枪/刀"。执行这样的规定会带来持续的抗争。但一些支持者认为，基于电视主题的儿童游戏不应该以这些方式受到限制，因为这样的游戏可能会带来发展益处（Carlsson-Paige & Levine，1990，2005；Levine，2004；De-Souza & Radell，2011）。例如儿童可以在这种游戏中获得力量感，探索现实和想象的区别。然而不幸的是，当有人受伤时，超级英雄的游戏可能会突然结束。莱文报告说，似乎最痴迷于战争和超级英雄游戏的儿童，最难参与他们自己编的创造性和想象力游戏。

摆脱这种两难困境的一个方法，是允许儿童进行这种游戏，但教师要进行主动的干预以帮助儿童理解暴力和战争，并找出解决问题的其他方法（Carlsson-Paige & Levin，2005）。教师的提问能够帮助儿童考虑到暴力与其他选择的不同，拓展角色，产生更多的想象，减少简单模仿。教师可以鼓励儿童讨论媒体暴力，纠正儿童的错误概念，并为儿童提供安全保障。他们还可以帮助儿童将刻板的行为转变为有意义的游戏。例如，他们可以帮助儿童编造关于他们最喜欢的电视节目中的人物的故事。

教师应该把这个重要的论点告诉家长，帮助他们学习关于如何保护儿童免受暴力危害的更多知识，如让儿童玩开放性玩具而不是玩与暴力相关的玩具。可以参见美国幼儿教育协会关于儿童生活中的媒介暴力的立场声明（NAEYC，1990）。

2-7b 技术对游戏的影响

许多观察者最近注意到，当代美国儿童的游戏能力正在受到影响，这是因为科技、电脑和电子游戏的普及，对社交游戏和创造性想象力游戏产生了影响。屏幕时间——看电视、笔记本、触摸屏和电脑屏幕的时间——在儿童的生活中占据了越来越高的比重，这些时间原本是用来游戏的。这意味着儿童通常是别人日程的被动接受者。有三分之二的两岁以下儿童每天使用某种屏幕媒体的时间约为两小时——尽管美国儿科学会（American Academy of Pediatrics）建议两岁以下儿童不要看电视，主要是因为科技对大脑发育的影响尚未得到充分研究。6 岁以下的儿童平均每天花在屏幕上的时间为 2—3 小时——至少是他们阅读时间的 3 倍。美国幼儿教育协会在 2012 年关于技术和互动媒体的立场声明中建议，禁止在针对两岁以下儿童的早期儿童节目中被动使用电视和其他非互动技术和媒体，不鼓励 2—5 岁儿童被动、非互动地使用屏幕媒体（NAEYC & Fred Rogers Center，2012）。

20 世纪 80 年代末对儿童电视节目放松管制，允许玩具制造商既生产儿童电视节目，又在电视节目期间销售玩具。这样显然影响了儿童的游戏。此外，儿童花在屏幕上的时间越长，花在有趣探索、写自己的剧本或表演自己故事上的时间就越少。通常情况下，当儿童把他们看过的故事讲出来时，电视故事的剧本会成为一种制约，而不是作为他们自己故事的"跳板"。

并非偶然的是，儿童花在屏幕上的时间基本上是独处的时间，而不是与兄弟姐妹或邻居玩伴互动。他们待在室内，不活动，失去了在大自然中生活的许多乐趣。理查德·洛夫（Richard Louv）在《森林里最后一个孩子》（*Last Child in the Woods*）一书中，问一些孩子他们最喜欢到哪里玩。一个男孩回答说："到里面，因为电源插座在里面。"那些插座和插座连着的所有东西都在威胁着儿童真正游戏的能力。

屏幕并不是技术时代唯一的"贡献"。嵌入电脑芯片的玩具也影响了儿童的游戏。各种各样的玩具都在走向高科技，分析家估计每年上市的玩具中至少有 75% 都有芯片来控制动作、指挥游戏。

科技在儿童生活中的作用是教师和家庭必须探讨的一个大话题。

今天的儿童花在电脑屏幕前的时间可能比玩游戏的时间多

2-7c　针对特殊需要儿童的游戏

特殊需要儿童是需要优先考虑的儿童。为他们提供一个能够使其尽可能充分参与的游戏环境，是他们的家人和教师面临的巨大挑战。当教师了解特殊儿童在游戏中的局限和需要做的必要调整时，他们就能够帮助所有儿童参与游戏并通过游戏而学习。在特殊教育中一直存在着一种偏见，认为没有干预和明确的教学，就不会有预期的结果。

特殊儿童理事会（The Council for Exceptional Children）早期教育分会（Division for Early Childhood）特别关注游戏对于残疾儿童的重要性。它的建议是这样的："游戏常规能促进互动、沟通和学习，这是通过界定游戏角色、促进儿童参与、鼓励小组游戏活动、使用专门的道具来实现的。"（Sandall，Hemmeter，Smith，& McLean，2005）

人们认识到，可能需要直接教学策略来帮助残疾儿童开展活动，适当使用材料，并做出选择。"研究表明，简单地将有特殊需要的儿童放在一个包容性的环境中，提供以游戏为基础的课程，并不能给他们带来与同龄人相同的好处"（O'Neill，2013，p. 63）。当教师观察每个儿童的游戏，并学习如何根据儿童的具体需求提供相应的支持时，就会产生许多调整的想法。

调整取决于特定的障碍，可能包括对物理环境的改变，如设置供轮椅和行人使用的、有明确标志的、足够宽的交通区域，特定的安静区域，额外的光线，无障碍的操场表面。环境应该是高低有序和可预测的，这样儿童可以知道设备和材料的位置。其他建议包括：

- 提供大量的时间，让儿童有充足的时间来游戏和探索；
- 提供适应性材料，包括使用简单的桌面画架，使用可调节设备来放书，把蜡笔插入网球以便于抓握，用尼龙搭扣将画笔固定在儿童的手上，在拼图中添加旋钮以便于操作，或者提供逼真的玩具，让儿童知道如何玩这些玩具；
- 简化活动，如将一个活动分解成更小的部分，或者画一些图画让儿童按照这些步骤去做；
- 利用儿童的喜好，鼓励儿童使用他们喜欢的材料、活动或人来游戏，如为痴迷于飞机的儿童创造一个以飞机为主题的戏剧游戏；

- 提供专用设备，促进儿童参与游戏，比如让儿童坐在豆袋椅而不是轮椅上，这样可以更容易地参与戏剧游戏区的活动。
- 提供成人的支持，通过引导性问题、口头指导、身体帮助、使用视觉线索和评论来鼓励他们的参与；
- 鼓励同伴支持，让特殊需要儿童在与正常儿童的游戏中得到支持（其他儿童也学会了帮助他人的亲社会方式）。

宽阔的通道和适应性设备能支持特殊需要儿童的全面参与

重要的是，教师要认识到他们的作用，这样所有的儿童都能从丰富的游戏体验中受益。

请参阅专题"发展适宜性实践的当前话题"来探讨游戏和标准的话题。

发展适宜性实践的当前话题

标准、共同核心和游戏

2002年，美国儿童保育局（the Child Care Bureau）发起"良好开端/聪明成长"（Good Start/Grow Smart）计划，之后美国所有的州和哥伦比亚特区都为3—5岁的儿童建立了与语言、读写和数学相关的早期学习标准。

定义学习标准。州立学校首席官员理事会早期教育评估联盟（The Early Childhood Education Assessment Consortium，Council of Chief State School Officers）对学习标准的定义是："描述对儿童在健康和身体、社会性和情感、学习方法、语言和符号系统、对周围世界的一般认识方面学习与发展的期望。"（2005）

学习标准集中在儿童的主要任务上，即学习提高听力、使用语言、与他人合作的基本技能，并将注意力集中在与学习相关的活动上。

早期学习标准强调应该与国家标准相一致，并描述儿童需要知道什么，能够做什么，才能在学前阶段取得成功。共同核心课程标准提出的对学生语言和数学学习的详细期望进一步加强了这一讨论。

最大的问题是如何将儿童的游戏与学习标准联系起来。许多教育工作者担心，学习标准的出台将让儿童没有时间玩耍，因为所有的"要求"将占用太多的课堂时间。事实上，只关注标准将导致课程范围缩小，忽视社会性和情感发展以及学习的一般方法。教育工作者如何帮助儿童以合适的方式达到要求？

好消息是，这是可以做到的。学习标准和发展适宜性实践确实可以相辅相成。学习标准不是一套规定的课程和教学实践。学习标准并不规定如何教，而是规定教什么——一个应该作为目标的大纲。美国州长协会和州立学校首席官员理事会2010年的一份声明指出："这些标准定义了所有学生应该知道什么和能够做什么，而不是教师应该如何教。"例如，标准没有规定游戏的使用，但它作为一种有价值的活动和一种帮助学生满足文件期望的方式而受到欢迎（NGA & CCSSO，2010，p.6）。

必须要做的是将学习标准纳入游戏，纳入课程和项目，以及纳入小群体和大群体活动（Gronlund，2008）。游戏成为达到学习标准的工具，也是评估儿童在学习标准上取得进展的媒介。事实上，标准可以帮助教师看到前后学习之间的联系，从而加强他们的计划性。

　　最重要的是回顾莉莲·凯茨的告诫——区分学业学习和智力发展（Katz，2008）。因此，教师不会狭隘地专注于确保儿童从上下文中获取孤立的信息，而是专注于让儿童探索想法，发展更高层次的推理和探究技能。

　　为了将学习标准融入以游戏为基础的学习中，至关重要的是教师理解标准中的知识、技能和情感态度。

　　教师必须确保他们理解"儿童需要学习什么，然后预测他们如何通过经验学习这些"（Helm，2008）。制定全面的学习标准、具体目标，有助于教师准确地理解。这些都是衡量儿童进步和学习的准绳。一般来说，学习标准给予了足够的灵活性，使教师能够在儿童的活动和探索过程中，在他们最感兴趣和最有意义的时候，向他们介绍技能或信息。这就是为什么有许多教育者现在谈"协商游戏课程"，因为教师反复思考儿童的游戏和项目，同时确保他们在知识和技能方面取得进步、学习和成长。早期学习标准为教师提供了一个框架，让他们知道自己想去哪里，有意识地去做什么。

　　在将游戏与早期学习标准相结合的过程中，教师不断观察、评估、思考儿童的兴趣和问题，提供有助于儿童深化游戏的材料和经验。这回答了这样一种问题：如果"只是游戏"，教师就不能确定儿童是否在学习和进步。

游戏成为支持儿童完成学习标准、评估儿童发展的工具

2-8 帮助家长了解游戏的力量

在现代社会竞争激烈的环境中，家长往往最关心的是如何给他们的孩子"一个良好的开端"。当教师强调通过游戏来积极学习时，这些家长往往会感到困惑和怀疑：这对他们的孩子到底有什么帮助？管理者和教师在帮助家庭理解游戏如何为以后的学习奠定最好的基础方面发挥着重要作用。

教师可以采取几个步骤来帮助家长认识到游戏对学习的好处。首先，教师可以在游戏中让真实的学习清晰可见，让儿童在思维和学习上的成长清晰可见。通过图片、视频、文字、展示或记录，教师可以展现儿童在建构或戏剧游戏中具体的学习。伍德（Wood）建议教师：

- 使用鼓舞人心的文字，以支持游戏和发展适宜性实践；
- 引用与标准、核心课程和发展里程碑相关的例子；
- 在教室和大厅里展示儿童的作品；
- 儿童在室内外游戏和创作的信息，搭配着教师的观察和记录；
- 显示思考/学习过程的头脑风暴活动的记录和对话。

带着热情讲述故事，可以帮助父母看到孩子每天都在快乐地成长和学习。

家校通、公告板、博客或通过电子邮件发送的教师日志，都可以用来帮助家长。家长工作坊可以让家长参与游戏活动，体验游戏中学习的可能性。有机会在课堂上观察，然后与教师讨论观察结果，为家长提供了第一手经验。提供描述由研究定义的游戏好处的文章，可以有超越个别教师或学校专业理解的广度。

当教师自己致力于以游戏为媒介的学习时，他们会抓住每个机会与家长分享他们的发现和热情。参与持续的对话可以让家长获

教师准备通过展示来说明"玩中学"

得他们问题的答案，并成为最佳实践的支持者。对于教师来说，重要的是要明白，家长不会支持或接受他们不理解的东西。教师的一个重要作用是帮助家长尊重和重视游戏的力量。

教师必须认识到室内和室外游戏环境的重要性。最重要的是培养儿童对游戏的尊重，因为游戏是儿童能做的最重要的事情。在发展适宜性的教室中支持和促进游戏是教师最重要的工作。

儿童自发游戏是他们的最高成就。在游戏中，儿童为自己创造了一个世界。他们在重新创造自己的过去，想象自己的未来，同时把自己根植于当下生活的现实中。

小结

游戏：

- 是令人愉快的，是儿童自发的和自我驱动的活动，是儿童在各个领域学习和发展的媒介；
- 支持所有领域的发展和学习；
- 是学习的最佳媒介。

教师可以：

- 通过规划物理环境和适宜的干预来支持高质量游戏；
- 探讨与游戏有关的问题，包括暴力游戏、文化对游戏的影响、特殊需要儿童的游戏，并将游戏与早期学习标准结合起来；
- 帮助家庭了解游戏的重要性。

思考

1. 观察教室中的儿童并尝试找出以下各种游戏：练习性游戏、建构游戏、戏剧游戏和规则游戏。看看你能否找出本章描述的不同社会参与的实例：旁观者行为、独自游戏、平行游戏、联合小组游戏和合作游戏。分小组讨论这些实例。

2. 在参观教室时，观察教师为支持游戏都进行了哪些努力。注意物理环境的各个方面，如游戏场地的界线和大小、可用材料的数量和种类以及游戏时间安排表。

3. 记录在戏剧游戏中儿童之间进行交流的实例。儿童对世界的理解是什么样的？

自测

1. 定义游戏并描述它的主要组成部分。
2. 详细描述儿童游戏的4种类别，为每种游戏举一个实例。
3. 描述儿童游戏社会性发展阶段。每个阶段用一个实例进行说明。
4. 分别讨论皮亚杰和维果斯基有关游戏和认知发展的观点。
5. 说明游戏对儿童各个领域发展的作用，说一说游戏具备哪些特征，使它能成为最适宜的课程。
6. 描述能够支持高质量游戏的物理环境的要素，以及斯密兰斯基证实的适宜的干预行为。
7. 讨论帮助家庭理解游戏重要性的方法。

应用：案例研究

1. 一个缺乏经验的教师问你，为什么她班上3岁的孩子们不能遵守传统游戏规则，也不听取她对游戏的建议？哪些信息会有助于她理解？

2. 你所在幼儿园的园长希望在你的时间表中取消所有自由游戏时间，将精力集中到教授学业技能上。你会利用什么信息或文献来解释你的观点，从而证明游戏有为学业技能打基础的重要价值？

第 3 章　发展适宜性课程设计

学习目标

学习本章之后，你应该能够：

3-1　基于立场声明阐述发展适宜性课程的组成部分；

3-2　阐述综合课程的含义；

3-3　论述课程计划过程，并逐一进行描述；

3-4　理解主题计划法的优缺点；

3-5　界定生成课程，讨论生成课程和项目的来源；

3-6　论述生成课程的设计策略；

3-7　论述制订较为灵活的计划的必要性；

3-8　知道如何改变计划过程。

高质量的游戏或高质量的学习体验并不是偶然发生的。如果教师能够制订课程计划，那么儿童就拥有了可以激发好奇心、探索心和创造力的环境和材料，以及支持他们进行建构的经验和互动。自发的游戏和教师的计划是相辅相成的，尽管这两个概念听起来可能相互矛盾。这里的计划不是教师快速填写教案、设计任务并控制儿童的传统形式的计划。传统形式的课程计划缺乏对发展适宜性的充分理解。发展适宜性的计划是基于对课程的理解，让课程在拥有特定儿童的特定教室环境中，以及在学习标准和其他社区要求的环境中发展的一种方法。

关于儿童发展一般规律的知识能够帮助教师确定儿童的学习任务，但是对课程设计真正有用的信息是儿童的个性、兴趣、学习风格、家庭文化和背景，以及与社区的联系和相关标准。教师不能仅依据发展理论、课程清单来制订计划，也不能仅通过买来的图书资料和教师用书进行备课。他们必须真正了解如何将自身对儿童发展一般规律、学习方式的理解与特定儿童即将学习的具体知识"编织"在一起。此外，在现如今由国家和大纲定义学习标准的时代，教师必须懂得如何通过综合活动来实现学习目标，而不是设计一个孤立的课程。

本章探讨了制订发展适宜性课程计划的一般思路。

3-1 什么是课程？

教师的任务之一是通过自身对课程设计的理解，为儿童的早期学习设计课程。伊丽莎白·琼斯在其关于儿童课程的著作中指出："课程是在教育环境中发生的事情。它可能是既定的，也可能是生成的，还可能是偶然的或未知的。"（Jones，1977）

教师面临的挑战是如何在"早期错误"（对学前阶段课程内容重视不够导致学习碎片化甚至丧失学习机会）和"小学错误"（对特定的、有限的课程目标过分关注，或对儿童的特殊需求、兴趣或者发展性特征关注过少）之间保持平衡（Bredekamp & Rosegrant，1995）。也就是说，一些针对大多数儿童的课程即使对最小的儿童来说也是要求过低的，而另一些课程又对大多数

确定并清晰表达对儿童学习和发展的期望目标，包括社会技能

儿童和小学生要求过高。与课程计划相关的美国幼儿教育协会立场声明给出了适合从出生到小学阶段的儿童的课程计划：

- 确定并清晰表达对儿童学习和发展很重要的期望目标；
- 课程全面、有效，目标明确，包含所有为后继学习和学业成功奠定基础的要素；
- 教师能确保对重要学习目标的关注，并增强儿童课堂体验的连贯性；
- 教师要在为儿童提供的学习体验中优先考虑有意义的联系。当他们遇到的概念、语言和技能与他们所知道和关心的事物相关时，并且当新的学习本身以有意义的、连贯的方式相互关联时，他们学得最好；
- （幼儿园）教师与小学教师进行合作，共享有关儿童的信息，并努力提高跨年龄、跨年级的连续性和连贯性，同时保护每一年级内的完整性和适宜性；
- 婴幼儿保育工作者也应对课程进行计划（尽管他们可能并不总是这样称呼它），为重要的日常活动和经历制订计划，以促进儿童的学习和发展，并达成预期目标。（Copple & Bredekamp，2009）

课程包括教什么（课程内容）和如何教（教学方法）。相关标准对课程内容做出了要求，让教师自行决定教学方法。教师可以在这里引入他们对发展适宜性实践的理解。值得推荐的方法包括：整合课程，以便让儿童全身心参与进来；依靠儿童先前的技能和知识；将教学方法与课程内容整合。

2003 年，美国幼儿教育协会和美国州教育部早期教育专家协会联合发布了关于课程、评价的立场文件（NAEYC & NAECS/SDE，2003）。在课程方面给出的建议是：教师应实施"经过精心计划的、具有挑战性的、引人入胜的、发展适宜性的、符合文化和语言背景的、综合的，可能促进所有儿童获得积极结果"的课程。该立场文件的目的不是选出一个"最好"的课程——事实上，根本就没有最好的课程——而是要确定：课程有效性由什么组成？一个有效的课程有如下体现：

- 儿童积极投入认知、身体、社交和艺术各方面活动；
- 课程目标定义明确，阐明了利益相关者对儿童的基本期望，并得到所有利益相关者的认同；
- 课程基于对相关儿童的认识，并围绕儿童发展和学习的一般规律进行组织；

美国幼儿教育协会表示，一个有效的课程包含重要的内容，
儿童可以通过探究、游戏以及有针对性的、有意图的教学学
习这些内容

- 重要的内容是通过调查、游戏以及有针对性的、有意图的教学学到
  的，教学策略与儿童的年龄、发展水平、语言和文化相匹配；
- 课程建立在儿童先前的学习和经验之上，支持儿童在家和社区中学习
  到的背景知识；
- 课程内容综合，包括重要的发展领域，如身体健康和运动技能、社会
  性和情感、语言、认知和思维以及学习品质，也包括科学、数学、社
  会学习和艺术等学科领域；
- 课程的内容经过专业标准的验证，是对美国数学教师理事会、美国科
  学教师协会等相关专业组织的标准的落实；
- 《技术和互动媒体作为0—8岁儿童早期教育的工具》清楚地表明，当
  技术和互动媒体的整合建立在儿童发展规律上时，儿童的活动和互动
  可能会得到加强（NAEYC & Fred Rogers Center，2012）。技术和媒体
  可以用于支持儿童的学习并扩大儿童获取新内容的渠道，而不是取代
  创造性游戏、对真实生活的探索、体育和社会交往等活动。

美国幼儿教育协会的立场声明明确表示，这些是指导性原则，"教什么"和

"怎么教"的具体细节由教师、早期教育机构根据自己的理念和目标确定。

"开端计划"标准现在正应用于美国许多幼儿园，指导参加开端计划的数十万儿童的教育工作。开端计划的标准认为课程应该包括：

- 儿童发展和学习目标；
- 实现目标的经验；
- 教师和家长在帮助儿童实现目标方面的作用；
- 支持课程实施所需的材料。

以下是开端计划有关儿童发展和学习的特定目标：

- 与成人和同伴建立积极的关系；
- 发展信任感和安全感；
- 发现并解决问题；
- 表达想法和感受；
- 批判性地思考；
- 增强自信心；
- 尊重他人的感受和权利；
- 发挥创造力和想象力；
- 独立工作或与他人合作；
- 发展读写、计算、推理、问题解决及决策的能力，做好入学准备。

  （Head Start Bulletin #67）

通过上述所有文件，我们可以明确的是，好的课程不仅是活动或课程计划的集合。将课程视为"一套连贯的学习经验框架，使儿童能够实现既定目标"（Copple & Bredekamp，2009，p.42）是有益的。在某些情况下，幼儿园会选用特定的课程。

决定选用某一课程时应该考虑它是否符合既定的目标、价值观（包括所服务家庭的价值观和愿望），是否满足儿童的社会文化和个体特征。课程的质量是核心。管理人员通常会选用处方式课程或所谓的"去教师"的课程，认为那样的课程可以解决教师缺乏经验或合格教师较少的问题。伊丽莎白·琼斯将这些课程称为"罐装课程"，这意味着它们是为了适应许多消费者的口味而被大规模生产的。不幸的是，这些课程大多狭隘且薄弱。更为明智的做法是支持教师的发展，让教师计划和实施有效的课程。

标准化运动

对课程的另一个关注点是课程"应该是什么"，即儿童应该学习的内容是什么。开端计划制定了一个《儿童成果框架》（*Child Outcomes Framework*）。美国已有近40个州制定或正在制定早期学习标准，而美国幼儿教育协会与美国州教育部早期教育专家协会发表了联合声明，提出了有关研发和实施相关标准的建议（NAEYC & NAECS/SDE，2003）。有全国性组织制定了读写领域和数学领域的内容标准（NAEYC，1998，2009）。《英语语言和数学共同核心标准》（*Common Core State Standards for English Language Arts and Mathematics*）已被大多数州所接受。

无论教师对将标准纳入早期学习环境有什么样的顾虑，界定早期学习标准都有其积极的方面。正如美国幼儿教育协会和美国州教育部早期教育专家协会在立场声明《早期学习标准：为成功创造条件》（*Early Learning Standards：Creating the Conditions for Success*）中所述，"通过定义早期教育的期望和结果，早期学习标准可以为早期的积极发展和学习带来更多机会"（NAEYC & NAECS/SDE，2002，p.2）。格伦隆德（Gronlund，2006）和泽费尔特（Seefeldt，2005）指出了早期学习标准的其他几个积极方面，主要包括：

- 将标准与我们已经在做的事情进行匹配；
- 与国家其他主要标准联系起来，为入学准备做出贡献；
- 为确定下一步行动提供帮助，提供连续课程；
- 对儿童提出更高的期望；
- 为沟通提供基础；
- 提供问责机制。

　　美国幼儿教育协会2009年的立场声明指出："标准需要跨学习学科、跨年级保持一致，并适合儿童的发展和学习。"（Copple & Bredekamp，2009）

　　不幸的是，各州学习标准对于这些方面的关注表现得较为不平衡。

　　每个州的标准都是在几乎没有协调的情况下制定的，涉及认知和学业技能，例如语言、识字和数学；大多数人并不十分关注社会性及情感发展、身体健康、学习品质，例如好奇心、坚毅和灵活的思维。

　　因此，早期学习标准的潜在危害引起了早期教育工作者的关注。一般来说，消极方面是儿童可以量化和衡量的表现越来越受关注，而真正的学习和学习倾向等无法衡量的方面受关注较少。更具体的负面因素包括：

- 按照标准进行教学以致失去课程的独特性和适宜性；
- 由上至下的课程（pushdown curricula）存在潜在风险，即对儿童持不恰当期望；
- 依靠直接指导以确保符合标准；
- 关注肤浅的学习目标；
- 使用测试或其他不恰当的方法来评价发展。2003年对开端计划的重新授权不再评价儿童的社会性及情感发展，而强调前读写和前数学技能的获得（Hirsh-Pasek et al.，2009）。

　　学习标准经常涉及课程内容，而课程内容又被整齐划分为非常独立的主题。

　　学习标准是当前教育环境的现实，无论教师对什么年龄的儿童进行教育，他们都需要考虑如何最好地满足学习标准，同时开展发展适宜性的学习活动。学习标准告诉教师应该教哪些内容（what），但它没有告诉教师应该如何教（how）。这些决定可以由了解实施发展适宜性实践原则和机制以及学习标准内容的教师做出。有意图的教师可以将这两个方面融为一体（见图3-1）。

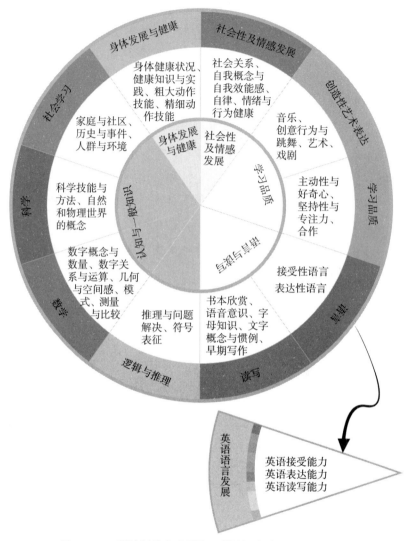

图 3-1　开端计划儿童发展和早期学习框架用于指导课程

3-2　综合课程

　　经验丰富的教师认识到他们在教各个领域的重要内容，并且长期以来，不同领域内容都已融入活动中。例如，当儿童在教室里和教师一起烹饪食物时，通过数食谱上标明的面粉杯数学习数学，通过阅读食谱、使用测量和烹饪等词汇来学习语言和读写。通过指出面糊和将要品尝的成品的变化来学习科学、团体参与的技巧以及许多其他事情。教师也认识到项目和主题活动能够让儿童有机会将他们所学的技能付诸实践。

烹饪是融合数学、语言、读写、科学和社交技能的课程

综合课程理念部分来自对发展的综合性的考虑——某一领域的发展（如身体发展）不可避免地会影响其他领域的发展（如社会性及情感的发展）（Bredekamp & Rosegrant，1995）。综合课程包括各领域，如科学、数学、社会学习、艺术、技术和读写。各领域融合在项目中，而不是作为单独的学科。综合课程允许儿童在没有人为分割领域知识的情况下形成有意义的心理联系，充分探索所有领域，同时追求感兴趣的主题，使用在有意义的环境中获得的知识和技能。综合课程的目的是使这些知识对儿童更有意义。综合课程容纳不同的个人学习风格和多元智能（Gardner，2000；Campbell，Campbell，& Dickinson，2003）。

早期教育课程通常使用项目教学法（Chard，1998a，1998b；Katz & Chard，2000；Helm & Beneke，2003；Helm & Katz，2010），或一种通用的主题方法——称为"结网"（webbing）——开展，这点将在本章稍后进行介绍。所有这些方法的共同点是强调从儿童的兴趣和生活经验出发，创设具体的活动情境，以某种方式将学习联系起来，让儿童有机会将技能和知识应用于有意义的问题中。深入研究一个主题，经过一段时间，可以让儿童得到真正的理解。多种参与方式，代表儿童不断增长的理解力、行动力和表达能力。丽莲·凯兹曾经说过，我们往往会低估儿童的能力。较为深入的项目的研究者指出，当内容是有意义的并与儿童的学习风格相匹配时，儿童确实能够进行复杂的学习。

综合课程有许多好处。

- 综合课程为儿童提供连贯的经验，引导儿童进行有意义的建构。儿童通过有意义的内容和技能来学习知识，而不是只关注零碎和孤立的——而且通常对他们来说毫无意义的——技能。

- 课程领域之间相互割裂会使儿童不知道如何应用知识。仅通过数学课学习算术原理并不能帮助他们理解数学在日常生活中的应用。相反地，如果我们邀请所有父母去野餐，那么了解要制作多少张邀请卡就是一个相关的数学问题，它可以让儿童在自己的活动中应用知识。

- 综合课程让儿童可以有大块时间来学习，而不是等待教师从一门学科转换到另一门学科，忍受无数次零碎的过渡（现在我们语言课上完了；接下来，我们将学习数学）。儿童的身体和精神不得不随时抽离，既浪费时间又扰乱他们的注意力。

- 当教师没有"课程全覆盖"的压力时，儿童就有时间和机会参与到能真正学习和掌握知识的重复活动中，这通常会让儿童在还没掌握新知识之前，有足够的时间自我激励并不断整合。综合课程往往会加深儿童对相关主题的兴趣，让儿童有机会重新审视和扩展他们的学习。在下一章对瑞吉欧教学法的讨论中，您将了解借助通常持续数月的优秀项目，儿童的理解力不断提高。

- 学习的内在动力是长期参与感兴趣的项目和活动的结果。

当教师将知识和技能划分为仅对成人有意义的学科领域时，需要经常借助外部激励因素（贴纸、考试成绩）来激励那些对主题似乎不太感兴趣的儿童（Bredekamp & Rosegrant，1995）。

也许最令人鼓舞的进步是将综合课程扩展到学前阶段之后，去改变年龄较大儿童的学习方式（Hurless & Gittings，2008）。领域课程可以通过儿童感兴趣的项目进行整合。

3-3　课程计划循环

那么，教师如何为发展适宜性课程制订计划呢？计划不是教师为了满足相关要求而随意开展的与教学割裂的活动。例如，在某些机构中，教师可能需要在周四下午之前提交下一周的课程计划，以便主管可以利用本周剩余的时间来确认计划是否满足要求。这通常意味着许多教师为了赶时间，在周四的午睡时间匆忙填写课程计划。这样的计划很可能不是经过深思熟虑的和有目的的。教师经常会依赖过去的想法，或者从书架上的一本教师资源用书中复制一些东西。这样的计划通常基于儿童的一般性知识和他们所应学习的一般性目标。使用这样的课程系统使满足所有儿童的需求和实现课程目标的机会相当渺茫。

相反地，发展适宜性课程计划是一个循环的一部分，这个循环发生在教师与儿童日常互动的背景下。该循环包括以下内容：

- 通过观察和记录系统了解儿童个体与集体；
- 回顾观察和记录，并评价每个儿童与预定目标的距离；
- 通过聚焦式观察了解儿童的兴趣、体验和疑问；
- 确定策略、材料和经验，以促使儿童在有意义的活动中实现目标；
- 通过观察结果评价计划的有效性，并进行更新完善。

请看图 3-2 的课程计划循环示例。如第 1 章所述，课程计划循环允许教师使用 3 种知识来源做出发展适宜性决定：①有关儿童一般性年龄特点的知识；②有关个别儿童长处、兴趣和需求的知识；③有关儿童所处社会文化背景的知识，以确保学习经验既是有意义的，又是相互关联的。

由上可见，课程计划被嵌入日常生活以及教师和儿童之间的所有互动中。接下来，让我们分别探讨循环的每个组成部分。

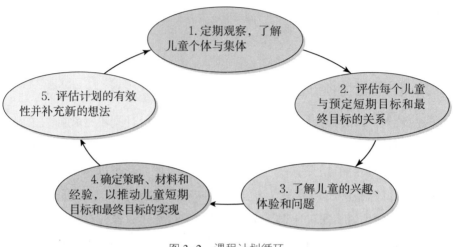

图 3-2   课程计划循环

3-3a 系统观察和做笔记

在接下来的章节中，你将会发现很多关于为儿童创造适宜的学习环境的讨论。适宜的环境能够促进儿童各方面的发展。教室中各个区角的环境设计、时间安排以及专门的材料和活动，都让教师有时间和机会对儿童进行定期观察。以下是有关教室安排和管理的一些方法：

- 让儿童获得属于自己的材料并自己发起活动，这样教师可以自由地在房间里走动，观察不同区角的儿童并与之交流互动；
- 为儿童的创意、探索和建构提供开放式材料，让教师不必忙于提供帮助和指导；

- 为儿童创设清晰和独立的工作区域——控制参加各种活动的人数——以免教师频繁解决冲突之苦；
- 提供能够让不同能力的儿童都能成功使用的材料；
- 为儿童提供大块时间参与活动，这样教师就不会陷入过多的转换和过渡；
- 有明确的清洁制度和其他让儿童承担班级责任的制度，这样教师就不用时时刻刻都在忙碌；
- 设计一个时间表，让教师有机会与儿童个体、小组以及全体进行互动。

当教师意识到创造观察机会的重要性时，他们就会明白创设教室环境是把自己从无时无刻关注儿童中解放出来的最佳方式。尽管通过与同事或志愿者的合作，教师也许可以安排正式的观察时间来集中和专门地做笔记或使用评价工具，但大多数教师发现他们最佳的观察时机是在自己和儿童进行互动的时候。

让我们看一个例子。教师在时间表中安排了小组时间，他每次只观察和倾听一小部分儿童。

假设在某一天，教师设计了玩橡皮泥的活动。在活动时间，他注意到：克里斯特尔对物体如何改变表现出浓厚的兴趣并理解了测量的知识；拉颇彻通过上周读的《小红母鸡》记起了烤面包时要用到面粉；罗德尼能够在活动中保持全神贯注，这和他在大集体活动中的表现不一样；达蒙仍然觉得等候轮流的时间很难熬。记录下此类信息十分重要，可以帮助教师了解每个儿童当下的发展情况。提前设计时间表和活动会便于观察的开展。教师观察儿童使用材料的方式、同伴之间的互动以及游戏的复杂性。教师总是关注想要达到的目标。

观察需要记录。有趣的是，有关小组的所有这些信息，从长远来看，除非被记录下来，否则是没用的（甚至会被遗忘）。教师必须掌握快速记笔记的方法，以便日后整理。即使只是记录一两个单词，也有助于教师在日后整理记录时补充观察细节。以下是教师发现的快速记笔记的方法：

当教师计划一个小组活动（a）时，他可以观察到谁需要他的帮助（b），谁拿剪刀有困难（c和d），谁已经掌握了技能（e）

- 将铅笔和便笺簿或档案卡放在口袋里，随时做简短的记录；
- 在每个区角放笔记板和笔，以便做简短的记录；
- 在笔记板上贴每个儿童的名字，一有机会就填充内容，这样做的好处是可以保证所有的儿童都被关注到；
- 及时拍照，以在之后的记录中引发对整个事件的记忆。

在一天结束时，教师会有大量关于不同儿童的笔记。因此，关键是要有一个有效的系统来收集和组织这些信息。许多教师发现为每个儿童准备一个手风琴文件袋或活页笔记本是非常有用的。还有人会使用电子文件夹。教师可以在整个学年内增补观察记录。它可以进一步细分为身体技能、社会性和情感、认知和概念、创造力、语言和读写，以及算术和数学概念等部分。当教师坐下来整理时，他或她只需要确保细节是完整的（包括日期），然后将它粘贴或放置放在适当的地方。细化每个发展领域的记录系统使教师能快速检查，从而看到哪些儿童需要更多的关注，以及哪个特定区域没有观察信息。

有些观察将涉及多个儿童或多个发展领域。教师可以快速地将观察记录的复印件放到相应的地方。

观察结果可能会被记录在班上所有教师共同使用的共享文档或线上日志中。教师还可以在大笔记本上做笔记。当有多位教师在教室中与儿童一起工作时，这种做法不仅可以成为一种交流方式，而且还可以成为反思、对话和共享思维过程的媒介（Stacey，2009）。

除了观察，教师还可以收集作品。在一段时间内收集的绘画作品和书写作品，可以用来记录儿童的成长和学习。这些可以作为观察的补充，不仅可用于评价和计划，同样可以用于与家庭分享信息。

例如，在玩橡皮泥的小组活动中，教师将这些笔记添加到儿童的档案袋中。

3-3b 评价

每隔一两个月，教师就会通过阅读积累下来的观察记录，评估儿童的个人需求和进度。随着时间的推移，教师整理好的客观观察记录就形成了一幅儿童画像，可以作为儿童在某个方面发展和某个特定时间学习的总结。相关标准中明确定义的目标和指标为评价提供了工具。换言之，教师总结儿童的能力，然后将其与最终目标进行比对。

> 克里斯特尔问了几个"怎么办"和"为什么"的问题，都是关于面粉和盐是如何变成橡皮泥的。

> 克里斯特尔说："我们已经放了一杯面粉，所以现在我们只需要把杯子装一半。"

> 拉颇彻说："我记得小红母鸡做面包的时候，没有人愿意帮助她。"（书是在一周前读的）

> 活动时间为15分钟。罗德尼静静地坐着看并参与活动，在整个过程中得体地交谈——没有坐立不安或心不在焉。

> 达蒙两次抓勺子。当轮到克里斯特尔搅拌时，他抱怨道："我还想要搅拌一次。"当他被告知必须等罗德尼搅拌之后，他哭了。

这样的信息允许教师制订个性化计划，同时在心中对某个儿童设定特定的目标。教什么以及如何教的想法与个别教育目标紧密相连。评价就像途中停下来看看取得了怎样的进步，而这些进步与最终应该到达的目的紧密相关。评价包括反思和解释。正如一位教师所言："如果我们不知道自己想去哪里，那么我们如何知道怎样可以到达那里，或者我们离终点还有多远？"

一些广泛使用的课程具有明确定义的目标和指标，教师可以将其用作发展评价工具。工作取样系统包括持续观察、进步报告和发展检核清单（Meisels & Atkins-Burnett，2000）。开端计划就拥有一个工作取样系统。开端计划的教师现如今被要求使用开端计划成果框架。对结果的强调不应被认为是让儿童为考试做准备，而是教师为了具体指导所有儿童而收集儿童进步的信息，并因此提高儿童学习的质量。这些收集来的信息被用于制定课程发展目标，记录儿童的学习。

高瞻课程有一个根据关键发展指标而组织的学前儿童观察评价系统（COR）（Hohmann & Weikart，2002）。教学策略金牌评估系统（The Teaching Strategies Gold Assessment System）（确定了社会性和情感、身体、认知、语言的 38 个目标和指标）可以用来评估儿童集体和个人的进步（Heroman，et al.，2010）。

有效的课程计划者：

- 思考自己的行动；
- 培养接纳的态度；
- 寻求儿童的观点；
- 注意细节，发现更多可能性；
- 由儿童主导交流与对话；
- 支持儿童之间建立联系；
- 力促儿童发挥长处；
- 不断挑战儿童，让儿童在自我追求的道路上走得更远；
- 更深入地学习儿童发展理论；
- 不断发现满足儿童要求的新方法；
- 扩大课程的可能性；
- 敢于尝试新事物。（Curtis & Carter，2008）

所有这些评价工具都使用了基于表现的方法。也就是说，教师观察儿童在一日生活中的活动状况，而不是创造测试的情境。基于表现的评价方法包含了收集和记录儿童各发展领域进步信息的策略。

让我们一起回顾一下玩橡皮泥游戏的案例。对于每个儿童，教师都在档案袋中积累了大量的案例，以反映每个儿童在所有发展领域的能力和进步。在设计一日活动时，教师坐下来浏览这些具体的内容并做简短总结。在为克里斯特尔做的有关认知发展的笔记中，教师写道："克里斯特尔表现出极大的好奇心，问了许多具体的问题。她知道了一一对应以及整体由多个部分组成。"

对于达蒙，教师总结了他的社会性和情感发展情况："达蒙对等候轮换仍然存在困难，与同伴一起时经常表现得很沮丧。"

这个评估总结表帮助确认儿童当前的能力和需求。通过这些评价总结，教师能够逐渐为小组中的每个儿童设计适宜活动。

教师使用笔记来评估儿童、设定目标和计划适当的课程

3-3c   推动儿童发展的计划

由于教师面临着为儿童个体乃至集体制订计划的挑战，因此计划循环的下一步是列出所有的发展需要。从本质上讲，这意味着识别所有可能性，这样就能够更好地帮助儿童。接下来，教师考虑设计哪些类型的经验和学习活动来促进儿童。教师设计的课程之所以对每个儿童都有吸引力，不仅因为教师理解某一年龄段儿童的普遍特征，更因为头脑中有着具体的儿童。因为儿童拥有一系列选择，所以教师需要吸引那些他想要鼓励去参与的儿童，并以此作为个别教育计划的一部分。在普通的周课程计划中，教师经常会记下他们特别想在活动中支持和鼓励的儿童，以提醒自己与他们互动。

达蒙在《班级总结表》上被列为几个在轮流和合作技能方面特别需要帮助的儿童之一。教师计划了一项艺术活动，儿童可以与伙伴一起制作盒子。当天，教师鼓励达蒙与性格随和的里卡多搭档。当男孩们合作建造盒子时，教师表扬了他们。达蒙为获得积极的认可而高兴，并且按照里卡多的要求耐心等待他们要用的红色颜料。里卡多也很喜欢这一活动，而教师在他的《观察记录表》中记下的是他执行了一个计划，帮助达蒙加强社会技能。

针对克里斯特尔，教师安排她制作比萨，将比萨切成块，确保每个儿童都可以吃到一块。教师希望培养她对数字、整体与部分关系的兴趣，也希望这个活动是适宜的。

个性化计划有助于教师将目标和指标、对个别儿童的评价以及每日计划、每周计划联系起来。

同样的个性化计划也可以用来为婴幼儿以及稍大一点的儿童构建适宜的课程。成人观察婴儿和学步儿，并记录他们在小肌肉和大肌肉控制、语言方面里程碑式的发展，之后在发展连续体中评价他们的进步。成人观察婴幼儿在感知觉发展上的表现，并为其提供适宜的材料和体验，帮助这些最年幼的儿童增强和练习新技能，从而迈向下一个台阶。

3-4　主题计划法的优缺点

主题计划法有一些真正的优势。长期以来，主题计划法一直是很多教师使用的一种方法，即围绕一个中心思想设计一系列活动。主题计划法的一个优点是相关的经验网络允许儿童建立有意义的联系。当儿童在大部分游戏和工作中找到共同点时，他们就能够在个人经历之间建立联系，构建概念。

主题计划法允许通过不同方法和媒介探究概念。如果一个特定的活动不能引起儿童的兴趣，或不适合儿童的学习风格，可以选用其他的方法。

主题计划法的另一个优势是能够提供综合的学习经验，儿童可以一次性学习和发展多个领域的技能。

主题计划法还可以使儿童尽情投入自己感兴趣的主题。根据儿童注意力的持续情况，围绕着特定主题开展的游戏和项目可能会持续几周，甚至几个月。主题计划法允许家庭参与学习活动，因为家庭和幼儿园共享资源，可以在家中强化儿童的学习活动。

另外一个优点是，主题提供了一种支持教师围绕特定主题进行思考的方法。当教师试图将相关的想法和活动连成网络，帮助儿童探索主题时，可以激发儿童的创造性思维。当教师确定并支持儿童的主题时，发展适宜性的计划就产生了。

在最坏的情况下，主题计划法会以非常不恰当和限制性的方式缩小儿童的学习范围，这是应该避免的。传统的主题计划法完全由成人决定儿童需要学习什么以及如何学习。教师预先确定课程的发展方向以及学习效果。教师决定什么样的知识体系适合儿童，何时以及如何教授这些知识。毫无疑问，教师拥有"大局观"，因为他们了解儿童以及儿童需要学习和发展的知识。然而，这仅仅是从教师的立场出发，忽视了儿童主动性和兴趣的重要性。

传统的主题计划法为每个单元都制定了固定的时间表。在通常情况下，教师会提前制订计划，在学年开始前就确定好每周的主题。由此，教师经常在9月就可以说出来年2月的主题计划（例如情人节和社区小助手活动，进行安全教育，邀请警察、消防员和医疗人员进行演讲）。同样，4月可能会开展关于复活节、播种、植树以及动物宝宝的主题活动。这些主题计划不乏热门的话题和节假日。

当教学计划被提前这么长时间确定时，教师会感到按照计划进行教学的紧迫感，于是让儿童匆忙地从一周的教学活动转向另一周的活动。但是这种固定的计划安排不能灵活地回应儿童源源不断的兴趣，也不能满足儿童重新认识主题的需要，因而不利于儿童从更深的层次来认识主题。教师怎么可能总是提前知道什么样的主题能够引起特定儿童的兴趣，以及儿童的兴趣可以持续多长时间呢？

受限于预设的教学计划，还会面临另外一个缺点，即排斥其他的兴趣点。如果教师只是武断地认为儿童所发起的其他主题不适合在这个时候展开，这还不算特别过分。事实是，教师可能会因为自己已经制订好的教学计划而排斥其他的兴趣点。儿童的想法似乎不足以使教师改变主题。教师已经花费了大量的心力来制订主题计划，因而很难放弃计划而去根据儿童的想法或教育契机来组织活动。

一些教师年复一年地重复开展这些主题，每年都会拿出布满灰尘的盒子和重复的教学计划，为不同的儿童组织活动。这种课程计划方法被伊丽莎白·琼斯称为"用防腐剂保存的尸体"，因为这些课程计划曾经富有生命力，

主题计划法的一个缺点是，教师可能很难放弃他们的计划来
跟随儿童的兴趣

但现在已经了无生气，使教师因为不断重复而不厌其烦。主题成为"需要完成"的任务。

儿童对自身周围发生的事件很感兴趣，其中很多事件是关于节日的。电视和商场中会传递出大量关于节日的信息，并且多数家庭和社区中的儿童都对此有真实的体验。如何利用节日元素来组织真实的、以儿童为中心的课程，而不是肤浅地附和流行文化，是需要教师深思熟虑的。

这个主题是否适合儿童的背景？是否反映了儿童的真实生活或兴趣？假期、恐龙、颜色或字母等主题与早期学习标准有何关系？对儿童来说有意义的结果，只有在教师进行有意识的思考后才能产生。当教师习惯性地选择自己最喜欢的活动时，它们就不会产生。（Curtis & Carter，2011）

一些教师认识到以教师为主导的计划与儿童特定兴趣之间的矛盾，于是将制订的课程计划张贴在墙上，在实际开展教学活动时则不管这些课程计划，而以儿童发起的游戏为基础。从根本上来说，这种方法是消极的，因为教师浪费了大量的心力在制订毫无用处的教学计划上，而这些时间本可以用来探究如何进一步支持和增强儿童自发的兴趣，并将活动与评估和目标联系起来。还有一些人认为应该完全放弃计划，仅根据儿童的兴趣来组织活动——这被伊丽莎白·琼斯称为"随机/不确定课程"。当某些事件发生后，如果没有人深入探究，就会失去很多生成课程的机会。不幸的是，这种计划方法，或者放弃计划的方法，并不有利于建构式学习所需要的对问题的深入探究和经验的不断丰富。这两种计划都不是很好的教学方法。

那么问题来了：主题应该从哪里来？

将儿童兴趣作为有意义课程的基础

为了让儿童真正投入探索和游戏中，材料和活动必须引起儿童的兴趣。因此，计划循环的一个重要组成部分就是了解对群体中的个体来说感受强烈的问题和体验。

当教师在了解和观察儿童自身兴趣、问题的情况下决定活动主题时，他们就会将自己和儿童解放出来，追随真正感兴趣的主题，在发展能力允许的范围内尽可能地深入探索。这与我们所了解的儿童如何最好地学习观念相吻合。当儿童不断自我激励，探索对他们有意义的问题时，当他们发现事情"未被发现"时，他们就会学习。请注意图 3-3 在不同的计划方法中儿童发起活动和决策的不同。这使我们想到了生成课程。

教师利用儿童浓厚的兴趣和问题来策划活动，比如动物医院

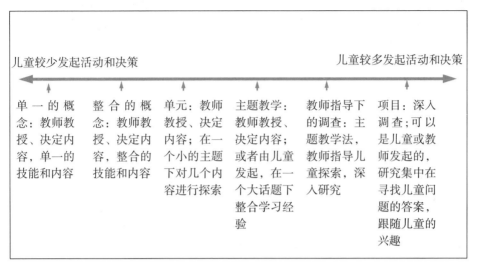

儿童较少发起活动和决策　　　　　　　　　　　　　　　　　儿童较多发起活动和决策

| 单一的概念：教师教授、决定内容，单一的技能和内容 | 整合的概念：教师教授、决定内容，整合的技能和内容 | 单元：教师教授、决定内容；在一个小的主题下对几个内容进行探索 | 主题教学：教师教授、决定内容；或者由儿童发起，在一个大话题下整合学习经验 | 教师指导下的调查：主题教学法，教师指导儿童探索，深入研究 | 项目：深入调查；可以是儿童或教师发起的，研究集中在寻找儿童问题的答案，跟随儿童的兴趣 |

图 3-3　不同计划方法中儿童主动性和决策的程度（Helm & Katz，2010）

3-5　生成课程和项目教学法

生成课程描述的是人们探索与社会相关、有智力参与、对儿童个体有意义的内容时开发的课程类型。基本思想是：有机的、整体的学习源于课堂参与者（儿童和成人）的互动。"作为关心儿童的成人，我们为儿童做出能够反映我们价值观的选择；同时，我们需要保证计划的开放性，并能灵活地对儿童的各种需要做出回应。"（Jones & Nimmo，1994，p. 3）

在生成课程中，教师和儿童都可以提出活动方案并做出决定。这意味着，有些时候真正的课程是儿童感兴趣的事情与成人认为在儿童发展过程中必须开展的活动之间相互妥协的结果。换言之，儿童的兴趣和问题可以成为计划中的活动主题，在这些主题的范围之内，教师设计能够将早期学习标准和课程要求嵌入的活动（Gronlund，2006）。

生成课程包含这样一个循环：仔细观察和倾听儿童的兴趣和游戏，反思正在发生的事情，支持儿童的想法、问题和思考（Stacey，2011）。生成课程永远不会仅仅建立在儿童的兴趣之上，教师和家长同样有可以纳入生成课程的有价值的兴趣点。生成课程中所涉及的所有成人的价值观和关注点有利于教室文化的形成。

这种课程之所以被称为"生成",是因为它总是对最初规划过程中没有考虑到的可能性持开放态度(Jones & Reynolds,2011)。

生成课程的基础是观察儿童的兴趣、经历和活动。通过仔细观察和倾听,教师可以了解儿童的问题、知识、技能和兴趣。教师在观察结束后所做的计划,关注的是能够引导儿童保持更深层次兴趣、建构新知识的活动和材料。

生成课程:

- 由教师设计,允许儿童和教师合作,每个人都有发言权;
- 重视回应儿童,教师设计的活动建立在儿童的兴趣之上;
- 灵活,因为课程计划是不断发展的,而不是事先制订的;
- 在教师的引导下,为儿童提供进一步构建知识的机会;
- 让儿童的学习和教师的想法看得见;
- 以杜威、皮亚杰和维果斯基的理论为基础。(Stacey,2009)

儿童与教师合作、讨论并计划接下来的活动。教师不断地观察儿童的反应,并努力思考发现新想法或新材料的可能性。最好的生成课程的计划是事后进行的,这样教师能够考虑到儿童的反应并预测下一步的发展方向。一位教师将以生成的方式进行计划描述为"回应与预期、跟随与启动"(Pelo,2011,p. 159)。教师跟随儿童的引导,然后,引入新的活动来维持他们的兴趣并深化他们的探索——这是一种微妙的平衡,需要对儿童做出真正的回应,而不仅是关注要达成的目标。

生成课程的想法从何而来?琼斯(Jones)和尼莫(Nimmo)1994 年时给出了许多建议。

- 儿童的游戏、议论和问题。不同的儿童拥有不同的兴趣。例如暑假过后,一个儿童在户外玩野营游戏,另一个儿童则不停地说自己的弟弟还没有牙齿。
- 成人的兴趣和爱好。例如一位家长想让孩子了解堆肥的知识,一位教师喜欢寻找鸟窝。
- 环境中的物品、事件和人。例如操场一角的小山可以引发儿童对重力的探索；参观邻居家的花园，可以成为儿童观察蔬菜生长的机会，或引发儿童对土壤中蚯蚓活动的探索。

课程可能来自探索环境中事物的机会

- 发展任务。儿童需要进行大量练习才能掌握每个发展阶段要掌握的任务，如使用剪刀，发展跳跃能力，探索友情。
- 家庭和文化影响。例如请外国家庭介绍家乡传统，请老奶奶讲述自己的童年故事。
- 每日共同生活中出现的事情。例如讨论公平使用新电脑的方法，找出分配教室杂务的办法。
- 意外的新发现或刚刚发生的事情。例如一场暴风雨在操场上冲出了很多水沟；春天到了，毛毛虫来了。
- 课程资源材料。虽然这些资源材料不是教师课程的主要来源，但它们经常能够提供一些与环境、儿童兴趣和教师需要相适应的主题。例如在发现儿童对消防员这一话题的浓厚兴趣后，教师可能会在材料中找到与消防员相关的资源。
- 学校和社区对儿童学习持有的价值观。例如全班参观拐角处的疗养院前，讨论为他人制作节日礼物。

(a)   (b)

课程可能来自儿童自身的发展兴趣，比如玩拼图游戏或发展自理能力

这些只是深入寻找儿童活动主题的一些起点。这是对主题计划的重新定义（Curtis & Carter，2011）。在以儿童为中心的主题计划中，教师从儿童的游戏和生活经验中识别出主题，然后将这些想法转化为材料和活动，以激发儿童不断产生新想法和新问题。好的计划可以为儿童的游戏和探索做好充分的准备。好的计划要求教师在观察儿童与材料互动或活动时退后一步，发现接下来会发生什么。在儿童的发展目标和行动目的之间，教师需要计划具体的发展方向。这种深思熟虑不可避免地会引发下一个计划的制订。

课程可以是让儿童学习成为社区的一部分，比如在教室里做值日

由于教师为儿童提供各种体验和媒介去探索，所以持续的活动可能会发展成长期项目（Chard，1998a，1998b；Katz & Chard，2000；Helm & Beneke，2003；Lewin-Benham，2006；Helm & Katz，2010；Beneke & Ostrosky，2013；Bentley，2013）。这些在创造性课程（The Creative Curriculum）中被称为"研

究"（Dodge，Colker & Heroman，2010）。教师和儿童在其中一起深入探索。

好的项目能够为儿童提供在多个课程领域，例如科学、数学、社会学习、交流和艺术进行探究的机会。"事实上，将文字、数学或科学概念融入对儿童来说非常有吸引力的探究中较为容易，这样他们就会有内在的动力去书写、绘画并深入思考他们的工作。"（Stacey，2011，p. 9）

项目是整合课程并鼓励儿童发展多种知识和技能的工具。并非每个生成课程都能够发展成为长期项目。教师会认真追随儿童的兴趣方向，并在适当的时候帮助他们接受新的想法。"通过这一过程，课程不断地生成，教师和儿童一起不断地学习。"（Jones & Reynolds，2011，p. 109）

生成课程是动态的、持续发展的，永远不可能进行完全预测。它是一个有机的过程，在真实的行动和互动中成长，使儿童和教师都保持高度的积极性和良好的学习能力。然而，重要的是要认识到，不是"不管什么样，都能称为生成课程"。相反地，它与教师主导的课程一样，是高度结构化的。不同的是，它的结构不是来自预设的计划，而是来自知识渊博的教师对儿童的回应。

家园交流

课 程 选 择

亲爱的家长朋友：

　　有家长询问我们班使用什么课程的问题。我们的回答比给你一个名称要复杂得多。我们使用的是所谓的"生成课程"。让我解释一下它意味着什么。我们知道儿童在发现他们感兴趣的活动和问题时最投入，所以我们通过倾听他们的对话、观察他们喜欢的活动及倾听您对家庭活动的描述来密切关注他们的兴趣。然后，我们判断哪些主题和活动可能会引起一些孩子的兴趣并开始探索。我们提供学习材料和经验，希望有助于加深孩子对该主题的学习。

同时，我们注意到政府制定的学习标准，因此我们不断选择有助于孩子实现这些标准的活动。您可能会发现，我们正在将强制性的学习目标与孩子的特殊兴趣结合在一起，以找到能够满足二者的活动和体验。虽然这意味着我们的计划经常是灵活的，并且随着孩子对学习的参与而改变，但这并不意味着失控。我们在做决定时是非常有目的性的，会重点关注孩子的发展和成就，并以此作为确定下一个方向的依据。

我们也认识到每个家庭有不同的兴趣，欢迎把您的想法告诉我们。我们也会随时告知您孩子感兴趣和喜欢的活动，以便您在家中随时跟进。

在班里，课程是活的，它使我们的学习既愉快又富有成效。

××老师

生成课程和标准

现在许多教师提出的问题是：如何理解生成课程？如何将生成课程与满足特定学习标准的需求相协调？

教师可以回顾项目中发生的所有重要的游戏和学习，并了解活动达到了哪些标准。这是将生成课程和学习标准联系起来。通常来说，教师在指导儿童完成项目和研究时会注意这些标准。随着儿童工作的完成，教师可以识别过程中儿童所使用的具体技能、知识。这使教师既能够对标准负责，同时又可以开展适宜儿童发展的活动来支持儿童的学习。

观察、记录可以帮助教师评价儿童在学习标准方面的进展，这些学习标准是通过他们感兴趣的探索活动来实现的。显然，这种评价的前提就是熟悉标准并理解儿童的"语言"，这些"语言"可以很轻松地转化为有意义的课堂活动。

教师还可以使用学习标准有目的地进行计划。有位教师使用各种可用物品让儿童玩水，为儿童提供愉快和适宜的体验，这可能会激发儿童进一步探索的兴趣。她同时也打算观察他们中有多少人已经掌握了沉浮的概念，在"科学"部分学习标准下的"比较物体、识别物体之间关系"方面取得了多大的进步。

应该指出的是，家庭在帮助教师设计和实施课程方面发挥着重要作用。首先是理解并支持教师在开发课程方面的努力。这些课程可能看起来并不成熟，当教师传达他们为儿童制定的目标以及儿童积极学习的过程时，家长将明白，特定的要求仍然会得到满足，只是可能会是以一种不那么刻板的方式。因此，教师有义务与家长进行有效沟通，描述儿童的学习过程和结果。

其次是积极参与关于儿童兴趣和学习方式的对话。家庭拥有第一手信息，可以与教师共享。

再次是帮助教师确定可用资源并提供资源。家长可以提供重要的想法，本人也可以成为资源，还可以提供材料。

当教师记录儿童的工作时，家长将会发现儿童投入其中，于是自己也可能参与其中，从而加强儿童学习的可能性。

3-6　生成课程设计策略

教师了解生成课程的适宜性后，可以采取一些关键步骤进行课程计划。

3-6a　观察与反思

对忙于游戏和工作的儿童进行观察，是发现儿童的困难和兴趣以及他们已经拥有的技能和知识的关键。我们已经讨论过，在儿童达到预先设定的目标和指标的过程中，观察起非常重要的作用。请注意，记录儿童在游戏中的表现能够指导教师制订满足儿童需要的计划。

在反思观察时，教师应该问：我具体看到和听到了什么？对于儿童来说，这种经验称为什么？儿童知道什么？儿童怎么做的？儿童觉得什么是令人沮丧或困惑、有意义或具有挑战性的？儿童对自己和教师感觉如何？在游戏或探索中想做些什么？有哪些经验、知识或技能得到了构建？将要遇到哪些问题、创意或困难？在儿童下一步的活动中，我或同事可以为他们提供哪些帮助呢（Curtis & Carter，2011）？

对这些问题的回答有助于教师定义儿童自己选择的主题，并发现已经开始的课程。找到有关儿童游戏问题的答案也有助于教师确定最能支持儿童探索的学习活动。观察是一个持续的过程，贯穿于教师制订计划、为儿童提供活动的过程中（见图3-4）。

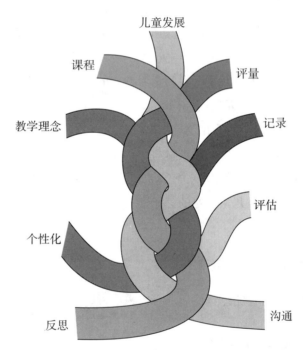

图3-4　教师在课程设计、评估、记录和交流时，整合关于儿童一般发展规律、个体发展特点和相关学习标准的知识——一个也不能少

以下观察记录说明了教师确定主题和计划主要事件的过程。

教师的笔记：珍妮和拉蒙正在玩沙子。拉蒙将沙子装到桶中，然后将桶倒扣过来。沙子"流"到地上。他看起来很失望，然后重新将桶装满，将沙子拍打得更实。他再一次将桶倒扣过来。沙子又一次散落在地上。之后，他把珍妮的桶抢过来，开始往里面装沙子。珍妮说"不行，拉蒙"，把桶夺了回来。拉蒙奋力想把它抢回来，说："我想用这个桶，因为这个桶里的沙子不会散。这是我昨天用的那个桶。"

解释：昨天一场雨过后，沙池里的沙子变湿了，孩子们在桶里装满沙子，倒在地上，沙子成了桶的样子。拉蒙以为能让沙子保持固定形状的东西是某个特定的桶。他打算测试一下自己的想法，但是非常沮丧的是别人正在用这个桶。他把桶抢了过来，而不是请求借用一下。珍妮知道如何维护自己的利益。

在观察到拉蒙的兴趣和困惑后，教师可以计划一系列的活动帮助拉蒙探索湿沙和干沙的特性，以及其他容易定型的材料。通过考虑个别儿童的兴趣、问题和需求，教师可以计划专门针对个别儿童的活动（Buell & Sutton，2008）。思考哪些活动可能有利于儿童进行更深层次的探索，这经常通过"结网"的过程来实现。

3-6b　结网

结网是进行头脑风暴的过程，要求自由构想某一探索活动的可能发展方向，列出可能建立起来的各种联系。由一件事情引向另一件事情，由一个想法激发出另一个想法，就像是形成一张巨大的蜘蛛网。在某一兴趣引导课程转到其他方向之前，这张网总是包含很多的可能性，包括由于缺乏兴趣、对特定群体缺乏适宜性或缺乏适当的资源和经验而被排除的想法。随着儿童和家庭参与到讨论和活动中，这张网吸纳其他的想法，生成新的想法。这张网有助于教师保持开放态度，为可能展开的学习活动准备材料并制订计划。结网是实验性的计划，是尝试新思想、关注正在发生的事情并进行评价以及开展下一步活动的起始点（Jones & Nimmo，1994）。

结网的功能不是创建教师精心设计的计划活动——"本月课程计划"；相反地，它是教师思考的起点。正如一位教师所说："我认为这个最初的网更像是一本旅行指南，提醒人们'做好准备……''一定要花一些时间……''随身携带……'。这个'网'不是一张带有红色标记的地图，不需要坚定不移地遵循。"（Pelo，2011，p. 159）结网允许教师在自己的计划中更具创造性和趣味性，而不仅是按逻辑线性地开展活动。例如，下图显示出在沙池游戏中教师基于拉蒙的想法所进行的思考和学习（见图3-5）。

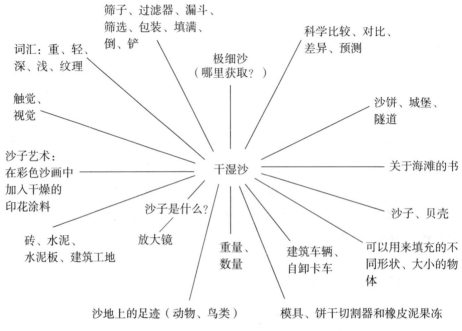

图3-5   教师思考探索湿沙和干沙活动可能性的网

上图代表了教师对潜在学习的思考，列出了可能的活动和材料。这是教师在关注儿童的兴趣并支持儿童朝着既定学习目标前进的重要方式。有时，教师会发现分成"活动网"（计划中的内容、时间和方式）和"内容网"（为什么或可能的结果）很有用，这样他们就可以检查发展的各个方面以及所需的知识或技能是否都有涉及。这种思维方法在教师试图向家长展示儿童的进步时也非常重要。图3-6展示了一个活动网，而图3-7展示了一个内容网。

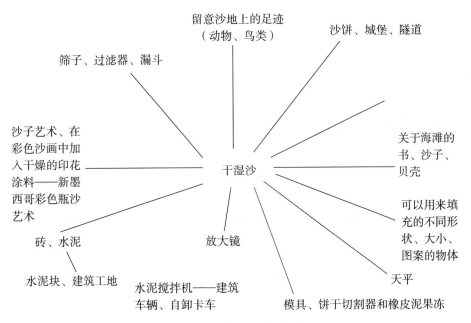

图 3-6 考虑活动可能性的网

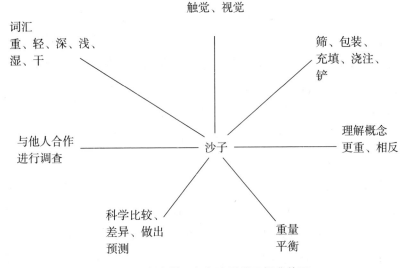

图 3-7 考虑学习如何达到学习标准的网

3-6c   创设环境

在对网进行一些初步思考后，教师继续制订计划。在实施以儿童为中心的课程时，制订计划的第一步是提供环境。教师从活动网中选择一个焦点，精心设置环境，选择材料和活动来帮助儿童探索。教师可以创设一个激发点，即用来激发儿童兴趣的事件或经验。然后，教师仔细观察儿童如何使用所提供的材料，在游戏中谈论和表达了哪些经验，以及有哪些疑问和认识。通过这种方法，教师可以知道还需要为儿童提供哪些支持和材料。

3-6d   为维持儿童的探索并进一步强化探索制订计划

第二步是为维持并进一步强化探索制订计划。进一步的观察将帮助教师了解儿童提出的新想法、解决方案和答案，或其他可以扩展经验的材料。第三步，通过补充建议或提供支持新想法的新材料来丰富游戏。

3-6e   展示学习经验

作为最后一步，教师要为儿童提供展示学习经验的材料和机会。当儿童接触各种各样的媒介并被鼓励去表达自己的想法和经验时，他们就能够扩展自己的思维和表达能力。这是在课堂中发展儿童读写能力。教师还要为如何向其他人（包括儿童和他们的父母）展示儿童的学习情况做计划。教师可能需要：项目各阶段儿童作品的样本；讲述正在进行的工作的照片或幻灯片；教师撰写的评论；儿童对活动的讨论和解释（Seitz，2008）。

记录学习经验有助于教师了解自己在合作学习和计划中的作用，并为下一步可能的发展方向提供思路。它还可以帮助儿童记住和理解他们的学习过程，便于教师向家长展示儿童在学习中成长的具体表现。准备得越充分，教师思考和计划的证据就越明显，这可以防止有人说发展适宜性课程是放任主义，任由儿童的愿望决定课程走向。展示工作显示了教师的责任，扩展了儿童的学习，并使学习可见（Seitz，2008）。

意大利北部的瑞吉欧·艾米利亚学校很好地阐释了设计发展适宜性的、以儿童为中心的课程的4个步骤。

　　思考这些计划步骤。

　　金是一名学前班教师。她在班里戏剧游戏区配备了几个玩具婴儿和相关的婴儿用品,例如尿布、爽身粉和奶瓶。这是为了回应班中母亲怀孕或刚有弟弟妹妹的儿童。

　　教师观察儿童扮演的角色,并仔细聆听他们的谈话。当她听到有儿童讨论在让婴儿上床睡觉之前需要给他们洗澡时,她添加了一个婴儿浴缸和一些塑料沐浴玩具。教师还精心策划活动以扩大学习范围,例如查看班上儿童婴儿时期照片、衣服和父母制作的婴儿书,阅读有关婴儿的书,探望新生儿,并参观幼儿园的婴儿室。因此,对这个主题的兴趣持续了又一周。

　　有一些对话引发了教师添加其他材料以进一步丰富戏剧的想法。一个儿童在给婴儿做检查后,陪她"妈妈"去看儿科医生,随后,一些年轻妈妈开始玩带娃去看医生的游戏。教师随后添加了医生的道具。后来教师增加了一个小便盆,因为教师听到其中一个儿童说,"医生总是要检查婴儿的尿"。

　　添加其他医疗设备以扩展对医生工作的认识,包括称重和测量,这导致教室增加了一个图表,显示儿童当前的身高和体重,以及他们出生时的体重和身高,其中有的是家长提供的信息。

　　在整个活动中,儿童忙着谈论他们对小婴儿的看法和感受、其他人的职责,婴儿成长和发展需要什么,以及许多其他认识,包括性别角色(是的,父亲可以看护婴儿)。教师在学习周期完成后又设计了一个活动网,并向家长说明。

　　虽然教室里的所有儿童都参与了这个项目的一些活动,例如参观婴儿室和阅读有关婴儿的书,但有些儿童也有兴趣追寻其他问题。所有儿童同时进行相同的探究是不常见的,因为他们会有不同的兴趣(Stacey,2011)。

　　在这段时间里,也许是因为看到了婴儿书,几个儿童开始制作自己的书。他们在写作中心度过了几个上午,使用那里提供的图书制作材料。与此同时,其他对婴儿主题不太感兴趣的儿童继续建造精致的街区。

　　通过设计并投放能够吸引儿童兴趣的环境和材料,教师发现儿童会产生多样的想法。观察儿童游戏时,教师可能就在同时为几种不同的兴趣设计方案。在上述案例中,教师为写作中心提供丰富的材料,比如准备一些旧书,让儿童拆开后了解书的装订，建立一个作者角，在建构区加入建筑材料和摩天大楼的图片。环境的设计要让儿童能够发现自己的兴趣点，而不是强迫儿童学习其他人都在学习的东西。

3-6f　生成课程计划

"传统上，基础教育的特点是预设课程，专家理性地确定一年级或四年级应该教什么。……它依赖于概括，而不是个别教师的创造力和对个别学习者的关注。"（Johns，2012，p.67）标准化课程可能是教师思维的敌人，但大型教育系统中允许"响应官僚需求的线性规划和评估"。事实上，课程越标准化，就越有可能有更多的儿童落在后面，个人教育需求得不到满足。

为儿童设计发展适宜性课程的教师明白，只有当教师和儿童都真正投入并有动力寻求自己的问题的答案时，才会发生真正的学习。"动机促进学习。动机是引导学习者完成课程的正能量。"（Wien，2008，p.16）当教师关注儿童的兴趣时，就会产生深入的调查。"在教师的议程中留出空间或创造一个切入口，可能会出现一些意想不到的事情。"（Wien，2008，p.25）

它需要有能力将这种兴趣扩展到整个课堂活动中。它的广阔之处在于它向更多事物敞开了大门，而包容性在于它将儿童的兴趣纳入了官方课程。（Wien，2008，p.25）

有研究者为希望支持儿童积极参与有意义学习，同时满足核心课程州标准的公立学校教师提出了三步法。

首先，建立一个知识库，包括相关法律法规内容标准和校长的立场等。这是教师必须遵守的信息。

其次，以所要求的内容为起点，研发符合儿童兴趣的课程。他们建议对基础内容进行替代、补充和丰富，调整节奏以满足个别儿童的需求，也可以让班级更彻底地探索主题。在单个活动或项目中涵盖尽可能多的标准。

最后，成为展示儿童参与有意义学习的专家。开发用于谈论决策和学习的话语体系。与您的校长、同事和家长不断沟通。（Goldstein & Baum，2014）

毫无疑问，在课堂上采取生成课程法的教师可以教授标准化课程，让儿童成为追求自己兴趣的更强大的参与者，达到更高水平的思考和参与。在当今以考试为重点的课程环境中，这需要教师有足够的勇气，并相信持续探究和深入参与学习过程实际上可能有助于儿童取得好成绩。布朗（Brown）说："游戏不是学习的敌人。它是学习的伙伴。"（2010）海森（Hyson）同意："游戏不是学习后的休息，而是学习的途径。"正如韦恩所说，摆脱标准化课程中的线性目标清单可能会让教师将其嵌入更丰富、更整合的活动中，例如生成课程中。在这些活动中，学习可以以故事的形式展示，而不是通过测试来衡量。

正如一位教师所说，这可能会挑战传统对教学的定义，因此它不再只是意味着传播知识，而是成为细心的观察者和倾听者，提供灵活的时间，并通过更高层次的问题来引导儿童的思维过程，同时在课堂上补充内容以支持思考，表征思考（Wien，2008，p.108）。

选择在班中创建适合发展的体验式学习的教师需要勇敢和自信，并寻求志同道合的同事的支持。他们还需要能够向管理者和家庭清楚地阐明他们的理念、方法和可证明的结果。

3-7　计划表是什么样的?

在讨论了生成课程的设计之后可知，显然传统的从周一到周五的填充式计划表并不是很有效。教师需要这些表来向校长、督导人员等表明自己在思考他们提供给儿童的活动。教师还要开动脑筋，尽可能使自己的设计回应儿童的问题和兴趣。当教师根据记录去设计课程时，他们通常是先观察，再记录，然后根据进展补充新的想法。因此，他们需要的计划表要能允许更加开放的研究、更多的尝试和想法。这样的计划表能随时添加儿童的想法和他们的家长出于兴趣而可能贡献的材料。这样的计划表考虑到儿童发展的规律和兴趣，而不是把儿童和教师限制在预设活动中。

斯塔西给出了一个四列计划表，其中包含：观察；教师反思；邀请、谈话等回应；跟踪观察（Stacey，2011）。一个灵活的计划表也可能如图 3-8 所示。

图 3-8   灵活的计划表允许教师根据观察到的兴趣和需求做出反应

　　灵活的计划表记录了新出现的兴趣以及为支持这些兴趣而对环境所做的改变。这种计划表不是事先花费数小时制订、试图在主题之间建立人为的联系，而只是提供一个基础，并随着活动的发展而发展。计划的负担仍然落在教师身上，但在课堂上与儿童的互动会影响到工作的方方面面。它是真实而快乐的工作，所有阅读它的人——家长、领导、其他教师等——都参与到活动中。这种计划表让教师可以再次享受计划的乐趣，而不必担心在截止日期之前填满所有空格。

　　许多想要转向更发展适宜性的计划表的教师常常犹豫不决，因为过去的计划表暗示了一种特定的计划模式。他们担心自己的领导不会接受不同方法。当一群大学生向当地主管部门询问是否可以接受表格的更改时，他们惊讶地发现自己得到了鼓励而不是否定。主管部门很高兴看到这么多新鲜的想法。

主管部门的主要兴趣是证明教师对发展的理解和对技能的关注，以及计划的基本原理。因此，不应让对变化的恐惧限制了计划方法的灵活性。

多样性考虑

对变化的看法

改变可能是困难的，也可能不是，这取决于所在文化对适宜或灵活含义的理解。有时，教师会说他们感到不安心，因为他们不太确定自己是否能适应课程的灵活性。有些文化支持改变，有些则不支持。你自己的文化背景是否让你能够在个人生活或职业生活中自如地做出改变？如果不能，你能做些什么呢？

3-8　改变计划流程

对于用过传统的、以教师为主导的计划法的教师来说，改用以儿童为中心的方法可能最好小步前进。通常，当接受了发展适宜性实践理念教育的新教师开始工作时，他们会沮丧地发现他们所学的东西没有得到实践。理念可能会为变革提供基础。

在整个计划周期中，观察贯穿始终：观察以了解儿童的能力、技能和兴趣；观察以确定活动的进展；观察以了解儿童的想法和问题；观察以评估教师的计划在多大程度上促使儿童学习，获得丰富体验。定期进行观察对于改变计划过程至关重要。

1. 第一步是开始真正地倾听儿童，尝试找到他们的问题和兴趣点。可以对儿童游戏过程进行录音，用于日后回放。维维安·佩利（Vivian Paley）指出：成人听到儿童谈话并对其所听的、所做的加以思考时，学到了什么？设计支持兴趣的材料或活动是一个开始。例如一位教师在注意到儿童忙于用记号笔活动后，添加了更多的记号笔。

2. 习惯传统的基于主题的设计法的教师，可以尝试在儿童生活事件中寻找主题，而不是预先设计一个学期的主题计划表。例如在班上儿童有弟弟妹妹出生后，教师将婴儿设计在活动中。

3. 试着让主题的结束在时间上是开放的。如果时间表是开放的，教师就不会有在儿童探究欲望被满足之前让儿童尽快进入下一主题的压力。如果不计划在周五之前结束主题活动，而是继续保持材料和活动到下一周，教师可能会发现儿童在用更加复杂的方法使用材料。这样会有更多的时间用于回顾，并使游戏及学习更加复杂。

4. 注意儿童在教室的各个区怎样使用材料。增加能够让儿童卷入、激发儿童探究的材料。打开思路，不去教概念。比如计划给创造区增加感官材料的教师就不会关注概念。计划用真实建筑材料和相关使用说明的图片丰富积木区的教师，是在刺激其他形式的建构，而不太关注"最高"这一概念的教授。

5. 看看儿童在完成什么样的发展性任务。关注儿童在每一方面的发展，考虑可以用来支持儿童各方面发展的材料和活动。教师注意到儿童正发展精细动作，于是计划在书写中心提供新的工具，如打孔器和蜡纸；看到出现了合作游戏，于是在表演中心增加了新的道具。

6. 儿童感兴趣的领域可能会扩展。比如在儿童扮演父母带婴儿去看医生时，教师增加新的医疗设备，这就是对儿童的支持。已经探究了播种和植物生长的儿童可能会对教师让他们观看做饭——作为食物成长的自然结果——很感兴趣。

7. 有些教师承受着遵守国家课程指南、实现学习目标的压力，可能会发现很难去考虑改变——需要准备太多的材料，因为所有的设计都需要材料的支持。然而，在主题学习背景下制订长期计划和学习目标，可能使满足儿童和教师的需求成为可能。

如前所述，教师可使用回顾的技巧，确认儿童是否在参与整合课程时达到了各学习标准。这意味着在项目完成之后，教师可以不必再考察儿童获得的技能和知识，而直接去查看儿童在他们的工作中到底做了什么。

8. 与其他的教师进行头脑风暴和协作有助于改变计划过程。与其他人一起思考，会帮助教师扩展关注点，转变狭隘的主题设计观念，使生成课程在深思和对话中发展。

计划发展适宜性课程的这些小步骤可能会将教师推向重要的方向。学习规划以儿童为中心的课程是一个成长的过程。布斯（Booth）描述了一个项目，该项目允许儿童与教师就生成课程进行合作。布斯描述了她采取的步骤以及她学到的不同做法。例如，她学会了在项目开始时和制订计划时与儿童进行更多的协商，放慢速度让儿童参与项目的所有步骤，让儿童开辟全新的调查领域，并更深入地观察"儿童正在努力理解或完成什么，并根据我可以提供的挑战来制订计划"（Booth，1997，p.82）。为发展适宜性课程制订计划的过程可以让教师成长，并体验自己的创造力。

有效的课程计划是一个动态的过程，需要教师掌握大量的知识和技能

这种课程计划不简单，但它是令人兴奋的，它为教师和儿童提供了学习和成长的动态机会。德布·柯蒂斯（Deb Curtis）将其比作学习在海中游泳——花费大量时间让自己的身体沉浸其中，从而了解海浪的本质（2011）。

柯蒂斯说，教师必须能够预测将要发生的事情并紧紧追随，同时保持完全的观察力，觉察每一刻正在发生的事。人永远无法真正控制或改变波浪。人只能学会如何回应波浪。（Curtis & Carter，2011）

回应是发展适宜性课程计划的全部。

小结

1. 发展适宜性课程计划涉及教师活动循环，包括：

- 观察和记笔记；
- 反映并评估儿童在实现特定发展目标方面的进展；
- 观察并反思，以了解儿童感兴趣的主题；

- 确定支持儿童进步的策略、材料和经验；
- 评估计划的有效性并开始新的周期。

2. 根据有关专业组织发表的关于强调儿童全面发展和主动学习课程的立场声明，教师应采用各种策略来帮助儿童进步。

3. 长期项目可能对儿童和教师有利。这让儿童和教师都可以组织他们的思维并体验学习所需的重复。教师必须注意不要拘泥于计划。

4. 生成课程是指在特定环境下由儿童和成人共同协商的、对儿童生活有意义的课程。"结网"是指确定潜在学习活动的头脑风暴过程。

5. 教师根据观察制订计划，创设环境，支持并丰富儿童的学习活动，提供展示的机会。

6. 教师可能必须制作新的计划表，以便在儿童的带领下灵活开展活动。

7. 从以教师为主导的计划开始，先小步走，可能会使计划过程更适合儿童的发展。

思考

1. 从所在社区的教师那里找到几份课程计划表，看看它们是否支持开发以儿童为中心的课程。

2. 和同伴一起动脑筋并制作计划网，可以分活动和内容两方面，可以用"婴儿"这个主题。想出尽可能多的支持主题的材料、活动和经验。反思你的活动中有多少可能的学习，是否涉及所有领域的学习。

3. 和同伴绕着你们某学校建筑走一走。将你在这个可能会激发儿童兴趣、教师据此能设计相关材料和活动以扩展儿童兴趣的环境里看到的所有东西列出来。

4. 列出你作为儿童会喜欢的所有活动，并在小组内分享。做一个表并把它贴出来。现在列出你作为成人喜欢做的或感兴趣的所有东西。你能基于其中一些活动来设计儿童体验吗？

自测

1. 描述各立场文件所指出的发展适宜性课程的几个关键组成部分。
2. 描述课程计划循环及其组成部分。
3. 讨论生成课程的含义以及来源。
4. 设计法中的"结网"是什么意思？
5. 讨论采用某一计划表时要考虑的因素。
6. 在从教师主导向儿童主导转变时，教师可以首先采取哪些步骤？

应用：案例研究

1. 一位新入职教师抱怨他总是无法将观察纳入日常工作中。与他讨论课程安排，以支持他观察和记录个别儿童的信息。

2. 与经验丰富的同事一起，对儿童的工作和游戏进行一段时间的观察，然后将观察结果与相关早期学习标准联系起来。

第4章 关于多种课程模式的思考

本书自始至终强调的一个理念是，发展适宜性实践并不是一个严格的"处方"，而是一个提供决策和反思所需信息的指南。当教师、管理者及家长为儿童和特定教育项目做出决定时，他们就创建了自己的发展适宜性环境和课程。关于各个年龄段儿童特点的知识有利于为儿童提供有趣并且适宜的活动、材料和体验，这些知识同样会为其他发展适宜性课程提供相同的基本要素。然而，对个体不同兴趣和能力的细心回应，对儿童所处多种社会和文化背景的尊重与重视，确保每个发展适宜性课程都承载各自不同的特点，反映了决策时不同的着力点。

随着教师不断接触不同机构所采用的各种各样的课程模式，他们会听到多种不同的名称。有些时候，课程是在没有教师参与或征得教师同意的情况下采用的。理解每种课程模式所提供的内容，并思考每种课程理念可以如何与发展适宜性实践原则相适应是非常重要的。许多机构都使用了将一些课程模式相结合的相对折中的做法。

本章会对几种众所周知、流传广泛的课程模式进行简要介绍。读者思考和讨论的重点应该是：每种课程模式是如何遵从发展适宜性实践原则的？我们将按照这些课程模式出现的时间顺序进行介绍。对这几种课程模式进行介绍的目的是提供相关信息，而不是要推荐这些课程模式。在这里我们不对各种经过包装的适应市场需求的课程展开探究，因为从前面的讨论中可以很明显地看出，绝大多数这样的课程并没有达到发展适宜性实践的要求。

4-1　蒙台梭利教学法

让我们首先讨论最"年长"的蒙台梭利教学法。

4-1a　历史和哲学思想

玛利亚·蒙台梭利（1870—1952）是意大利第一个获得医学学位的女性。通过对儿童的观察，蒙台梭利认识到了每个儿童的独特性，并且观察到了被称为"敏感期"的特殊时期。在这一时期，儿童会对特定的学习刺激特别敏感。蒙台梭利描述了儿童发展的 4 个阶段，每个阶段都有自己独特的发展特点和挑战：0—6 岁是感知觉探索阶段，这一阶段儿童形成他们独特的智能；6—12 岁是概念探索阶段，这一阶段儿童发展抽象能力和想象力；12—18 岁是对人进行探索的阶段，这一阶段儿童逐渐理解自己在社会中的位置，并懂得如何为世界做出贡献；18—24 岁，年轻人开始进行更为专门化的探索，寻找社会中适合自己的工作。蒙台梭利相信每个人需要寻找一个有意义的工作。

蒙台梭利理念中的另一个概念是"吸收性心智"，指儿童可以毫不费劲地在外部环境中进行无意识的学习。蒙台梭利着迷于每个儿童所具有的学习能力。蒙台梭利理念中的一个重要部分是：应该尊重儿童的能力、发展速度和学习节奏。她相信儿童有能力集中精力并做到自律，成人需要为此提供支持的环境。蒙台梭利同样认为尚处在第一个发展阶段的儿童不能从想象中受益，成人应关注感知体验的价值。

蒙台梭利理论是世界各地蒙台梭利学校的指导原则

在罗马的贫民区工作一段时间后，1907 年，蒙台梭利创建了融合自己的教育理念和方法的学校。从那时起，蒙台梭利学校开始在美国和其他地方扩散开来。多数蒙台梭利学校招收 2—6 岁的儿童，部分可能会持续到小学及以上。如今在美国，我们可以发现有些蒙台梭利学校仍然严格地遵循最初的方法，而有些学校的实践则有所调整，以适应美国文化和思想（American Montessori Society）。蒙台梭利的思想对早期教育产生了广泛的影响。

4-1b 蒙台梭利教育的关键组成部分

蒙台梭利学校使用独特的教学方法、材料，教师经过特殊培训，都遵循蒙台梭利教学方法。蒙台梭利教育含有以下重要组成部分：

- 教师受过专门的蒙台梭利理论和教学方法培训；
- 与家庭建立合作关系；
- 混龄教学；
- 多样化的蒙台梭利材料和体验，按照儿童的需要精心并有顺序地呈现；
- 日程安排中为儿童提供大块完整的时间，让他们解决问题并沉浸于学习中；
- 教室氛围鼓励儿童社会互动，进行合作学习。

蒙台梭利认为，0—6 岁儿童关注的是通过感官体验现实，而不是想象

4-1c 教师教育

蒙台梭利教师需在经过认证的蒙台梭利教师教育机构中接受专门培训。教师培训强调如何通过观察来了解儿童为进行什么样的活动做好了准备，教师在什么时候在多大程度上进行干预。教师同样要研究可以促进儿童实现目标的具体材料和活动。教师还学习使用精心设计的蒙台梭利教具，将所规定的一系列任务按照设计好的次序呈现给儿童。

教师，以前被称为"导师"，最终目的是帮助儿童进行独立学习，因此教师的作用

蒙台梭利教师按照精心规定的顺序向每个儿童展示活动

更像是儿童学习的促进者。教师和儿童在一起时最为活跃。他们基于对儿童需求和发展水平的评估，为儿童展示如何使用材料并呈现活动。教师经常根据活动任务的顺序为儿童个体或小组呈现他们的课程，以此来帮助儿童学习具体的技能和概念。在培训中，教师被教导要按照活动的步骤给出指引。在多数蒙台梭利教育机构中，教师面对的是由 3 个年龄段儿童组成的混龄小组，如 3—6 岁等。

4-1d　教师实践

教师的主要职责之一是创设有准备的环境。因为认识到激发儿童好奇心和兴趣的重要性，蒙台梭利对环境秩序和吸引感官的材料极为重视。蒙台梭利教室被分为多个学习区，其中开放的架子陈列着精心准备的材料。许多区域与其他典型教室中的环境是不一样的。在下一部分关于课程要素的讨论中，我们会重点介绍这些区域。这里我们要强调的是：准备环境是教师的职责。

蒙台梭利教师还要创设安静和有秩序的氛围。在蒙台梭利教室中，与他人谈话有一些特定的规则，这再一次强调了尊重。儿童经常忙于各自的工作，因此蒙台梭利教室通常非常安静，并且有一种"任务在身"的繁忙氛围。当教师与儿童交谈时，他们常常是私下里低声说话。儿童经常在各自的垫子上工作，教师来回走动，不时评论和询问。当然，教师也鼓励儿童间的合作学习。蒙台梭利相信，小组中年幼的儿童可以向年长的儿童学习，年长的儿童也可以在教年幼儿童的过程中学到东西。蒙台梭利强调教师作为环境保持者，应该在宁静的教室中为儿童提供学习机会。

教师将儿童引入工作后，又一次担负起观察者的角色，留意儿童需要在哪些方面得到进一步的支持或练习机会。

4-1e　课程材料和活动

蒙台梭利最为著名的是其教具，这些教具一般由木材制成，并且非常漂亮。儿童在使用教具的过程中，通过尝试显而易见的、可以自我更正的错误直接获取学习经验。蒙台梭利粉红塔是其中比较有名的教具，它是一组按尺寸大小排列的粉红色立方体，最小的立方体积为 1cm^3，最大的立方体体积为 10cm^3。当儿童正确地按尺寸顺序进行操作时，他们能够成功地搭建起粉红塔。另一个例子是一组木质圆柱体（带有抓手），圆柱体直径逐渐增大，可以插进相应的圆孔中。

蒙台梭利教具还包括感官（sensorial）材料以及概念（conceptual）材料。

感官材料及相关活动能够让儿童通过感觉来进行排序和分类，并能帮助儿童扩展和完善感知觉。使用这些材料能够帮助儿童形成关于大小、形状、颜色、质地、重量、味道和声音的概念。这些材料包括嗅觉瓶以及一系列的立方体等。

这一系列带有抓手、直径不一的木制圆柱体是一种蒙台梭利教具

概念材料是指用来引导儿童进行读写算和社会学习的具体学习材料。在 3—6 岁儿童的蒙台梭利教室中，你可以看到世界地图拼图、以每 10 个金色珠子为一组代表十进制的数学计数板，以及其他用于学习数学概念的具体材料，还有一系列的砂纸字母。在教室中，通常你可以看到语言区、数学区和感官区。

蒙台梭利还主张为儿童介绍各种各样的实际生活技能，比如洗碗、扫地、浇花等。因此，在蒙台梭利教室中还有学习实际生活技能的区域，这一区域中摆放着各种真实的工具，儿童在这一区域进行真实的工作，比如擦镜子、削果皮或是准备自己的点心和饮料。这与娃娃家游戏是不同的，那里的各种

儿童正坐在自己的垫子上独立地使用数学材料

用具可能都是玩具。在年幼儿童的蒙台梭利教室中是没有表演区和表演服装的，因为蒙台梭利认为想象不应该出现在年幼儿童的课程中。传统蒙台梭利教室中还不包括创造艺术区（在某些美国蒙台梭利教室中或许会有）。艺术材料可能会用来帮助儿童发展小肌肉运用技能，以提高书写能力，但是不会被用来促进儿童创造性表达。

切苹果做点心是一项实用的生活技能

在教具还没有恰当地呈现给儿童之前，儿童不能自由选择该教具。教具呈现之后，儿童可以选择他们想使用的教具，并且必须按照所教导的方法来使用这些教具。教师会询问儿童是否想尝试一项任务，完成任务的过程中是否需要帮助，是否准备好来完成这项任务。

4-1f 蒙台梭利思想的影响

蒙台梭利思想对我们本书中讨论的发展适宜性实践产生了持久性的影响。蒙台梭利的一个重要理论是儿童理应得到尊重并获得独特的发展。另一个能够产生共鸣的理论是：儿童本质上是自我教导的，通过自己活动来学习并不断适应。提供有准备的、具有吸引力的环境，使儿童可以在教室中独立活动，这也是我们在发展适宜性实践中一直强调的事情。各地优秀的早期教育机构一直都强调能够提供实际操作经验的高质量材料的重要性。

4-1g 蒙台梭利课程模式和发展适宜性实践

根据一些公认的关于好的教育实践的假设，当代有一些人对蒙台梭利教育模式提出了质疑。传统的蒙台梭利教育强调工作，不重视想象，至少对6岁以下的儿童是这样。这看起来和我们在发展适宜性实践中所看到的游戏的中心地位是不相容的。因为儿童没有对材料进行探索的自由，必须按照教师展示的方式来使用这些材料，所以有些人质疑，这种模式将如何发展大多数教育者所重视的儿童独立解决问题和思考的能力。根据当下关于发展适宜性实践的讨论，蒙台梭利教育模式中对活动程序的严格规定以及教师对空间、时间和材料的严格控制同样受到质疑。虽然每个儿童在他（她）的坐垫上进行特定工作，会呈现出一种富有秩序和儿童对自己负责的景象，但有些人仍对儿童之间有限的社会互动机会产生忧虑。在早期教育中，蒙台梭利思想及其培训一直都独立于其他的教育模式，是历史上一个独立又独特的存在。

4-2　银行街教育模式

4-2a　历史和哲学思想

在美国早期教育的历史中，露西·斯普雷格·米切尔（Lucy Sprague Mitchell，1878—1967）是一个重要的名字。她与卡罗林·普拉特（Caroline Pratt）和哈丽特·约翰逊（Harriet Johnson）一起，创建了游戏学校（Play School），这所学校被称为"美国第一批可以被称为'发展适宜性'的幼儿园之一，2 岁、3 岁、4 岁的儿童通过游戏来学习"（Greenberg，1987，p. 77）。之后，米切尔和约翰逊合作，于 1916 年在纽约创办了教育实验局（Bureau of Educational Experiments）。"这个名字所反映的教育理念是，教育实践应该建立在对儿童的研究之上，从而来更好地理解儿童发展。"（Shapiro & Mitchell，1992，p. 15）教育实验局计划的独特之处，在于试图将一所试验性的学校和研究组织结合起来，构成一个发挥实际职能的组织。3 年之后，他们又创办了一所儿童学校。这所学校作为教育实验局的一部分，加入了普拉特的游戏学校，并增加了一个班级接收 8 岁的儿童。这在后来就成了银行街学校（the Bank Street School）。

米切尔在跟随约翰·杜威学习期间，深受杜威思想的影响，相信教育有着影响和改造社会的力量。她提出"完整儿童"（the whole child）这一概念，并希望为教师创造机会来培养儿童身体、情感、社会性和认知发展。

普拉特是最初一批银行街学校学生，单元积木（unit blocks）就是她发明的

银行街教育模式背后蕴含的理念是"儿童是主动的学习者、实验者、探索者和艺术家"，有时也会被称为发展—互动方案。该方案深信学习是在社会情境中发生的。儿童通过与环境的互动进行学习。发展—互动方案还认为认知和情感发展不是相互分离的，而是交织在一起。

发展—互动方案的一个基本原则是，认知功能——获取信息并给信息排序，做出判断和推理，解决问题，使用符号系统——的发展，与个人和社会交往过程中自尊和认同感的发展密不可分，其中包括对冲动的控制的内在化。（Cuffaro，1977）

发展不是发生在儿童身上的事情，而是儿童在社会和物质世界中互动的结果。这些想法与维果斯基的理论和最近的大脑研究产生了共鸣。

银行街教育方案重视儿童以下方面的发展：

- 能力，即个体如何充分利用资源并灵活地应用技能和知识；
- 个人特质，包括自我管理能力、做出选择的能力、主动性、冒险精神以及在不放弃独立性的情况下接受帮助的意识；
- 社会化，一是控制和疏导冲动，调节自己的行为；二是发展与他人的关系，一种彼此关爱、公平、负责和合作的关系。

因此，银行街教育方案的目标包括：与儿童的家庭和社区共同承担责任，促进儿童的整体发展，发展儿童的能力及其使用个人能力的动机，发展儿童的自主意识与个性、关爱他人和环境、创造的能力。

研究者说，银行街的教学方案并不是银行街所独有的，它包含着 6 个普遍、重要的发展原则：

- 发展包含个体在理解世界过程中所经历的从简单走向复杂的变化；
- 每个儿童的发展都有一系列的可能性，从来都不是固定在发展连续体的某个点上；
- 儿童的发展具有稳定性和不稳定性，既需要一些过去的、熟悉的挑战，也需要一些新的挑战；
- 儿童具有积极地与环境进行互动的内在动机，发展独特的自我概念至关重要；
- 儿童的自我概念是在与其他人和物的活动中建构的，并且在互动中得到检验；
- 成长和发展包含着个体与其他人之间的冲突。（Shapiro & Mitchell，1992）

银行街教育方案是以儿童为中心的教育，强调儿童有不同的学习速度和学习方式。银行街教育方案不变的一个观念是：学习应当同时融合多个学科——我们称为"整合"课程；在合作小组中，儿童能够进行最好的学习。

4-2b　银行街教育方案的结构

银行街教育方案的思想基础是：如果儿童可以了解和研究人类世界，那么他们就可以理解自己所接触到的事情。银行街教育方案关注对儿童来说极为有趣的主题——自然和社会世界"怎么样""是什么""为什么"（Cuffaro，1977）。

五大社会学习主题——文化人类学、历史、政治科学、经济学和地理学——被整合在课堂活动中。由此，社区成为儿童教育开展的环境。艺术和科学被编织在以社会学习为中心的体验和活动中，以此来帮助儿童理解周围世界。

在教室中，儿童的活动材料大多是开放性的，如积木、水、木头、纸和颜料、泥土。儿童可以自由选择想要的活动材料，自由选择独自或与小组一起进行操作。儿童被鼓励用自己的方式进行学习。

银行街教育方案中同样有常见的小组活动，如做饭、出游、户外活动、听音乐和讨论。

游戏是发展—互动方案的核心，是"帮助儿童建构和重建、形成和再形成知识的最有力的方法之一"（Cuffaro，1977，p. 52）。

创造性艺术在采用银行街教育模式的班级很常见

4-2c　教师的作用

在银行街教育方案中，教师起着非常重要且核心的作用。教师要为儿童创造物质的和心理的学习环境。信任是儿童学习环境中一个必不可少的因素，因此教师必须建立起与儿童的互信关系。

教师扮演促进者的角色，尊重每个儿童

银行街教育方案不仅要求教师理解儿童的发展特点，同时还要求教师基本如何开发和利用每一种活动材料的知识，每天为儿童提供学习机会。教师选择、投放活动材料，发展儿童的主动性和独立性。教师必须认识到每个儿童都是独特的个体，教师的主要职责之一便是仔细观察儿童。教师的另一个重要角色是儿童发展的促进者，尊重每个儿童的发展并做出回应。

教师重视社会互动和教室氛围，重视建立家庭与学校的联系，以理解儿童的体验，并对教育活动及其目标做出解释。儿童生活中所有成人之间互相合作和信任，为儿童在社区中的行为以及对儿童的期望提供了示范。

纽约的银行街研究生院负责银行街教育模式的培训。银行街的创始人米切尔最初所写的信条表明了儿童和教师教育理念。

银行街的信条

我们希望儿童、教师和我们自身的哪些潜力得到发展？

- 对生活的热情（来自用五种感官感知世界）；
- 好奇心（将世界变成一个令人兴奋的实验室，让人永远成为学习者）；
- 面对变化时的灵活性，以及放弃不再适合当前的模式的能力；
- 在一个充满新需求、新问题和新想法的世界里勇敢而高效地工作的能力；
- 在对他人进行评判时既温和又公正的能力；
- 敏感（不仅对他人的外在正式权利敏感，而且对其通过自己的研究看到美好生活的内在权利敏感）；
- 参与学校内外民主生活的能力（这是推进我们民主理念的最佳途径）。

我们的信条既要求道德标准，也要求科学态度。我们的工作基于这样一种信念：人类可以改善他们所创造的社会。

4-2d 银行街教育模式和发展适宜性实践

许多教育者都认为第一所银行街幼儿园的原则和实践与今天所提倡的发展适宜性理念有着直接的联系。当然，它们之间有一些明显的共同要素，例如：

- 强调游戏；
- 认为通过与环境中的材料和他人的互动，儿童能主动建构对世界的认识；
- 认为儿童是一个完整的个体；
- 认识到家庭参与和家园交流的重要性；
- 重视教师作为观察者和促进者的作用。

4-3 华德福教育模式

4-3a 历史和哲学思想

华德福教育是以奥地利哲学家鲁道夫·施泰纳（Rudolf Steiner，1861—1925）的教育哲学为基础的。施泰纳提出了人智学，这是一种"精神科学"，允许个人对精神世界进行研究。他的一个关键理解是，人是身体、灵魂和精神的统一体。施泰纳感到学校过于强调学业，美学的一面被忽视了，美应该与知识一起发展。他用头、心和手来描述这3个元素。

施泰纳在1907年写了他的第一本关于教育的书《儿童的教育》（*The Education of the Child*）。1919年，应德国斯图加特华德福·阿斯托里亚烟草公司所有者的要求，第一所以他的理念为基础的学校开办。这家公司的名字成了"华德福"这个名字的来源。

后来，美国、英国、瑞士、荷兰、挪威、奥地利和匈牙利以及德国其他城镇相继开设了受这种教学思想启发的学校。欧洲大多数华德福学校曾一度关闭，第二次世界大战后重新开放。全世界有近1000所独立的华德福学校，其中250多所在美国。美国的一些华德福特许学校还得到了公共资金的支持。

在华德福学校，学习是跨学科的，融合了实践、审美和智力因素，并与生活的自然节奏相协调，目标是使人的思维、感觉和行动融为一体。施泰纳认为，平衡所有能力将使个人变得强大、自由和健康，从而革新社会。华德福教育强调想象在学习中的作用。儿童工作的方方面面都强调创造力。学校和教师有很大的自由来定义课程。

施泰纳将 7 年作为一个阶段，每个阶段都有自己的学习要求，事实上，这些阶段与皮亚杰所描述的类似。

从出生到 7 岁，学习在很大程度上都基于经验、模仿和感官。通过实践活动学习，即"手"的部分，是华德福幼儿园的重点。

在小学阶段，即 7—14 岁，儿童发展艺术性和想象力。华德福理论强调发展儿童的情感生活和艺术表达，即"心"的部分。因为阅读教学要到 7 岁才开始，所以大多数儿童直到三年级才正式阅读。

在青春期，随着抽象思维和概念判断能力的发展，人主要通过智力理解和道德思考（"头脑"的部分）来学习，包括承担社会责任。

华德福教育的既定目标是培养平衡的个人，他们有头脑为自己思考，有心为他人服务，有勇气为共同利益采取行动。

华德福教育强调想象在学习中的作用

4-3b 华德福课程

华德福学校和教师有很大的自由来定义他们的课程。在儿童早期，人们会有大量时间在设计、功能和氛围都像家一样的环境中自由玩耍，使用天然材料，并参与生产性工作，如烘焙、园艺和烹饪。每天的故事时间都强调口语，教师们除了律动游戏（艺术体操）外，还经常讲故事、玩木偶、玩游戏、唱歌等。艺术体操是华德福学校所独有的。这是一种通常伴随着口头语言或音乐的运动艺术，包含角色扮演的因素，强调整合。其他活动包括涂鸦、绘画和制作蜡模。

华德福学校的儿童可以参加一些生产性的工作，比如烤面包

0—7岁儿童的课程强调一日常规和年度常规。儿童每天一起做家务、讲故事等，每年都会庆祝来自不同文化的季节性和宗教性节日。

华德福课程充满灵性，因此包含了很多而不是某一种宗教传统。每所学校的教师决定哪些节日和庆祝活动最能满足自己的需求和传统，目标是让儿童尊重世界，相信世界是一个有趣的好地方。课程的目标是培养儿童身体协调能力、手指灵活性、倾听技能、社会交往能力和主动性。游戏是儿童发展社区意识的一种非常重要的方式。

事实上，在儿童早期，直到四年级，华德福教育模式都不鼓励儿童接触电视、电脑和录制好的音乐等。

小学开设了多种艺术课程，包括绘画和雕塑、戏剧、律动、声乐和器乐等视觉艺术，以及针织、编织和木工等手工艺。此外，还有体育和园艺等活动。艺术不是作为一种自我表达的手段，而是作为一种学习、理解和与世界联系的手段，

华德福教育的目标是让儿童对世界有基本的尊重，相信世界是一个有趣的、适合生活的地方

以建立不同的理解。在大约一个月的时间里，研究将集中在综合了所有科目的某个主题上。教师首先通过故事和图片介绍概念，以便将学科教学与艺术相结合。例如，英语是以世界文学、神话和传说为基础的，历史包括对世界伟大文明的研究，数学包括算术、代数和几何，科学包括地理、天文学、气象学、物理和生命科学。自始至终，儿童会学习两种外语，通常是德语、法语或西班牙语。

教师很少依赖标准化的教科书。相反，每个儿童都会以书的形式编写自己的课程。学校强调社会教育，让儿童分组工作。华德福的教室通常有 25 个或更多的学生。

4-3c　教师的角色和培训

华德福教师的工作重点是培养每个儿童的本性，让儿童逐渐理解和欣赏他们作为人类成员和世界公民的背景和在世界上的地位。在大多数华德福学校，教师会跟着儿童升班，至少跟 8 个年级。这有助于建立和儿童的关系，深入了每个儿童，支持不同的学习速度，因为他们希望每个儿童在准备好时都能获得技能，相信儿童与生俱来的发展能力和天赋。

经过培训的华德福教师会仔细观察每个儿童，并定期与家长会面，以全面了解儿童。在这里，学习是非竞争性的，也没有等级划分。教师会在年末写下对每个儿童的详细评价。

教师的另一个角色是权威。施泰纳认为，教师的任务是成为教室里不容置疑的权威，因为儿童渴望权威。这个角色是受尊敬的、权威的、慈爱的。因此，教师的职能不是作为促进者，而是在各种活动中领导儿童。施泰纳认为这是实现平衡的方法，因为这样儿童会接触到他们可能不会自己选择的想法和活动。然而，教师的工作不是向儿童提供信息，教师并不扮演一个无所不知的角色，而是帮助儿童找到答案。

教师角色的核心是培养对学习至关重要的特殊师生关系。引用施泰纳自己的话，"精神科学教我们如何激发灵魂的某个特定部分，从而在教育者和儿童之间建立某种联系，让某种东西从教师直接流向最深层的情感——儿童的灵魂生活"（Steiner，1970）。他认为，帮助儿童学习与教师自身的学习和发展是分不开的。儿童道德品质的发展与任何其他领域的发展一样重要。再次回顾一下，施泰纳要求教师接受某些人智学理念，但他们不会直接在学校教授这些理论。美国也有人质疑用州政府的钱来支持华德福方法是否合适，因为它基于一种特定的宗教世界观。

华德福的一个原则是，所有学校都应该自治，因此个别教师在学校内拥有高度的自主权。大多数华德福学校不是由校长或班主任管理，而是由教师学院管理，由教师学院决定教学方法（董事会决定行政事宜，如财务和法律问题）。教师还与家长密切合作，鼓励家长积极参与学校的非课程活动。

华德福学校的教师必须拥有大学学历，然后在提供认证的华德福教育中心之一接受专业教育。该认证课程面向全日制学生，为期两年。如果选择参加夏季集中授课班，则为期三四年。第一年包括人文主义和华德福教育学基础，另外还有课程应用和艺术活动方面的课程。课堂观察和实践教学也是其中的一部分。

4-3d 华德福教育模式和发展适宜性实践

华德福教育模式的一部分内容清楚地展示了发展适宜性实践的理念，其中包括：

- 重视儿童早期阶段的游戏和活动；

- 强调综合课程与主题学习；
- 强调减轻儿童早期阶段学习的压力；
- 高度关注个性；
- 深度理解发展阶段；
- 强调"完整儿童"。

发展适宜性实践的当前话题

课程方法与既定课程

　　当教师和管理者做出有关课程的决策时，他们可能会受市场上的课程包或预先设计的脚本、活动和其他材料所左右。这些课程的优点似乎主要在于节省教师的时间和精力——课程设计者已经完成了这项工作。另一个明显的优势是，在对教师的个人知识和技能没有信心的情况下，管理者可以对特定内容的教学有一定的信心。但是，从发展适宜性实践的原则出发，其缺点是设计者不了解所有教室中儿童的特定发展需求、学习风格和兴趣，也不了解家庭或社区的愿望或需求。这些知识有赖于相关教师通过个人观察、反思和评估获得。

　　教师能更好地发展儿童的知识和技能。教师理解各种教学和学习策略，并能够加以实施。预先设计的材料可能会提供活动、资源和想法的基础，但不能提供最终的适宜性课程。

4-4　瑞吉欧教育模式

4-4a　历史和哲学思想

　　第二次世界大战结束后不久，在一些致力于儿童发展的家长的领导下，意大利北部的城市瑞吉欧·艾米利亚创办起了学前学校。从那时起，意大利学前教育机构开始得到扩展，并将婴儿和学步儿中心包括在内。现在，这些机构都由政府资助。

这些机构的几个特点引起了世界教育界的关注，从1981年起已经有超过15000位参观者慕名到访。在这些机构的创办理念中，居于首位的是儿童通过与成人的积极合作不断建构对世界的理解。另一个值得注意的理念是，儿童可以使用很多种语言来表达对周围世界的认识和参与。一个名为"儿童的一百种语言"的展览，从1984年（在欧洲）、1987年（在北美）开始巡回展出以来经久不衰。该展览所呈现的关于儿童探究和表达的案例令人震惊，引发了一系列关于儿童能力的深层次探讨，并使大家开始思考我们的传统教学是否低估并轻视了儿童的工作能力、长时间保持注意的能力以及发展和表达对世界的认识的能力。

除了儿童优美和创造性的表达，瑞吉欧教育还有一些特质也值得大家在思考优质教育时给予重视。曾有文章将位于瑞吉欧·艾米利亚的戴安娜学校（Diana School）称为"世界上最好的十所学校之一"，称其有很多值得学习的地方（1991年10月2日）。但是大家需要注意的是，瑞吉欧教育不应被看作可以在其他背景或国家中进行复制的一种教育模式或课程，那些多年研究瑞吉欧实践和理念的教育者也应该有这样的认识。"相反，瑞吉欧的工作应当被视为一种教育经验，在不断更新和不断调整的教育项目中反思、实践和再反思。"（Gandini，1997）瑞吉欧教育者不断反思教学，挑战自身思想和实践，并为他人提供支持。卡利娜·里纳尔迪（Carlina Rinaldi）曾经说过："瑞吉欧模式不是一种可以教授的教学方法，而是一种思考儿童、学校、教育和生活的方式。"

4-4b   瑞吉欧教育模式的关键概念

瑞吉欧教育模式含有以下重要概念：

- 儿童形象——儿童是有能力、坚强、富有创造性、拥有各种想法和权利而非需要的个体；
- 环境是第三位教师——精心设计环境，促进儿童的社会建构，让儿童在这一空间中记录生活，同时发展美感；

- 关系——重视儿童、教师、家长之间的关系，这是瑞吉欧教学方法发挥作用的重要因素；
- 合作——在每一层面进行合作，如教师之间、儿童和教师、儿童和儿童、儿童和家长以及社区都合作；
- 记录——用语言和可视的手段来记录儿童的经历和工作，并为儿童提供回顾、反思和解释的机会；
- 设计（Progettozione）——这个意大利词语比较难翻译，意思是制订灵活的计划以便今后对儿童的想法进行进一步的研究，并通过与儿童、家长甚至社区之间的合作，设计实施计划的方法；
- 激发——仔细"倾听"儿童的兴趣，并设计出进一步激发儿童思想和行动的策略；
- 儿童的一百种语言——鼓励儿童使用象征性的手法来表现思想，并为他们提供各种媒介。

这是瑞吉欧教育理念的一部分。如果想更深入地探究瑞吉欧的理念和实践，可以参考《真正的童年：探究教室中的瑞吉欧·艾米利亚》（*Authentic Childhood*：*Exploring Reggio Emilia in the Classroom*）（Fraser & Gestwicki，2002）。

瑞吉欧教育模式使用"激发"这个词来引发儿童的兴趣，引导儿童进一步思考

4-4c　项目的结构

瑞吉欧教师并不期望所有儿童都做同样的事情，儿童的原创性很受重视。儿童可以在小组中独自开展工作，活动的地点可以是教室内外，或者是幼儿园的任何一个地方，也可以是中心广场、工作室或艺术工作室（后面会详细介绍）。活动可以持续进行数个小时、数天或数个月。

在幼儿园中，每25个儿童组成一个班级，每个班级有两位教师。这一组的儿童、教师和家庭会在一起度过3个学年。每一年幼儿园会随着他们需要和兴趣的改变而提供不同的活动环境，但会保持这种关系的持续性。同样，对规模相对较小的班级以及配备3位教师的婴幼儿班级来说，这种关系也会保持3年，每一年会更换活动环境，以便提供新的探索领域和挑战。

随着项目工作的开展，教师仔细地给儿童分组，每组儿童通常不超过5个。教师相信在小组中工作能让儿童理解交流的节奏和方式。同伴之间发生矛盾冲突——反对、协商和假设——不仅被看作儿童社会性学习的机会，还被视为儿童认知发展过程中一个必不可少的组成部分。

在小组中进行长期项目可以让儿童理解交流的节奏和风格

4-4d　环境是第三位教师

环境被认为具有传达信息的强大能力，这些信息包括欢迎、引起注意，以及与文化、历史、价值观相关的成人和儿童的兴趣。

每件事、每个环境都能为儿童提供经验。经常被人们所忽视的地方，如浴室、厨房、走廊以及入口，都被装扮得非常漂亮，并重视细节上的美感，如颜色、光线、植物以及物品摆设。家具和区域的安排以及小物品的摆设，都体现了教师的良苦用心。

每个幼儿园都有一个中心广场区，仿效人们聚集和交流的城市文化中心。这里有舒适的椅子——可以邀请家长坐在这里，还有服装表演区，以及其他可以观看和参与的有趣活动。不同班级的儿童可以在这里一起游戏和开展项目工作。

我们可以看到艺术工作室配备了充足的艺术创作用具、自然材料以及可循环利用材料，并有一位指导教师（在艺术方面受过训练，支持儿童进行创造性工作的教师）与儿童一起工作。除此之外，瑞吉欧的每间教室都有一个迷你工作室，为儿童开展长期项目提供材料和空间。这些材料被细致地保存在透明的容器中。家长和儿童帮助教师积累与整理材料。

4-4e　将儿童的兴趣作为课程

瑞吉欧课程的精髓是根据儿童的兴趣来设计教育项目。教育项目可以来自多种途径，如从教师的计划中来，或从一些突发事件中来，比如儿童的想法或对教师所提问题的回应。几乎任何可以引起儿童兴趣的经验都可以成为项目开展的基础。每个项目都会非常深入且细致地展开。在这一过程中，儿童会使用多种探索方法，并选择多种可视的形式进行表达。在长期的项目工作中，儿童创造性地使用材料来呈现和交流他们的学习，使用"一百种语言"进行表达。

最能展示瑞吉欧教学方法的是探索狮子的案例——"狮子的画像"。这一案例是 1987 年在瑞吉欧开展的一次活动，现在通过录像已经广为人知了。

当时教师们计划了一次去城市历史中心的出游活动，繁忙的市场上满是古老的石狮子。教师最初的目的是带领儿童来认识市场，但录像发现儿童迷上了狮子雕像，儿童抚摸这些狮子，爬到狮子身上，从各个角度来进行探索。那一次教师带了画板来记录儿童的探索。在随后的又一次出游中，教师们带上了相机。返校后，教师为儿童提供相互讨论石狮子的机会，并将所拍摄的照片挂在墙上，供儿童进行探究。随着时间推移，项目不断向前发展，儿童使用黏土、颜料、木偶和戏服、皮影不断更新他们的经验。狮子成了开展这一内涵丰富、不断扩展的项目的基础。

对狮子的研究可能是瑞吉欧最著名的项目之一

　　在活动进行的每个步骤中，教师们观察、讨论和解释他们所观察到的现象，并为儿童提供更多的选择。通过小组讨论以及思想和经验的重组，儿童的认识得到增长（要注意的是，除了项目工作外，在教室内外还继续开展很多活动。项目工作只占据每天的一部分时间。其他时间花费在传统的活动中，如在非常逼真的家庭中心玩假装游戏、积木游戏、体能游戏，履行班级职责，或者只是与朋友进行交谈）。

4-4f　教师的角色

　　瑞吉欧坚信游戏在儿童建构知识和发展认识方面起着支配作用，并且这种作用决定了学比教更加重要，但这并不是说不需要教——教是为了给儿童提供学习发生的适宜条件。

　　在任何一个好的发展适宜性项目中，教师都是倾听者和观察者，问儿童问题，反思儿童的回答，从中了解可以运用哪些材料和概念来拓展儿童的认识。但是瑞吉欧教师在倾听和观察儿童方面所达到的深度是令人难以置信的。他们定期做笔记、拍照片，并用录像记录儿童的游戏、讨论和工作。这些记录是每周与其他教师进行数小时讨论的基础。这些记录有利于教师关注儿童思想和问题的不断转变，并能帮助教师向儿童和家长展示儿童学习到了什么以及学习是如何开展的。同时，这些记录还能帮助教师产生一些想法，形成一些假设，这些可能会成为日后小组活动的基础。

瑞吉欧的一个基本原则是，在有关儿童的复杂对话过程中，至少需要由两位教师组成团队。每周由几位教师一起对记录进行回顾，交流各自对儿童的看法，并达成共识。教师每周获得 36 个小时的工作报酬，其中有 6 个小时可以用来讨论观察记录和其他的教学计划，参与专业发展活动。教师是合作伙伴，这为儿童和家长提供了与同伴进行合作的示范。另外一些成人也可以参与到讨论中，如工作室指导教师会帮着整理记录，共同思考项目的开展以及可以运用的表达方式；教学顾问也会参与到讨论中。教学顾问的角色很难用一个词或者是美国教育体制中的术语进行描述，"协调者"或"教育指导者"都不是非常恰当。

每位教学顾问负责数个幼儿园和婴幼儿中心的教师的专业发展工作，并与教师一起来解决教育问题，帮助教师建立起与儿童和家长的良好关系。在这种持久的对话中，各方良好的相互关系以及对儿童的认识得以建立，内涵丰富的生成课程由此产生。这些"资源人"的任务不单单是回答或解决儿童的问题，还要帮助儿童发现答案，更为重要的依然是帮助儿童提出好的问题。教师和儿童之间的互动使每一个人在学习过程中都发挥重要的作用。教师把自己视为儿童学习过程中的合作者，持续地参与研究和学习，积累知识，并和儿童共同享受学习。

肯尼迪（Kennedy）认为瑞吉欧幼儿园之所以如此不同，与他们"和塑造儿童一样塑造教师"（1996，p. 25）有着很大的关系。瑞吉欧的教师对自己所要培养的儿童和建构的发展适宜性实践有着极为清晰的理解，而且这种理解是持续发展的。因此，持续地探究儿童和最好的教育实践，被教师视为自己工作的一个基本组成部分。教师之间的对话强调"持续的、不断深入的探究"（p. 25），而不是立即得出解决方案或结论。

4-4g　瑞吉欧教育模式和发展适宜性实践

从对瑞吉欧的审视中，我们可以学习到什么？瑞吉欧的思想和实践持续吸引着那些对优质早期教育感兴趣的人们。一些美国学者质疑瑞吉欧教育模式是否适合美国（Katz，1994），或者即使是适宜的，那么有关美国社会与意大利不同的文化信仰和对儿童的期望的问题该如何解决（New，1993）？这些学者所提出的问题源于"儿童至少部分上是历史和文化的产物"（Kennedy，1996，p. 94）。然而不管是否如此，事实上，要对儿童进行科学、客观的描述，需要我们再次审视自身的文化和历史。

在思考瑞吉欧教育模式的优势时，休·布雷德坎普（Sue Bredekamp）认为瑞吉欧的实践"已经超越了发展适宜性实践，至少其目前的实践是这样，尤其是在对知识的社会建构的强调、对教师作为儿童经验共同建构者和儿童学习过程记录者的清晰描述方面"（Bredekamp，1993，p. 13）。

她指出了美国早期教育工作者所要应对的挑战：

- 重新建立"能干儿童"形象；
- 促进概念的整合，增强儿童和家长的体验；
- 进一步完善对发展适宜性的定义；
- 平衡相关标准与人们的质疑；
- 反思教师专业发展；
- 拓展对教师角色的理解。

对美国的早期教育工作者来说，重新建立"能干儿童"形象是个挑战

在考虑从哪里开始着手实践瑞吉欧教育模式时，凯茨假设最初可以
"将我们集体的和个人的精力投放到提高与儿童日常互动的质量上，使这些
互动变得丰富、有趣、有吸引力、令人满意和富有意义，就像我们在瑞吉
欧教育模式中所观察到的那样"（Katz，1997，p. 110）。她还认为，瑞吉欧
经验的一个重要的影响是，要看到当整个社区全身心地致力于儿童发展时
会产生怎样的可能性（Katz，1997）。或许瑞吉欧学校对美国早期教育最大
的影响是激起了早期教育专家对最适宜和最优秀教育实践的思考与讨论。

美国许多地区的教师和学校已经开始反思他们的教育实践，并尝试基于
瑞吉欧教育模式来实施一些改变。

多样性考虑

文化对学习体验的影响

有趣的是，这些课程模式是在特定的时间和地点、基于创始
人的特定哲学发展而来的。想想，当时社会和历史文化如何影响
被认为对儿童非常重要的学习经历？还请注意，上述课程模式中
有两种是在意大利开发的，只是时间不同。二者有哪些相似之处
和不同之处？

家园交流

为孩子选择幼儿园

亲爱的家长朋友：

你们中的一些人一直在探索不同幼儿园提供的各种课程模
式，尝试为孩子找到最合适的地方。在做出选择时，有一些重要
的问题需要思考。

1. 你认为教育理念的重点是什么？该幼儿园的教育理念是否符合你自己对孩子的期待？

2. 这种课程模式与您对孩子个人学习风格和兴趣的理解是否相符？有什么不匹配的吗？

3. 该幼儿园有哪些家庭参与的机会？家庭参与和投入肯定与孩子的学业成就有关。

请继续访问和提问。许多幼儿园采用折中的方法，博采众多课程模式之长。也有一些是特别设计的方法，遵循更严格的原则，以保持其创始人设计的风格。

如果你有任何问题，请告诉我们。

××老师

4-5 高瞻课程模式

4-5a 历史和哲学思想

这一模式是在戴维·韦卡特（David Weikart）的引领下发展而来的。戴维·韦卡特早期在佩里项目（Perry Project）工作，这是 20 世纪 60 年代最为著名的干预项目之一。在第 1 章中，大家已经阅读了在伊普西兰蒂和密歇根所开展的 3 个实验性学前项目的结果。实际上，韦卡特和他的同事认识到，"开放框架"项目（open-framework program）在支持儿童积极参与自我选择的学习活动上很有效，并由此开发出了高瞻课程（the High Scope approach）。从 1962 年起，人们开始使用高瞻课程。你可能会回想起对最初参与高瞻项目的儿童所进行的一项纵向研究，该研究一直追踪到这些儿童 40 岁的时候（High/Scope Foundation，2005）。追踪研究表明，当高瞻项目中的儿童长大成人之后，他们在生活中表现出积极的情感和态度。

如今，高瞻课程被广泛应用在公立和私立、半日和全日学前教育机构以及许多开端计划机构中。这一课程包括婴幼儿教育。高瞻教育基金会提供高瞻课程理念培训，开展研究，出版相关的书籍和视频，为那些希望更多了解这一模式并希望开办示范学前学校的人员提供支持。

高瞻课程基于皮亚杰关于儿童发展的建构主义理论。"课程的基本假设是儿童是主动的学习者，他们通过自己设计、实施活动并对活动经验进行反思而获得最好的学习。"（Epstein，1993，p. 30）课程的理念是儿童需要在与他人、材料、思想和事件的积极互动中进行学习。

高瞻课程的关键组成部分如下。

- 儿童是积极的学习者，花费大量的时间在各学习中心进行探索。
- "计划—实施—回顾"循环。儿童在教师帮助下选择每天将要做的事情，制订计划，在工作时间实施他们的计划，并与教师一起对自己的工作进行回顾。
- 儿童主动学习 8 个内容领域：学习品质；语言、读写和交流；社会性和情感发展；身体发展和健康；数学；创造性艺术；科学和技术；社会学习，这些内容与国家教育目标小组确定的入学准备要求一致。
- 关键发展指标包括与 8 个内容领域相关的经验，被用作设计教师主导的小组活动的重点。
- 学前儿童观察评价系统使用逸事记录法记录儿童的进步。

反思

考虑不同的模式

在上述不同的教育模式中，你听说过或经历过哪些？你对它们的理念和实践有何想法？你会将这些方法中的哪些想法运用到自己的课堂中呢？当决定采用某个课程模式时，你会问什么问题来确保发展适宜性？

4-5b   材料和活动

大多数高瞻课程的教室看上去就像一个典型的好幼儿园，为儿童提供各种兴趣区。高瞻课程推荐的兴趣区包括积木区、艺术区、娃娃家、玩具区、计算机区、读写区以及沙水区。高瞻课程为材料选择提供了普遍的指导原则，但并未规定具体的材料。教师将材料有组织地摆放在兴趣区，儿童可清楚地看到并独立获取这些材料。美术和音乐是日常活动的一部分。

在高瞻教室中，每天的日程安排都保持一致，并在墙上用图画展示出来，以便儿童熟悉课堂活动开展的次序。日程安排为小组和团体活动、户外游戏以及工作时间都预留了时间。制订计划是每日的常规活动。教师与小组或个体儿童一起制订活动计划，这可以使每个儿童表达自己的意图。正如爱泼斯坦（Epstein）所指出的，计划是"有目的地选择"，儿童明确自己的目标，并决定实现目标所要采取的行动。在工作结束时，儿童还有时间反思自己的计划是如何得以实现的。这种有目的的计划和反思有利于发展儿童的思维技能（2003）。

当儿童能计划自己的活动时，他们变得非常专注

为了与当下的教育实践保持同步，高瞻课程也发展儿童的读写算技能，但同时慎重地指出，他们并不使用反复训练或纸笔练习的方式。相反，教室为儿童提供有利于发展和拓展其语言、逻辑能力的活动和材料。高瞻课程的教室强调环境充满文字，要有大量的故事、书以及书写工具，同时也为儿童提供大量

机会进行计算、比较和一一对应的练习。高瞻读写学习的一部分内容是在儿童认识字词前，让他们学会识别和解释符号。由此，儿童的工作和物品可以全部通过独特的符号识别出来，如用五角星代表乔伊，用三角形代表萨姆。

4-5c　教师的角色

教师可以通过接受一段时间的培训或工作坊、阅读高瞻教育研究基金会出版的相关材料来学习高瞻课程。教师的基本角色是参与儿童活动的合作者，而不是管理者或监督者。高瞻课程培训强调教师应该这样做：

- 采用积极的互动策略；
- 关注儿童的长处；
- 与儿童建立可靠的关系；
- 支持儿童提出的游戏点子；
- 发展提问的技巧，促进儿童的学习、反思和交流；
- 选择问题解决法来帮助儿童学习处理社会性冲突。

教师的一个重要角色是对儿童进行观察。高瞻教师每日都要记录儿童在日常活动中的重要行为。高瞻《学前儿童观察评价系统》为教师整理儿童活动的信息提供了框架。这些信息有关儿童对关键经验的理解。

这些每日观察记录被用来制订小组活动计划，由此，课程可以为评价提供支持。高瞻课程强调团队观察和交流，共同实现儿童发展目标。高瞻课程为教师做出适当的决定提供了指导（见图 4-1）。

4-5d　高瞻课程和发展适宜性实践

高瞻课程和发展适宜性实践原则存在以下共同之处：

- 以皮亚杰的理论为基础；
- 核心是主动学习；
- 强调动手操作材料；
- 成人在引导儿童的注意力方面发挥作用；
- 强调选择和活动区；
- 强调观察和评价的重要性。

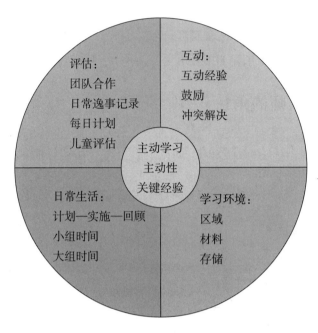

图 4-1　高瞻学习轮

4-6　创造性课程模式

4-6a　历史和哲学思想

黛安·翠斯特·道奇（Diane Trister Dodge）是创造性课程的开创者，也是教学策略公司——这一组织研发创造性课程的材料并提供教师培训——的创始人。道奇在儿童保育一线的工作经验，让她看到有必要开发一种课程模式，并以此为框架来指导教师参与儿童活动、做出决策。第 1 版（1978）和第 2 版（1988）创造性课程的理论基础是，课程实施的第一步是帮助教师将他们的教室布置成有助于有效学习的兴趣区。随着人们在如何定义课程、如何使用有关课程的各种概念来实施发展适宜性实践方面达成更多的共识，创造性课程也得到不断的发展。第 3 版创造性课程于 1992 年面世，提出了课程目标、儿童学习目标、教学指南以及家庭工作准则等，同时还提供了追踪儿童进步的工具《儿童发展和学习评估表》（*The Child Development and Learning Checklist*）。

其他的有关儿童如何进行学习的研究和报告成了创造性课程进一步发展的动力。除此之外，公众不断要求对学校加强问责，这必然要求课程重视系统评估，使教师了解儿童个体和集体，并为他们制订适宜的活动计划。第 4 版创造性课程于 2002 年面世，进一步拓展了教师在支持儿童主动学习中应当发挥的作用。最新版本的创造性课程（2010 年版）是一套完整的资源，支持经验丰富的教师创建适合发展的课程，并进行有目的的教学。

儿童发展研究和理论是各版创造性课程的基础：

- 积极的互动和关系是儿童在幼儿园和生活中取得成功的基础；
- 社会性及情感能力是影响学业成功的重要因素；
- 建设性、有目的的游戏支持儿童学习；
- 物理环境影响儿童的行为及互动的类型和质量；
- 家园伙伴关系促进发展和学习。

教师必须使用各种策略来支持儿童的社会性和情感、身体、认知和语言发展，其中一个关键的策略是成为儿童的观察者。持续评估帮助教师了解儿童的需求、兴趣和与特定发展目标相关的进步，并规划有意义的学习体验。然后，教师们将相关标准中确定的读写、数学、科学、社会学习、艺术和技术的学习整合到日常学习活动中。创造性课程拥有一个基于观察的评估体系，涵盖从出生到学前班的所有儿童（见图 4-2）。

创造性课程包含 9 个基本特征：

1. 理论基础包括杜威、埃里克森、皮亚杰、维果斯基、史密兰斯基和加德纳的思想，以及最近关于脑研究、耐挫力研究和对美国幼儿教育协会发展适宜性实践原则；

2. 教师的任务包括建立积极的关系，创建一个爱的集体，爱和教育不可分割；

3. 强调教师对儿童不同发展阶段的典型技能、行为和理解有全面的了解；

4. 强调与家长建立伙伴关系的重要性，强调了解每个家庭，与家长分享儿童进步信息，沟通儿童不同的学习方式；

图4-2   学前创造性课程的框架

5. 强调创设学习环境，包括设立和维护兴趣区，制定时间表和每日常规，让儿童学会如何与他人相处和解决问题，为教师做决策做准备；

6. 要求教师采用各种教学策略与儿童互动，对学习经验进行仔细观察、规划和指导，并评估儿童的进步；

7. 课程包括教师培训，以支持儿童在语言、数学、科学、社会学习、艺术和技术方面的发展；

8. 为教师提供了一系列支持儿童发展技能和理解概念的策略，包括为实现特定目标而计划日常小组活动，以及指导儿童随着时间的推移参与研究主题；

9. 儿童的具体发展目标（Heroman, et al., 2010）包含在创造性课程和评估系统中。

儿童发展目标让教师清楚地了解到，在发展和学习的主要领域，处于每个发展阶段的儿童应该知道并能够做些什么。目标示例见图4-3，完整列表见表4-1。创造性课程的理念经过拓展，还被应用到婴幼儿保育和教育项目中，影响了学龄儿童教育以及家庭看护中心的理念。

技术是创造性课程的内容领域之一

管理情绪

水平 →	尚无	1	2	3	4	5	6	7	8	9

指标 →

利用成人的支持使自己冷静下来

·当成人轻轻抚摸、拍、按摩、摇晃自己或听到舒缓的声音时，会让自己平静下来

·远离过度刺激和哭闹的源头，但被人找到后会得到抚慰

通过寻找特殊的对象或人来安慰自己

·生气时从小房间里拿泰迪熊

·悲伤时坐在最爱的成年人旁边

能够以不同的方式看待一种情况或延迟满足

·当活动区已满时，查看其他可用区域

·愁眉苦脸地说"我今天早上没机会画画"。停顿并补充说："我有一个想法。吃过零食后我再画。"

在大多数情况下，能以适当的方式控制强烈的情绪

·他说："我很生气。你不分享积木，我要去玩坡道了。"

·上蹿下跳地说："我太激动了！我们要去动物园了！"

举例 →

期望 →

图 4-3　评估目标之一示例

表4-1　发展和学习目标（0—6岁）

社会性及情感

1. 调节自己的情绪和行为
a 管理情绪
b 遵从规则和期望
c 适当地照顾自己的需要
2. 建立并维持积极自己的关系
a 与成人建立关系
b 对情绪线索做出反应
c 与同龄人互动
d 交朋友
3. 以合作和建设性的方式参与小组活动
a 平衡自我和他人的需求和权利
b 解决问题

身体健康

4. 展示移动技巧
5. 展示平衡技能
6. 展示粗大运动技能
7. 表现出良好的运动能力和协调性
a 使用手指和手
b 使用书写和绘图工具

语言

8. 倾听并理解日益复杂的语言
a 理解语言
b 遵循指令
9. 用语言表达思想和需求
a 使用不断扩展的词汇
b 表达清晰
c 使用常规语法
d 讲述发生在另一个时间或地点的事
10. 参与适当的对话并使用其他沟通技巧
a 参与对话
b 运用语言规则

认知

11. 展示积极的学习方法
a 参与
b 坚持
c 解决问题
d 表现出好奇心和动力
e 表现出思维的灵活性和创造性

12. 记忆并联系经验
a 识别并回忆
b 建立联系
13. 使用分类技能
14. 使用符号和图像来表示不存在的东西
a 抽象思维
b 参与社会性戏剧游戏

读写

15. 表现出语音意识
a 注意并辨别尾韵
b 注意并辨别头韵
c 注意并辨别越来越小的声音单位
16. 展示字母知识
a 识别和命名字母
b 运用字母发音知识
17. 展示对文字及其用途的认识
a 使用和欣赏图书
b 使用文字概念
18. 理解并回应图书和其他文本
a 参与阅读和对话
b 运用读写技能
c 复述故事

续表

发展和学习目标（0—6岁）

19. 展示读写技能
a 写名字
b 通过书写传达意义

数学

20. 使用数字概念和运算
a 计数
b 量化
c 将数字与其数量联系起来
21. 探索和描述空间关系与形状
a 理解空间关系
b 理解形状
22. 比较和测量
23. 展示对规律的了解

科学和技术

24. 使用科学探究技能
25. 展示对生物特征的了解
26. 展示对物理性质的了解
27. 展示对地球环境的了解
28. 使用工具和其他技术完成任务

社会学习

29. 展示对自我的了解
30. 展示对人们及其生活方式的基本理解
31. 探索与熟悉的人或地方相关的变化
32. 展示简单的地理知识

艺术

33. 探索视觉艺术
34. 探索音乐概念和表达
35. 探索舞蹈和动作概念
36. 通过动作和语言探索戏剧

英语语言习得

37. 展示在听和理解英语方面的进步
38. 展示英语口语的进步

4-6b 关注环境

创造性课程强调在班里创设 11 个重要的兴趣区：积木区、戏剧游戏区、玩具和游戏区、艺术区、图书区、探索区、沙水区、音乐和运动区、烹饪区、计算机区以及户外活动区。各兴趣区应当包含各种各样的材料，这些材料的组织应当满足儿童的发展需求，并促进学和教。教师鼓励儿童在大量适宜的材料中主动进行选择。教室被设计成一种包容性的环境，传递出欢迎多元化的信息，并为儿童提供独立自主的机会，为儿童个体的兴趣和能力提供支持。

在使用创造性课程方案的班级中，儿童非常主动和投入。通过探究和游戏，以及基于以往学习经验所开展的聚焦的、有目的的教学，儿童学习创造性课程所要求的内容。

4-6c 与课程相关的持续评价

创造性课程的评价系统是观察儿童发展并跟踪课程目标进展的工具。该评价系统可用于任何发展适宜性课程。它包括 38 个基于研究的目标，分为社会性和情感、身体健康、语言和认知 4 个发展领域，以及读写、数学、科学和技术、社会学习和艺术等内容领域。另有两个目标评估英语习得水平。

创造性课程的评价始于教师在课堂活动中对儿童的观察和记录。然后，他们分析收集到的信息，看看它与目标的关系。教师学习如何设计适当的活动来帮助儿童在每个目标上取得进步。教师每年都会对每个儿童的进步进行 3—4 次评估，并将其与人们对相似年龄或班级/年级的儿童的普遍期望进行比较。最后，教师总结评估信息并撰写报告，改进教学实践，指导学习，并与家长和管理人员共享信息。

这些进步使教师能够看到每个儿童在特定时间点的水平，以及随着时间推移的整个发展道路，因此也适用发育迟缓或残疾的儿童、高级学习者，以及英语作为第二语言的学习者。

4-6d 问责和创造性课程

正如前面所指出的，教师现在被要求帮助儿童达到相关学习标准。此外，还被要求提交正在取得的学习成果的证明文件。

创造性课程的配套评价系统可以自动生成与每个标准相关的儿童进度报告。特别是自《不让一个孩子掉队法案》以来，教师被要求使用"基于科学的"模式。无论这意味着课程以科学研究为基础，还是课程在用科学方法进行测试时有效，创造性课程都满足这一要求：课程理念基于领域公认的理论和研究，所有的发展和学习目标及教学策略都是基于证据的，课程的所有内容都经由领域专家审查。

4-6e　创造性课程和发展适宜性实践

从发展适宜性实践视角考察创造性课程，可以发现创造性课程的如下特点：

- 基于研究和理论提出各种概念；
- 儿童积极游戏，深入探索有意义的话题；
- 根据儿童发展目标、国家和州早期学习标准开展有目的的教学；
- 强调材料和环境布置的质量；
- 聚焦观察和评估，为实现完整儿童的发展目标提供支持；
- 重视与家长之间的关系以及教师和儿童之间的关系。

创造性课程是一个综合的系统。40 多年来，随着新研究的发展，人们对教学取得积极成果的期望越来越高，教师们对如何最好地支持他们工作的想法越来越多。创造性课程目前已在世界各地的大多数开端计划教室中使用。

小结

了解课程模式的理念和实践非常重要，借此可以判断它们如何符合我们对发展适宜性实践的理解以及个人想法、兴趣和教学风格。此时美国的学生们可能会发现蒙台梭利、银行街、华德福、瑞吉欧、高瞻课程和创造性课程等多种课程模式。现在要花时间比较这些方法，并考虑每种课程模式的哪些元素符合你自己的教育理念。

思考

1. 以图表的形式，比较本章讨论的 6 种课程模式，如主要理论观点、环境和材料要求、教师角色、与发展适宜性实践相关的要素。与小组同学讨论。

2. 尝试访问正在使用这些教育模式的教师。与全班同学分享你的发现。

自测

1. 能理解蒙台梭利教学法的关键要素。

2. 能理解银行街教育模式的关键要素。

3. 能理解华德福教育模式的关键要素。

4. 能理解瑞吉欧教育模式的关键要素。

5. 能理解高瞻课程模式的关键要素。

6. 能理解创造性课程模式的关键要素。

7. 讨论各课程模式符合发展适宜性实践原则的方面，以及任何似乎不符合发展适宜性实践原则的方面。

应用：案例研究

1. 蒙台梭利和瑞吉欧方法都源自意大利。描述这两种方法之间的异同。哪一种最接近你在本章中读到的关于发展适宜性实践的观点？华德福方法也来自欧洲。你看到相同点和不同点了吗？

2. 讨论高瞻课程、银行街教育和创造性课程之间的异同，它们都是在美国创建的。

第 2 部分　发展适宜性的物质环境

第5章 发展适宜性的
物质环境：婴儿期

学习目标

学习本章之后，你应该能够：

5-1 描述婴儿的一般特征；

5-2 明确设计物质环境时必须要考虑的婴儿发展需要，包括信任
和依恋的建立；

5-3 了解环境满足婴儿发展需要的多种方式；

5-4 讨论为婴儿设置户外环境时应该考虑的因素；

5-5 列出确保婴儿室健康和安全的措施；

5-6 了解适合婴儿室的材料；

5-7 讨论适合婴儿室的日程安排；

5-8 了解物质环境中不适宜婴儿的因素。

在过去的几十年里，进入机构接受集体照护的婴儿的增长速度比其他任
何年龄段都迅速。虽然有家庭试图通过找到提供居家保育来替代并复制家庭
对儿童的照护，但是很多家庭除了在更为传统的保育中心寻求照护服务外别
无选择。美国儿童照护机构面临着一个困境，即如何使物质环境设置和日程
安排适应数量持续增长的婴儿的需要。

集体照护引发了一些独特的问题和困难，这需要我们对长期以来更适合年龄
较大儿童的理论和实践进行彻底的反思（这也可能会引导我们发现更多适合年龄

较大儿童的发展适宜性实践）。婴儿照护机构的环境设置可以参照年龄稍大儿童的机构，只需增加一些婴儿床，或者创造出更为类似家庭抚养的环境就可以？到底应该怎么做呢？我们应该在了解有关婴儿发展知识的基础上来做出决定。

5-1 婴儿的天性

婴儿期与其他所有发展阶段都非常不同。在生命中第一个快速变化的年头，婴儿从无助地依赖他人变得腿脚灵活、独立；从通过哭泣和咿咿呀呀来交流变得能够理解相当数量的词汇和使用一些自己的语言；从要求任意一个人来迅速满足自己的身体需要变为要求特定的人来满足其社会性需求。婴儿期是大脑健康发育的关键时期。在婴儿经历这些转变的时候，大多时间都是在接受成人的照料。

在为婴儿设计环境时，出发点是了解婴儿什么样，需要什么。婴儿睡觉、吃饭、哭泣，需要成人经常为他们洗澡和换洗衣服。婴儿利用他们所有感官、运动和操作能力来探索他们所能直接接触到的世界，他们变得依恋自己世界中一些非常特殊的人，在这背后是婴儿发展过程中的一系列微小而重要的步骤和行动，这需要我们在设计环境时加以注意。

根据格林曼（Greenman）的理论，婴儿是"感觉运动家"，除了上面所说的事情，能做出下面列出的所有动作（2005a，pp. 131-132）。

看	握	抬头
注视	挤	坐
张望	掐	站
审视	扔	手脚并用地爬向某物
听见	把东西从一只手换到另外一只手	爬进爬出
认真聆听	晃动	爬过
闻	打	匍匐前进
尝	撕	左右摇摆
感受	双手一起拍打	发出声音
触摸	放东西	咿呀学语
喃喃自语	取东西	模仿声音

吃东西	找东西	对他人做出回应
伸手	寻找	顺应他人
伸手要东西	踢	恳求别人
敲	转动	无休止地试验
抓	卷	

随着婴儿的发展，上述清单还会延长，可能会包括四处走动，用杯子喝水，拆装、堆叠、敲打、运输东西，滑行，攀爬，使用勺子，玩藏猫猫以及大喊大叫。

在这里需要说明另一点：每个婴儿都是不一样的，拥有各不相同的性格、活动水平及需要。每个婴儿都是在一个独特的环境中培养出来的，照护模式塑造了他的行为。没有两个一样大的婴儿会准备好进行同样的探索活动，或对同样的探索感兴趣。

5-2　婴儿需要什么？

现在我们已经知道婴儿都会做哪些事情，接下来的问题就是，他们的成长需要什么？前面的列表已经说明了一些内容。婴儿需要与特定的成人建立亲密关系——这些成人对婴儿做出迅速、持续和热情的反应。他们需要与其互动的成人和他们面对面地互动，和他们说话，这样他们才能开始理解人类交流的过程。婴儿需要基于他们目前能力水平的活动空间和活动机会。他们需要一个拥有丰富材料的地方，以便用各种感官和方法进行探索，进行前面列出的所有操作。他们需要待在一个安全的地方，同时这个地方并不限制他们的自由活动和好奇心。

让我们再回顾一下上面这些论述。事实上，这些论断对早期儿童发展的任一阶段都是适用的。当我们开始观察活动中的婴儿并且思考他们喜欢什么，如何移动，什么能够吸引他们的注意力，能看多远，能移动多远，碰到一件新事物时会做些什么，什么会打断或阻止他们的行动和探索，什么让他们感到舒适，以及他们如何寻求关注，就能够找出在设计婴儿室时如何将这些普遍性的论断变成更为具体的线索（Greenman，2004）。

婴儿需要与特定成人建立
亲密关系

婴儿需要一个有丰富材料的环境去探索

在斟酌婴儿需要从环境中得到什么时，重新思考婴儿发展理论非常必要。埃里克森（Erikson）1963年时将婴儿期的中心任务描述为形成信任感，与情感中消极的不信任感做斗争。在第一年，当婴儿发现他们的需要始终得到热情的满足时，就会开始相信世界和世界中的人都是美好的。这一基本的信任感构成了儿童人格中的一个组成部分——积极的世界观和人际互动。安斯沃思（Ainsworth）1992年时提到，婴儿和成人之间重复发生的相互回应的行为模式，可以在婴儿生命的第一年中形成主要和次生的依恋关系（primary and secondary attacheements）。依恋指的是既产生持续接触欲望同时分离时又有痛苦感的特定人群之间一种深刻、持久的社会情感纽带（Mooney，2010）

布雷泽尔顿（Brazelton）和格林斯潘（Greenspan）强调了儿童早期得到始终如一的关爱的重要性（2000）。由此，在决定如何为婴儿提供适宜的环境时，安全和回应成为了最重要因素。

皮亚杰将婴儿最初两年的认知发展阶段描述为感知运动阶段。

在这一阶段，婴儿越来越多地整合从各种感知、运动和身体活动中得到的信息，发展对周围世界的现实认知。感知运动阶段包含这种实践性的智能。所以，适宜婴儿的环境必须能够为他们提供移动和操作的机会，提供能够刺激各种感官探索的材料。看看最近的大脑研究关于刺激和看护的连续性如何

依恋是特定人之间一种深刻的情感联系，能产生持续接触的
欲望

影响大脑发育的报告。

　　在回顾婴儿做什么、需要什么以及相关的理论时，我们可以得到关于环境设计的第一条线索。成人在为婴儿设计发展适宜性的物质环境时，需要思考什么样的环境有助于实现如下这些发展任务：信任感的形成、依恋的发展、移动、感官学习和语言发展。

发展适宜性实践的当前话题

婴儿大脑的发育

　　在出生时，婴儿的大脑处于一种尚未完成的状态。在出生时存在的1000亿个神经元或脑细胞中，只有少数是通过网络（突触）连接起来的。每个神经元都有许多突触，它们可以接收来自其他神经元的脉冲。每个神经元可能与多达15000个其他神经元相连，形成非常复杂的神经通路——有时被称为大脑的线路。形成和加强这些连接是婴儿大脑发育的主要任务。

在3岁前大脑大小和复杂性的增长比其他任何时期都要快，除了出生前。出生时，每个神经元的突触数量约为2500个，但在一年左右，每个神经元的突触数量增加到约15000个。随着婴儿接受刺激和人际交往的增多，神经元之间的连接增加。正常的大脑发育包括消除从未或很少使用的连接。神经元之间的连接在第一年快速发展（Bergen，2004）。

大脑研究发现，突触在大脑不同部位形成的时间是不同的。例如，视觉皮层发育的高峰期从2—4个月开始，在8个月时达到了顶峰（Newberger，1997）。同样，语言学习的机会窗口也出现在第一年："到12个月时，婴儿的听觉地图就形成了。他将无法分辨出他没有听过数千次的音素，原因很简单，因为没有一群神经元被分配响应这种声音的工作。"（Begley，1997，p. 31）

因此，婴儿期的感觉和社会体验对健康的大脑发育至关重要。早期的刺激为人在一生中如何学习和与他人互动设定了模式。婴儿的经历，无论是好是坏，都会影响大脑神经元的连接。与成人的互动会强烈地刺激婴儿的大脑，强化神经元的连接。经常使用的连接将成为永久性的连接。如果婴儿很少受到刺激，突触就不会发育，大脑的连接就少。在最初的几周和几个月里，大脑有最大的可塑性。因此，早期的刺激为人一生中如何学习奠定了基础。

短暂的压力有助于婴儿发展应对技能，但长期压力是有害的。皮质醇激素的存在与婴儿长期慢性压力有关，如由于虐待和忽视，以及缺乏温暖的、回应性的照护，高水平的皮质醇会导致脑细胞死亡，重要连接错误，大脑关键区域损伤。与照护者关系密切而温暖的婴儿，大脑中的皮质醇水平一直很低。

因此，目前关于婴儿大脑发育的信息为理解物质环境对婴儿的重要性提供了基础，有助于促进婴儿依恋和信任的发展，并刺激婴儿感官发展。

5-3　支持婴儿发展需求的环境

5-3a　有利于培育信任感的环境

对婴儿来说，让人信任的环境能够在自己表达需要的时候做出始终如一的回应。从物质环境角度看，这意味着婴儿的喂养、睡眠和玩要时间可以有所不同。绝对不能要求婴儿来适应一个简单粗暴的时间计划表；婴儿的每日生活要根据每个婴儿的特殊需要、气质和自然节奏来制定。因此，在一间婴儿室里，有些婴儿需要睡觉，而另外一些婴儿则正在吃喝或者正在探索自己的身体和周围的环境。将睡眠区跟游戏区尽可能远地分隔开来是比较好的；可以在活动区旁边设置一处安静昏暗的角落，因为这可以让成人一边观察婴儿床上睡眠中的婴儿，一边与其他婴儿互动。

值得信任的环境包含来自相同成人的始终如一的反应。这需要一支稳定的照护者队伍，这在当今往往很困难。照护者需要接受有关婴儿期发展与今后发展之间重要联系的培训，以确保他们正确做出反应。应该让受到最好的培训的照护者，而不是那些接受培训最少的照护者来承担照顾婴儿的重要职责。培训不足的照护者最有可能离职，或不能够看到及时关注婴儿需求的价值。

认识到婴儿需要得到始终如一回应的机构可能会采取主要照护者模式，即一个成人主要照护一组婴儿。

例如玛丽是塞思、莎拉和肯耶塔的主要照护者，拉托尼亚是乔恩、乔斯和安娜的主要照护者。主要照护者要承担起看护、喂养婴儿以及与家长进行交流的大部分工作，但

当游戏区、照料区与睡眠区分开时，婴儿可以按照各自的日程进行活动

并不是说全部工作都要由他们来完成。当婴儿需要换尿布、进食、安抚或游戏时——婴儿一日生活的主要环节——主要照护者负责做出回应，当然，在照护者已经在照看一个婴儿，而另外一个婴儿又需要一些东西时，她的同事可以过来协助她工作。主要照护者制度不仅可以使照护者与相对较少的婴儿进行互动并对其做出回应，还可以让照护者更了解每个婴儿和他们的家庭，并据此为每个婴儿提供个性化的保育。主要照护者制度的目的是给每个婴儿及其家庭提供一个建立相互信任和尊重关系的机会（Theilheimer，2006；Mooney，2010）。如果照护者与家庭建立起了亲密的关系，并且在一天结束之后会直接向家长汇报他们想听到的所有细节，那么家长在将婴儿留下时会更为放心，会感到自己在参与婴儿生命中的第一个重要年头中，为婴儿的发展提供了支持。

以关系为基础的婴儿/学步儿照护围绕依恋理论设计。一些机构还采取跟班制，以便婴儿及其家长与同一个主要照护者相处短则一年，长则两到三年。有关课程的决策都是以依恋关系为中心的，以便为儿童、家长及照护者之间的关系提供支持（Bernhardt，2000；Edwards & Raikes，2002；Butterfield，Martin，& Prairie，2004）。由此，亲子依恋关系通过主要照护者制度得到了强化，婴儿因为与特定成人之间持续、一致的亲密接触而受益。主要照护者制度和关系的持续性增强了亲子依恋和信任。

人们一直倡导高的成人—婴儿比，以实现真正的回应。支持回应性的推荐做法包括限制小组规模，提高成人—婴儿比，以允许照护者与婴儿进行一对一的互动。请调查一下你所在社区的这一比率。

照护者之间，包括照护者和家长之间的常规交流，有利于促进回应的一致性并满足每个婴儿的需求。常规性的信息交换有利于对婴儿的适宜性回应，我们需要建立一种制度来保证这种信息交换。在每个房间里为照护者和家长准备笔记本，以便他们随时记录下婴儿每天的常规活动和发展变化，这就是这种制度的一个例子。每个婴儿都来自不同的家庭和独特的文化。照护者必须学习、尊重和接受每种文化。

值得信任的环境会从婴儿对舒适和安全的需要出发来考虑班额，婴儿越小，小组的规模以及婴儿周围的空间就应该越小。即便会让照护者数量翻倍，较为可取的做法是组建更多小组——而不是使小组规模加倍。规模增大会更为吵闹，并增添混乱感。新生儿喜欢限制性的空间，比如摇篮；年龄稍大一点的、能够移动的婴儿，为爬过限制其活动的家具做好了准备。在摆放家具和布置婴儿室时，留出一些较小的角落，可以营造出这种包围感。

值得信任的环境是安全、熟悉的环境。各种人和事都是可以预知的。婴儿能感觉到"在家"。照护者确保这样一种可预知性，即这一地方中的每一件物品都能轻松地从婴儿积极探索后的杂乱无章中恢复过来。做了清晰标记的储藏箱、托盘、篮子和箱子有助于把东西放回到原来的位置，方便婴儿再次找到。

重复可以使人们预知事情的顺序，甚至婴儿也能够理解这种顺序，如上床小睡前总是会听到歌声，换尿布时有几分钟逗乐的时间。

周到的照护者会将对婴儿的禁令和限制融入物质环境，而不是用言语来与婴儿的意愿相对抗。情感安全也包含在这种物质环境中。当易碎的装饰品被移走，或增添一扇门来阻止婴儿靠近禁止进入的区域时，婴儿就不用与大人们接二连三的"不行"抗争了。这种环境是积极的、值得信任的，因为成人意识到婴儿还不具备约束自己的能力。

建议

值得信赖的婴儿环境

确保你为婴儿所创建的值得信任的环境包含以下要素：

- 睡眠区、照料区和游戏区相互分离；
- 成人真心致力于促进婴儿发展，接受过良好培训；
- 实施主要照护者制度；
- 较高的成人—婴儿比，班额小；
- 家庭和照护者之间定期口头和书面沟通；
- 空间安排适合婴儿视线；

- 环境布置易于恢复原状，每日常规可预知，以为婴儿提供一个熟悉的场所；
- 精心为婴儿准备可以自由探索的空间，避免运用语言限制婴儿活动。

发展适宜性实践的决策

困境："有一个妈妈曾被其母亲这样告诫，说如果她对孩子的每一个要求都做出回应，那孩子就会被宠坏。"这个家庭希望照护者不要对婴儿的哭闹做出回应，除非是为了满足他们的身体需求。那么照护者应该如何应对这样的家庭呢？如果是你，你将会做些什么？

思考：处理这样的情况是非常困难的，因为人们对如何养育婴儿有着根深蒂固的观念，在面对研究结论或理论观点时，曾经养育孩子的母亲会囿于自己的观念而不愿意接受新观念。没有人愿意整天陪在坚持按照自己意愿做事的孩子身边。

可能会有帮助的一种解决方法是，帮助持有上述观念的家长明确他们对婴儿的真正期望。毫无疑问，家长真心希望他们的孩子会关心他人，成为一个快乐、好学的孩子，可以自立，虽然这一点可能要在很大程度上取决于他们的社会文化对独立与依赖的倾向。很有可能有一些目标是照护者、父母和祖父母都会认同的。我们需要讨论的可能就是儿童发展理论所告诉我们的如何实现这些目标的方法。

研究表明：通过不断重复，对婴儿需求的迅速回应，会逐渐强化婴儿这样一种印象，即这个世界是一个美好的地方，世界上的人爱他，并且他以后也将会得到贴心的照护。大脑健康发育需要重复就更不用说了。因为直到8个月左右的时候，婴儿才会拥有建立因果联系的思维能力，所以他不可能像那位外婆所担心的那样，在头脑中谋划狡猾的伎俩——躺在他的小床上，计划通过哭闹来让别人到他那里去，因为他记得上一次就是这样达到目的的——这超越了还没有获得客体永久性的婴儿的能力。他不可能回忆起早些时候的经验，来使成人做自己想要他们做的事情。了解一些关于婴儿能力的知识，有利于成人以一种更为适宜的方式来回应他们，而不是担心婴儿学会以一种尚且不可能的方式来操纵他们。

毫无疑问，发展适宜性实践的结果是，随着第一年的结束，婴儿哭闹的次数越来越少，自信将会得到很好的照护。他们同样会对生活感到非常舒适，因而能够安心地离开成人，通过直接探索来学习。对于婴儿来说，这是多么美好的关于爱和尊重他人需求的第一节课呀！而这是通过学习榜样获得的。照护者对婴儿需求的回应可以被看作物质环境中极其适宜婴儿发展的组成部分。

反思

你最早的记忆

回想过去。你还记得你小时候住的房子吗？寻找你在那里看过、摸过、闻过的东西的记忆。继续反思环境在创造舒适和安全环境中的重要性。

5-3b　有利于培育依恋关系的环境

很明显，我们所讨论的照护者的稳定性和回应性就是依恋的组成部分。

但是，我们还应该考虑其他一些因素。

假定对婴儿来说，最重要的时段是照护者与婴儿进行一对一真正交流的那些时间。在这些时间中，婴儿得到照护者的全心照料。这些时段是需要进行放慢的时段，甚至是进行拉长的"黄金时段"。

"黄金时段"培养依恋关系

环境要能够让成人感觉舒适。摇椅（考虑到安全因素，最好是吊椅）、吊床、带厚软垫的椅子、大垫子或者长沙发，可以让照护者坐下来抱着婴儿喂食或与婴儿交谈。地板上柔软的、铺着垫子的区域有利于照护者在婴儿玩耍时与之互动。照护者也需要考虑他们在培养亲子依恋关系中的角色。环境要能够传达出这样一种清晰的感觉，即欢迎有时间的家长来班里照料婴儿或与婴儿游戏。为那些喜欢与婴儿单独相处的家长专门准备一把椅子，放在教室中安静的角落里，这可以鼓励家长与婴儿之间的互动。

合理的日常护理区安排，比如换尿布区或喂养区，能避免让照护者产生不得不匆忙进行各项日常工作而没时间和婴儿互动的仓促感。如果工作区的设置能使照护者在照护一个婴儿时还可以看到婴儿室中的其他地方，那么照护者就可能不会再如此匆忙了。如果照护者需要的所有材料都按照便于取放的方式储存，那么就能够节省出与婴儿进行互动的时间，照护者的注意力也能够放在婴儿身上。

当照护者与婴儿相互交流时，要尽可能多地屏蔽掉那些会产生干扰的事情，以使婴儿将注意力聚焦到人与人的互动上。这就意味着要拿掉桌子上所摆放的干扰注意力的玩具和悬挂饰品；照护者的面孔和言语是婴儿所需的唯一刺激。这与很多照护者在日常换尿布时会递给婴儿一个玩具来吸引他们注意力的做法截然相反。玩具被用来转移婴儿的注意力，以便照护者能够高效率地完成任务。这种看似高效率的做法阻止了照护者和婴儿之间的眼神交流及纯粹的愉悦享受，而这些是依恋关系中的重要组成部分。马格达·格伯（Magda Gerber）谈到可把这样的保育时间作为互动机会，递给婴儿玩具以分散他们注意力的做法淡化了婴儿在互动中的作用。

建议

培养依恋的物质环境

确保你所创建出的依恋环境包含以下内容：

- 有舒适的椅子和地板，以便成人放松下来并享受与婴儿一对一的互动交流；
- 指定家长区域，为亲子之间的交流提供单独空间；
- 合理设置工作区，能够使照护者监控整个房间，照护每个婴儿，方便地获取所有需要的材料；
- 不在照料区（如喂养区和换尿布区）摆放玩具和其他刺激物，以便婴儿能够将注意力集中在照护者及他们共同的活动上。

5-3c　有利于发展运动能力的环境

婴儿身体能力的发展与其感知运动能力的发展紧密相关。因此，婴儿需要一切可能的空间和机会来安全"使用"他们的身体。这里有几个关键点。

与坚硬的地板相比，婴儿床和柔软的床垫为婴儿肌肉的发展提供了一种完全不同的支持，但在婴儿醒着的时候，他们需要从婴儿床和柔软床垫的限制中解脱出来。冈萨雷斯-梅纳提醒我们注意普雷斯科特、克里切夫斯基和琼斯最先定义的材料的软/硬维度（Gonzalez-Mena, 2013）。来自某些文化背景的家长可能会不理解或不支持这一做法（Gonzalez-Mena & Eyer, 2011），所以需要照护者对家长进行认真解释。

接下来，就需要想出一些方法来保护那些不能移动的婴儿，使之远离年龄稍大的能够活动的婴儿。为了保护小一点的婴儿，他们通常都被留在婴儿床中，或者被限制在包括婴儿座椅、秋千、车或椅等年龄稍大婴幼儿所够不到的地方。这种做法的最大问题在于，照护者将婴儿置于通常不能自主做出决定的处境中，这会对婴儿身体造成压力，并且不能自由地练习现阶段可以发展的任何技能。除此之外，婴儿还面临受到这些设施伤害的风险。我们需要想出一种更好的方法来将那些能够到处活动的婴幼儿与活动能力弱的婴儿分开。这种方法要能够使双方的需求都免受破坏。

婴儿清醒时从婴儿床中爬出

不能移动的婴儿需要保护，以免受到大一点的、能自由活动的婴幼儿的伤害

大箱子、固定隔板、门、低矮的可移动的隔离物、沙发垫——这些东西都

可以在不同程度上被用作隔离物。要为小婴儿提供躺在塑料游泳池、泡沫圈或游戏围栏里的机会，这能够为他们提供一个受保护的游戏空间，这一空间在婴儿开始需要场地来翻滚之前都是适合的（如带垫子的充气圈可以被用来保护不能移动的婴儿，使之远离那些需要更大空间的活动能力较强的婴幼儿）。

这可能是婴幼儿发展过程中仅有的适合使用游戏围栏的阶段，因为对年龄稍大、需要四处爬行或到处走动的婴幼儿来说，游戏围栏的约束会让他们感到沮丧。然而，还必须要强调的是，我们不建议过度使用游戏围栏。使用过多的游戏围栏，会有阻碍婴儿发展或使婴儿遭受伤害的风险。值得注意的是，早期的运动经验能提供健康的大脑发育所需的神经刺激（Pica，2010）。

环境中所有有利于婴儿安全、自由移动的要素，都是培养婴儿移动能力的必要组成部分。

这就需要成人经常躺在地板上，从婴儿的视角来审视环境。要提前移除那些潜在的危险物品，以免它们诱惑婴儿或使成人必须用言语来禁止婴儿的探索。这样做可以使环境变为一个吸引人的场所，而不是一个婴儿经常不得不被移走或受到限制的地方。在本章的后续部分，可以看到更多关于安全环境的内容。

环境设计者需要记住的是空间与年龄相关，小的空间能够为小的婴儿提供自由。大的空间区域需要被打破来为婴儿提供安全感。如果一个刚学会走路的婴儿看到在到达他想抓住的、能够让他感到舒服的架子前，需要穿越非常大的空间，会感到非常害怕。

建议

培养运动能力的环境

可通过以下几种方式来提供有利于发展婴儿运动能力的环境：

- 允许婴儿醒着的时候在地板上自由玩耍；
- 设置一些屏障来保护运动能力较弱的婴儿；
- 移除限制婴儿自由活动的设施；
- 定期彻底排查环境，确保安全性；
- 在可利用的较大空间中创建各种较小的活动区域。

地 板 时 间

亲爱的家长朋友：

你们中的一些人对我们让婴儿在地板上玩耍表示惊讶和担忧。我们注意到了清洁的问题——这就是为什么当你进入我们的房间时，我们要求你换干净的室内鞋而不是在外面大街上穿的鞋的原因。我们也意识到要保护小宝宝不受四处移动的大宝宝的伤害——所以我们用一个封闭的区域来把他们分开。影响我们决定的重要因素是，婴儿需要一个坚实的平面来支持他们，因为他们在练习抓举、翻身和爬行的技能。柔软的婴儿床床垫不能给他们最佳的工作条件。我们都将很高兴看到他们的进步，因为他们将学会运用身体做越来越多的事情。欢迎您和我们讨论，我们一起努力为宝宝提供最好的照顾。

×× 老师

5-3d 有利于发展各种感觉的环境

思考一下一般家庭可以为婴儿提供的感觉刺激。婴儿能看到各种不断变化的、有趣的事情：阳光透过窗帘时的光影交错，靠近开着的窗户的植物叶子的摆动，家具、厨房餐具以及出入房间的人所穿服装的颜色。婴儿还能闻到花的香味、煮咖啡的味道、干净潮湿的洗衣房气息以及炒洋葱的味道。婴儿能够听到洗衣机的砰砰声、时钟的报时声、电台柔和的哼唱声、人的说话声及院子里的鸟鸣声。他们能感觉到柔软的地毯、后院多刺的杂草和温暖的微风。他们品尝每一样东西，从奶嘴上的橡胶到苹果酱的香甜味道。

机构中的婴儿需要拥有就像这样的富含感觉刺激和东西种类的环境。

你对婴儿环境的第一印象是什么？

当所有的婴儿和成人都离开时，检查一下婴儿的空间。问问你自己：这是一个对婴儿来说的好地方吗？这是一个和孩子在一起的好地方吗？

- 是一个舒适的地方，成人可以放松地喂养、安抚和养育婴儿。它温暖、舒适，像家一样，有很多柔软的东西。
- 有很多不同的地方——可以待在某个东西的下面、后面，有半隐蔽和独处的地方。
- 注意美感和美学，即注意颜色、光线和图案，以及秩序。
- 使用柔软、灵敏的家具和材料，避免产生巨大的噪声。

环境设计者应当认识到婴儿生活中的每一样东西都应当大约在 24 英寸（约 0.6 米）以下，甚至更低，以便婴儿翻滚、倚坐或爬行。当然，有时照护者也会抱着或背着婴儿来观看移动的事物或向窗外远眺，但是婴儿应该能在大部分时间里自主发现新事物，并且在没有成人的帮助下自由探索。

因此，我们需要在 0.6 米高度以下的区域里为婴儿提供丰富多样的材料，来刺激他们所有的感觉。这里应当有一些可以观看的有趣的东西：固定在墙上的不易破碎的不锈钢镜子，牢固粘在壁纸上的大幅彩色照片，挂在低矮的门和橱柜、婴儿床和椅子腿上的布，鱼缸里游泳的鱼，挂在窗上能够将彩虹颜色反射到整个屋子的棱镜，能够让婴儿看到流转的世界的低矮窗户或门、随风起舞的彩色飘带（确保不要留出边角，避免吸引婴儿善于探索的手指拉扯）。此外，请记住，年龄较大的婴儿对看其他同龄婴儿的活动很感兴趣，所以将婴儿放在他们可以互相观看的地方（Wittmer，2012）。

婴儿会触摸什么呢？塑料玩具所能给婴儿带来的感觉刺激是极其有限的。木制玩具、围巾和其他有趣的东西能激发更多的感官探索。可以在地板各个区域、矮墙和各种家具上间隔地粘上各式各样的地毯——一定要在中间插进一块令人惊奇的绳垫或室内外两用的草垫。婴儿还会触摸到旧纱线、线团或从天花板上垂下来的能够抓到的洗碗布。房间里装饰不同的界面——柔软的地毯、坚硬的地毡、松软的缓冲垫——鼓励婴儿探索并为他们提供多样化的感觉刺激。想象一下，当小小爬行者发现一块有黏性的布时，该有多么惊讶呀！

伊丽莎白·普雷斯科特（Elizabeth Prescott）明确说明了柔软环境的重要性，"如果物体能够对婴儿的触摸做出积极应答，那么也就为婴儿提供了多样化的触觉刺激"（Prescott，1994）。沙发、枕头、地毯、秋千、杂草、沙子和水等物品都属于柔软的环境。当然也包括婴儿可以坐的成年人的腿。棉被、厚垫子以及柔软的地毯都是适合婴儿躺着或趴着的地方。

房间中的不同界面提供不同的感觉

不要忘记各种气味。在照顾到有过敏症的婴儿的前提下，可在打理草坪的时候、在厨师为稍大儿童准备午餐或清洁工人使用蜡和去污粉工作的时候，把窗户打开。在房间里为大人和稍大儿童准备一些点心，让热咖啡和苹果片的自然气味萦绕在空气中。制作带有香料的布袋。

要注意的是，在为婴儿提供听觉刺激时，成人必须对环境中的自然声音，如大人们或高或低的交谈声、草坪上割草机的嗡嗡声及飞机飞过的轰鸣声非常敏感。让更多的人造声音环绕在婴儿身边是一种诱惑人的想法，例如音乐播放器所播放的童谣歌曲或电台中所播放的供成人工作时欣赏的音乐。虽然这些声音中有一些的确是适宜的刺激，但是太多的人造声音会遮掩人们交谈的重要声音或造成不必要的混乱。要让婴儿经常关注环境中的真实声音，可偶尔为他们补充一些特意设计的刺激，如偶尔响起的风铃声或放置在架子上的节拍器发出的声音。

我们可以通过定期在婴儿的常规饮食中增添一些新的食物来为婴儿提供

多样化的味觉刺激。婴儿经常玩的一系列玩具——拨浪鼓、铃铛、软球、动物玩具、磨牙玩具及风铃——也同样提供了刺激。当婴儿感到厌烦的时候，家庭自制玩具比起昂贵的商品替换起来更为容易。家庭自制玩具包括：干豆子或混合颜料水、饮料罐（确保用强力胶紧紧地固定封口）、木块或里面装有各种东西、滚动时可以发出声音的干净塑料圆筒等。简单的、开放式的材料，比如可以抓弄的纸或可触摸的丝巾，能够给婴儿不同的感觉体验。不论在任何时候，照护者必须牢记，婴儿通过用嘴品尝来获得多数感觉信息，所以要认识到每一样东西都有可能进入婴儿的口——请不要试图阻止他们！相反，只要确保每样东西都是绝对安全的就可

所有的东西都可能进入婴儿的嘴，所以要确保所有的材料都是安全的

以了，大小要以不能被婴儿吞咽或使婴儿噎住为原则，不能有易脱落碎片，不使用有害的装饰材料。

在设计环境时，必须要考虑到不能为婴儿提供过多的感官刺激。墙壁和地板绝对不能被过多的东西填满或显得杂乱，否则婴儿的注意力会被分散或受到过度刺激。最好是移除那些仅仅娱乐成人而婴儿尚不能理解的东西，比如一些抽象的壁画对婴儿来说没有意义。当材料看起来越来越不能吸引婴儿的注意力时，就要替换它们，找到有趣的新材料。

婴儿床是唯一不应该提供感官刺激的地方。许多制造商故意出售一些可装在婴儿床上的玩具，许多照护者受到欺骗，误认为婴儿床应当成为一个迷你游戏场。但是，婴儿床应当只被作为睡觉的地方。当婴儿醒着的时候，需要把他们从婴儿床里抱出来，到其他地方去玩耍，所以婴儿床需要单调但却是安静和抚慰性的，在婴儿被放进去后仅仅发挥促进睡眠的作用。

建议

为婴儿提供感官环境

可以通过以下几种方式为婴儿提供合适的环境：

- 在 0.6 米高度以下的区域和家具上放置婴儿能够独立探索的材料；
- 准备环境时考虑到婴儿的所有感官体验；
- 自制或购买能够吸引婴儿各种感官的玩具，并且定期检查所有玩具的安全性；
- 移除超出婴儿直观理解能力的东西，避免提供过多的感觉刺激；
- 移除婴儿床中的刺激物。

多样性考虑

婴儿"地板自由"

婴儿"地板自由"是一个在某些文化环境中不被接受的概念。思考可能不被接受的原因，用发展适宜性的婴幼儿照护理念来反驳这些原因。现在试着找到可以调和这两种对立观点的方法，这样对家庭和照护者来说就会是双赢。

5-3e　有利于发展语言的环境

我们前面讨论过的很多东西都有助于婴儿语言发展，其中重要的有两点：一是在提供照护和游戏时为婴儿提供一对一交流的机会，二是提供一个没有过多婴儿和成人及持续性人造声音干扰的房间。另外，各种各样的有趣材料、景象、经历和图画也能够激发与婴儿的交谈。

照护者要为婴儿唱歌，和婴儿一起做一些节奏练习和简单的动作游戏。要为婴儿提供适宜的和容易清洁的纸板或塑料书，可以包括一些自制的图画书，也可以包括成人读给婴儿听的书。要定期与婴儿一起进行阅读。

5-3f　对传统的反思

与机构中年龄稍大的儿童相比，婴儿在很多方面都是不一样的，所以他们的物质环境看起来也应当是不一样的。使用那些在家里经常出现的物品是有益的，比如说沙发。显而易见，沙发能给人提供舒适感，除此之外，沙发还有很多其他的功能。沙发是一个供照护者和家长跟婴儿坐在一起的完美场所——必要时可以一次摆放好几个沙发——当婴儿开始爬行的时候，可以把沙发从墙边移开一点儿，为婴儿创造出一条新的过道。对那些准备好沿着一些支撑物练习直立和走路的婴儿来说，沙发的高度恰好适合，还能够为婴儿提供临时性的支持（Greenman，2004）。让我们也重新思考一下在布置教室时的传统做法。从婴儿的角度来看待事物——这时你就会发现，婴儿会花费大量时间盯着椅子和婴儿床的底部或者天花板来看，因此需要装饰上一些有趣的东西。

对传统的反思！把照片贴在地板上面一点正好适合婴儿看

婴儿一般独自游戏。当他们挤在一起时，发生无意伤害的可能性会增大。

传统的教室布局中，将学习区域设置成可供很多婴儿一起活动的空间，这对婴儿来说是不太适合的。照护者观察到婴儿准备好做某事时，应该为婴儿创建出更为适宜其发展的单独学习区域。如桌下或橱柜最底部（橱门可以卸掉）的空间可能会是一个坐着的婴儿探索装有不同材质（假发、砂纸、泡沫塑料等）的好地方。婴儿可以坐在他的高脚椅子上，用面粉和水来画手指画。对于要看书的婴儿来说，一个装有枕头的小包装箱可以成为一个舒适的场所。对处于不同发展水平上的婴儿来说，单独的游戏场所是最为适宜的，婴儿可以在其中独自游戏或与照护者互动。

婴儿室可以有盒子区和图书区

适合婴儿的独立区域包括：有声玩具角，一个可够/抓/踢的区域，有东西挂在绳子上；一个躲猫猫区域，里面有遮挡或者带洞的盒子；一个游戏池，可以坐着玩各种东西；攀岩区，有蒲团、方块和垫子；镜子区域，镜子贴在墙上或分隔物背面；堆叠区，配有大泡沫块和坚固的箱子；探索角，有香水盒、纺织品、彩色塑料；活动区，有箱子、开关、锁和插销，以及可以拆开的东西；图书角；一个舒适的角落，里面有各种各样的垫子（Greeman，2005a）。

5-4　适合婴儿的户外环境

婴儿需要经常被带到户外去。否则他们怎么能够体验到周围更大世界中的独特和变化呢？"婴儿和学步儿应该拥有自然的户外空间，挑战他们刚开始发展的感官和身体技能，户外是婴儿玩耍和与他人互动的好地方。"（Greenman，2005a，p. 300）婴儿户外环境设计原则许多是和室内环境一致的。

具有如下特征的成人是户外环境的最重要组成部分，即享受户外时光，不认为应当把婴儿保护起来并与周围的世界隔绝，随时可以陪伴婴儿，并且非常敏锐。当然，照护者必须留意可能进入婴儿口中的危险事物，如小石子、松子或浆果及废弃的包装材料。照护者的一项重要职责是每日排查户外地面上的有害材料，保证地面安全。对婴儿来说，所有地面都应当是柔软和平坦的。所有植被都应被检查是否有毒，以防好奇的婴儿用嘴品尝。户外时婴儿最好尽可能地与学步儿分开。对婴儿来说，在户外的大部分时间会用于大动作运动游戏——"肚皮时间"（tummy time）——爬、来回走动和攀登。干净的毯子能给小婴儿提供一个安全的地方，这些小婴儿有时也喜欢坐在照护者的腿上向外看。这时可能会是利用婴儿座椅或秋千的最佳时机，它们为运动能力不强的婴儿提供了有利位置。会爬的婴儿可能会喜欢斜坡、洞或能钻爬的纸板箱。光滑的圆石头地面和小树桩也可以让婴儿爬。栅栏可以为来回走

户外的大部分时间是在合适的地面上进行大肌肉运动

动的小婴儿提供自然支撑，或者我们也可以
为小婴儿建造低矮的扶手。小斜坡和低矮的
台阶可能为婴儿的活动增添多样性（更多
的设计思想，可以参见 Greenman，2005a）。

阴凉对于保护婴儿娇嫩的皮肤来说是非
常重要的，即使是雨伞、遮阳篷或帐篷带来
的阴凉。家长也可以用帽子和防晒霜来保护
婴儿。大的婴儿车或童车方便照护者将婴儿
带到户外，或去附近散步。户外提供了多种
自然的感觉刺激，比如鸟、草、树及光影的
变幻。可以为户外游戏区增添的有趣物品包
括悬挂的彩色树脂玻璃果盘、悬挂在栅栏上
的风铃及收集有趣物品的小桶。

婴儿手推车帮助照护者定期将婴
儿带到户外

5-5　健康和安全

对婴儿来说，物质环境中极其重要的部分无疑就是健康和安全。婴儿始
终依赖警觉的照护者来保护他们的安全并阻止传染病的传播。统计数据表明，
意外事故是导致婴儿死亡的首要原因，并且与接受居家照护的婴儿相比，接
受集体照护的婴儿面临感染多种传染病和疾病的更大风险。这也意味着，不
管是在室内还是室外，照护者都承担着非常重要的职责。照护者必须理解不
断检查和评估环境安全的必要性。

在婴儿用他们的身体和嘴来探索世界的时候，我们要密切注意的危险包
括：婴儿可能会吞咽的细小或有毒物品，可能会从家具或台阶上掉落下来的
物品，可能会因婴儿在探索过程中的拉扯而落下来的物品，锋利物品或突起
物、铰链、门或家具以及高温物体或电流。

有关婴儿卫生和安全防护环境的详细设计方案可参见由美国儿科学会
（American Academy of Pediatrics）、美国公共健康协会（American Public Health
Association）与美国保教机构健康和安全国家资源中心（National Resource

Center for Health and Safety in Child Care）所制定的指导方针（2011）。

对婴儿来说，安全的环境：

- 提供防碎镜子，远离易碎以及从底部打开的窗户；
- 隐蔽电源插座，移除可能绊倒婴儿或被婴儿放进嘴里的电线；
- 保护婴儿免受暖气片、热水龙头、灯泡、加热器或其他容易引起烧伤和烫伤物品的伤害；
- 只使用无毒植物；
- 将所有的药品、钱、清洁用品和其他有害的化学物质锁好，远离婴儿；
- 丢弃破损或损坏的玩具，不提供易拆卸小部件的玩具，或涂有铅或其他有毒材料的玩具；
- 使用绝对牢固的家具，不会被婴儿拉动或掉落在婴儿身上，确保婴儿床和其他家具符合标准，以免婴儿的头部被卡住；
- 要将锋利的物体边缘包裹起来或加上软垫，以防掉落或撞到婴儿；
- 确保照护者拥有丰富的处理紧急情况的知识，包括婴儿心肺复苏和急救技能，知道急救设备存放的位置和急救号码，并了解疏散步骤；
- 不间断地监控婴儿，使婴儿时刻处在成人的看护下，使用高脚椅、婴儿车和换尿片床时，遵守安全规定；
- 正确放置婴儿床和婴儿监视器，以便随时监督婴儿的睡眠；
- 遵循安全的睡眠习惯，如使用仰卧位、结实的床垫、适当的床上用品是公认的婴儿猝死综合征预防措施；
- 监督婴儿的吃饭和喝水，不把奶瓶留给婴儿自己喝奶，将狭长或固体食物切成合适的小块；
- 用栅栏或自然障碍物围成户外游戏区；
- 户外游戏设备遵守适用婴儿的玩具高度标准，并且表面覆盖有弹性材料以减震；
- 不过度保护婴儿，寻找能够让婴儿练习具有挑战性技能的安全方法（如在吸引婴儿攀爬的台阶上放枕头），而不是不断地移动婴儿。

对婴儿来说，健康的环境：

- 注意规划区域，分离食物准备区和尿布更换/如厕区；

- 照护者在咳嗽、打喷嚏、给婴儿擤鼻涕或换尿布后，用手拿食物和奶瓶前，遵守严格的洗手标准，洗手之后如要接触水龙头或垃圾箱必须使用纸巾；

- 照护者必须遵守换尿布标准，在每一次换尿布时，都要对操作台进行消毒，并铺上软垫；

- 食物和奶瓶一定要进行冷藏，使用时再取出；

- 给婴儿洗手的照护者，有自己单独的毛巾；

玩具需要每天消毒，如果有婴儿吃玩具则应该更频繁地消毒

- 照护者每天给玩具和其他物体表面进行消毒，如发现婴儿分享和吃玩具时，应更频繁地进行消毒；

- 照护者和家长在踏上婴儿躺着的地板之前，换掉在外面穿的鞋子；

- 保持每张婴儿床清洁卫生；

- 完好地保存所有婴儿接种疫苗记录；

- 根据机构所确定的标准和症状，隔离有疾病迹象的婴儿；

- 在对婴儿使用药物时，只能使用那些家长注明可以使用并写明用法的药物；

- 遵守国家和地方卫生政策，包括应急、伤害和健康程序。

对健康和安全的重视是物质环境的一个重要组成部分。

5-6　婴儿室的材料

精心选择的材料能够满足婴儿的发展需求。支持感官探索的材料要与婴儿的发展能力相匹配。材料应该是开放的、安全的、健康的、美观的，并且支持多个发展领域（Shabazian & Soga，2014）。

每个婴儿室都应当包含如下材料：

- 供游戏时使用的垫子或毯子；
- 睡觉用的婴儿床；
- 婴儿椅，主要在婴儿能够独坐前喂奶时使用，或偶尔用于改变婴儿的视野或位置；
- 高脚椅子或其他可以替换的占地更小的物体，比如固定在矮桌子上供婴儿坐的座椅；
- 可以抓握的玩具，比如软球、毛绒玩具、拨浪鼓、积木、塑料钥匙、珠子及挤压玩具；
- 有助于技能发展的玩具，比如百变堆塔、嵌套材料、百宝箱、小型操作板、可以填满倒空的容器；
- 布书和纸板书，带有熟悉图片的书及其他可供成人为婴儿阅读的书；
- 不易碎裂的镜子；
- 玩具汽车；
- 练习抓握的器械；
- 简单的小玩偶；
- 各种各样的球，包括一些具有特殊作用的球；
- 手推玩具；

婴儿喜欢透过结实安全的镜子探索自己的形象

- 可供婴儿抓握和探索的物体。

大部分材料在家里都可以经常看到。照护者观察每个婴儿的运动和认知发展后，能够知道婴儿应该使用哪些材料了。记住，用普通废旧材料制成的结构巧妙的玩具有助于维持玩具的新鲜感。

5-7 对婴儿时间表的考虑

如果把时间表定义为群体儿童日常事项不可更改的、能够预测的排列次序，那么在婴儿室中是不可能存在这么一个时间表的。因为每个婴儿都有各自不同的休息、进食、换洗和游戏模式，需要因人而异的回应。

当5个月大的安德莉亚一天早上8点钟入托的时候，她的妈妈告诉老师说，前一天晚上安德莉亚没有睡好觉，于是老师直接把她抱进婴儿床，来看看她是否需要更多的睡眠。她睡了会，醒来后非常饿。老师立即给她喂奶，之后，她非常放松，开始玩拨浪鼓，躺在毯子上滚来滚去。第二天她来时休息得很好，但是饿坏了，所以老师马上给她准备一些麦片粥。喝了粥后，她想懒懒地在老师的膝上躺了一会儿，然后再到毯子上玩耍。不可能有一张现成的时间表来满足安德莉亚的需求。同样，对于11个月大的本来说，这也是不可能的。他正在试图将睡眠时间改为在早上睡一小觉和下午睡一大觉。

照护者不要试图让婴儿来按照一个预定的时间表作息，相反，应当每日与家长交流，了解婴儿当前可能会有的需求，并通过观察婴儿的反应来断定他们接下来的需求。这被称为"自我需求日程表"，意思是婴儿表达自己的需求，成人对其做出适宜的回应。这种有节奏的应答慢慢地会使婴儿建立起一种内在的确定感，即自己的需求会由值

照护者利用每个机会与婴儿进行互动和交流

得信任的成人给以满足。自我需求日程表能使婴儿的社会性和情感得到健康的发展。

照护者将每日的大部分时间都花在了日常照护上。事实上，日常照护时间是非常重要的互动和交流时段（这也是课程的核心）——在日常照护中不仓促了事的照护者会创建出一种放松和回应性的工作氛围。

发展适宜性实践的决策

困境： 玛丽·卡西迪是你所在托育中心一个 5 个月大婴儿的单亲妈妈。她要求你将她孩子的作息时间调得非常准时，以便她一下班回家就可以喂孩子晚餐，随后直接把他放到床上，这样可以让她自由地来干家务活。但是，你觉得这样的时间安排是很困难的，因为这意味着有时要把孩子从睡眠中叫起来喂奶，有时他则可能会在规定的喂奶时间前就饿了。你会怎么回答她呢？

思考： 当家长的需要看起来与照护者所认为适宜婴儿发展的方法相左时，双方都会感到懊恼。这时需要他们就婴儿需求进行持续交流。照护者可以帮助家长认识到，婴儿生命第一年中的后几个月，随着他们更加自然地养成两次长的睡眠时间和一日三餐的生活方式，他们会变得较为容易地去遵守一个比较规律的时间表。也许这位妈妈能够将自己的需求再推迟几个星期。非常重要的是，要帮助婴儿的家长认识到各个年龄儿童的发展需求是特定和不同的，适宜的回应能够为婴儿今后的成长奠定良好的信任基础。

5-8　不适宜的物质环境

可以很明显地看出，婴儿室材料列表上没有出现的东西是那些大型器材，比如传统的婴儿围栏、秋千、学步车和蹦床等。虽然对不同发展阶段的儿童来说，上面这些器材可以发挥一定的作用，但这些器材会占用太多的空间，并且性价比低。除此之外，当婴儿室中放置这些器材时，会诱惑照护者过度地使用它们，从而不利于婴儿的最优发展。虽然不能绝对地说这些器材从来不会出现在发展适宜性的环境中，但可以说它们绝对不是发展适宜性环境的主要特色，没有它们还会更好。

另一个在婴儿发展适宜性环境中看不到的东西是为婴儿制定的日程表。就像在前一部分所提到的那样，每个婴儿都需要个别化的回应，这是设定好的时间表所不能满足的。婴儿的需求必须优先于成人的需求。

同样，一大群婴儿只配备很少几个照护者的现象在发展适宜性环境中也是看不到的，比如照护者和婴儿的比例低至 1∶5—1∶6，而且每个班班额为 20人。这种大班额显然不适合发展适宜性的互动和个性化的发展。一定要知道当地有关官方要求，并致力于改变对于发展适宜性实践来说不良的保育状况。

电视不是适合婴儿发展的环境中的组成部分。美国儿科学会建议 2 岁以下儿童在生活中不要使用电视。与不能提供回应性互动的电视相比，面对面的语言交流和歌唱更为适宜。

小结

为婴儿提供的发展适宜性物质环境应：

- 有助于建立信任，形成依恋，锻炼运动能力，促进感觉探索，发展语言能力；
- 考虑安全和健康；
- 根据个性化需求决定每日的活动时间表；
- 根据不同阶段和新兴能力提供精心挑选的材料。

思考

1. 参观一个建有婴儿室的托育中心。寻找、记录：
- 保障健康安全的措施；

- 环境中培育信任和依恋关系、锻炼运动能力、促进感觉探索以及发展语言能力的因素；
- 家长和照护者之间的交流方式；
- 婴儿户外游戏区；
- 婴儿室中的材料和家具摆放方式。

将你的发现与本章所讨论的观点进行对比。与参观其他机构的同学分享你的发现。

2. 给你所访问的托育中心婴儿保育人员提供一份简要报告，列出一些你认为能够改善婴儿物质环境的建议。确保你的报告中包含提出这些建议的原因。与其他学生分享这些想法。

3. 给托育中心的管理层写一份报告，阐明为什么受过最好培训的照护者应当被安排到婴儿室中。

4. 讨论当婴儿室的成人——婴儿比降低时，将会对婴儿的最优发展产生哪些危害。

自测

1. 描述婴儿的发展规律和特征。

2. 在设计物质环境时，必须要考虑到的婴儿发展需求有哪些？

3. 对于问题 2 中所列出的每个发展需求，分别描述应该如何创设环境来满足它们。

4. 讨论为婴儿创设户外环境时应考虑的因素。

5. 如何为婴儿提供安全、健康的环境？

6. 适合婴儿室的材料有哪些？

7. 适合婴儿的时间表是什么样的？

8. 婴儿的发展适宜性环境中不太可能出现的是什么？

应用：案例研究

1. 有家长知道了你班上婴儿睡醒后，很多时间都在地板上玩耍，非常吃惊。在一起讨论这一问题时，你会指出哪些要点呢？对于家长的想法，你需要听些什么？如果出现看起来不可调和的文化差异时，你能够提供哪些具有可行性的建议？

2. 假设你是一名婴儿保育人员，你要在你的婴儿室里实施主要照护者制度，说明你这样做的所有原因，以便与领导和家长沟通。

第6章 发展适宜性的物质环境：学步儿期

学习目标

学习本章之后，你应该能够：

6-1 了解学步儿的发展特征；

6-2 了解学步儿的需求，尤其是学步儿自主感发展的需求；

6-3 了解环境满足学步儿每种发展需求的方式；

6-4 了解适合学步儿教室的多种材料；

6-5 讨论设计学步儿活动时间表和过渡环节要考虑的因素；

6-6 明确物质环境中不适宜学步儿的因素。

从婴儿快1岁，开始自由地四处活动的时候，一直持续到他们30—36个月大的时候，我们称他们为学步儿。在一两年的时间里，学步儿在身体运动和灵敏性、语言理解和表达以及在积极探索周围世界的能力上都会获得巨大的发展。随着睡眠需求的减少，他们会把一天中的很多个小时用于身体活动。

学步儿绝对不是"群体性"生物；他们乐于探索自我概念和一切有意义的事物。没有偏见的观察者会注意到他们很少关心其他学步儿的权利或需求。当然，他们也会饶有兴趣地对周围其他学步儿进行探索，就像他们探索所遇到的任何其他有趣的物体一样。

适合学步儿的物质环境要与学步儿的发展需求相适应，上述学步儿的所有这些特征都会对环境的设计有所启示。

6-1　学步儿是什么样的?

想象一下，一个生气勃勃的年轻探索者第一次踏上地球这个星球时会有什么样的反应！他在每一个醒着的时刻都会忙于弄明白地球、地球上的居住者以及遇到的每一件事情。这个新来者还不了解地球上的任何规则或习俗，在路途中不可避免地会犯一些错误，破坏东西或社会准则。他也不熟悉地球上的语言，尝试教他语言或为他做出解释可能会使这个来访者和试图教导他的人都感到沮丧。

因为充分意识到自己这种新生的能力，学步儿处于好奇心的顶峰，并且会因为任何一种限制而沮丧（但不屈不挠）。学步儿有强大的动力来使用身体探索每一件事情和每个所接触到的人，并拥有坚持探索的不倦精力，即便有人使他的探索变得非常困难。然而，学步儿还没有掌握太多进行自我表达的语言，也没有太多自我控制力，并且不会太多地考虑到世界上其他人的需求、愿望和权利。学步儿已经拥有和尚未拥有的能力之间的反差，使得他们成为集体保育中既有趣又富有挑战性的个体。

在图6-1中，你可以看到一个18个月大的学步儿围绕着一个典型的学步儿教室——设置着各种不同的兴趣区——进行活动的大概路线。从其中持续7分钟的活动路线中可以看出，学步儿不停地从一个区域走到另一个区域，迂回反复，很明显，在每项活动上所持续的时间不超过几秒钟。身体运动的需求、无止境的好奇心、短暂的注意时间、刚刚萌发的自主感和自我意志感——所有这些都可以从追踪记录学步儿探索活动的曲线中看出来。顺便说一下，这幅图没有显示如果一群同样忙碌的学步儿在同一空间中一起活动会是什么状况；毫无疑问，独立的探索者在专注于自己目标时如果遇到其他人，会发生大量的身体碰撞和意愿冲突。

如果照护者与那些对狂热的孩子感到绝望的家长一起来分享这幅图片，会给家长带来一些安慰！看一看稍大的学步儿那种更具控制力的行为，更不用说极为自信的4岁儿童——他们将注意力集中于一个兴趣点上，并且在整个时间段内都没有改变。生理成熟和发展会很快地改变一些事情，而这是即

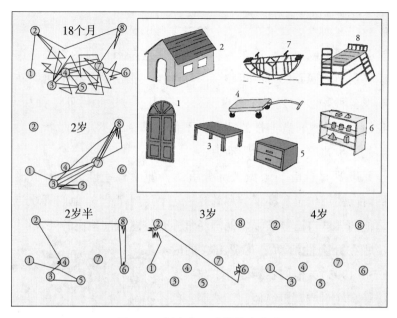

图 6-1　学步儿几乎总是在移动

使再多的教授或成人指导也无法做到的。这就是学步儿的天性：旺盛的体能，无限的求知欲，强烈的自我感和独立愿望。

学步儿用全身而不仅是他们的大脑学习。他们通过手学到的东西比通过耳朵学到的更多。他们动手操作而不只是想。学步儿可以在身体层面解决问题。"我——我的"表明学步儿开始认为自己是所有者。众所周知，学步儿喜欢喊"不"，这是他们进一步要求分离、独立的线索（Gonzalez-Mena，1986，pp.47-48）。

学步儿做些什么?

学步儿在醒着的所有时间里，一直都在走、跑和运动。当成人让他们停止运动或睡觉时，他们经常会大声反抗。他们拥有永不满足的尽可能向上爬的愿望。他们很少长时间坐着不动，而当他们一旦这样做时，只是因为手中摆弄或操作的一些有趣事物吸引了他们的注意力。他们使用自己全部的操作技能来发现所触摸到的任何一种东西的属性。他们喜欢倒、扔、敲、戳，还喜欢尝试把东西分开——这些都是出于单纯的研究兴趣。他们重复各种活动。他们的破坏性远远大于建设性，他们会将穿好的袜子和鞋脱下来，将尿布扯掉，将拼图块倒掉或到处乱扔东西——他们做这些事情时的年龄远远小于他们有兴趣将物品放回原处时的年龄。虽然学步儿很活跃，他们也会花费大量的时间凝视各种物品和人，什么也不做。很明显，这是另外一种探索方式。然而，我们要记住这种普遍性的特征并不代表某个学步儿的独特气质和文化背景，而是学步儿展示个性的驱动力。

学步儿想要"自己"来做大部分事情，即使有些事情超出了他们的能力。他们自己使用勺子和杯子，尽管这一过程会很混乱。他们喜欢自己洗脸和洗手。他们尝试自己穿衣服。他们经常推开好意帮助他们的大人。

学步儿在社会性活动上花费 16% 的时间（White，1995），他们不断地寻求与成人的身体接触和注意或是拒绝他们。然而，他们对所喜爱的成人表现出矛盾的社会回应——抵制和抗议与他们分离。学步儿可能会对同伴表现出短暂的、转瞬即逝的兴趣，但他们主要是将同伴作为肯定自我或开展研究的工具。比如，当尤兰达扯佩特拉的头发时，最初她好像只是想探索对方金色长发。在听到大声尖叫后，她好像是故意地再次去扯拉头发，似乎是要看看第二次反应会是什么。学步儿可能会颇具攻击性地回应他人——咬、抓、打他人。他们还不太会说话，但能够通过身体和声音来表达强烈的情感。

学步儿努力"自己做"——尽管这通常是一个混乱的过程

学步儿在迅猛地成长为越来越灵活、自主、会社交、有思想的人，不断地测试和实验。他们身上表现出矛盾：从众和群居的本能，自信和独立的愿望，以及对他人的依赖。

6-2　学步儿需要什么?

现在我们可以考虑学步儿需要什么了。也许学步儿最需要的就是别人接受自己现在的样子。在与稍大儿童比较的过程中，学步儿受到很大的打击，因为他们绝不可能拥有比他们大 1 岁左右的儿童相同的理解或推理能力、自我控制能力或社会性学习能力。他们被批评笨拙、搞破坏、自私、顽固以及十分"粗鲁"。这些指责没有一项是公平或真实的。

仅仅因为他们能够走路和说话，许多成人就感到是时候教他们进行自我控制了，而当学步儿没有对此做出回应时，成人会明显地感到受挫。传统上教育稍大儿童的方法对学步儿来说根本不起作用，他们有可能在进行圆圈活动时走开或抗拒成人主导的活动。不适宜的期望经常会导致成人和学步儿之间的意愿冲突，更糟糕的是，会让学步儿最终因自己达不到成人所设置的标准而感到挫败。

最重要的是，学步儿需要成人欣赏他们在建立自我意识过程中的兴奋和为之所做的努力。在成人努力培育埃里克森所谓的自主性，认识到当学步儿进行正常的身体和社会性"试验"时，成人有必要保护学步儿不因不断遭受阻止或惩罚而产生消极的害羞和怀疑感，茁壮地成长。他们需要成人帮助他们学会与所依恋的人分离。他们需要成人确保他们作为集体成员的安全和权利，同时认识到个体的独特性。他们需要成人保护他们，以避免因不成熟和冲动而受到伤害，同时还要成人保卫他们探索和学习的权利，因为他们仍处于皮亚杰所说的感知运动阶段。

前言说过，这一阶段是儿童通过感知觉和操作缓慢地进行建构，并逐渐走向进行符号思维的前运算阶段。前运算认知功能本质上是一种前逻辑的、直觉性的方法。

总之，学步儿需要成人欣赏此时此刻的自己，欣赏他们旺盛的精力，欣赏他们的欢愉，欣赏他们的能力。

当你知道了学步儿是什么样的，他们可以做些什么，以及他们需要什么来实现自身的发展任务时，你就可以创造出促进学步儿最优发展的物质环境。

这种环境应该是独特的，既不是一种更适宜婴儿的环境，也不是没有效用的幼儿园。

你如何创设一个允许收集、拖拽、倾倒和绘画的环境？你如何允许与一群基本上无视他人安全的、无道德意识的人进行必要的、有力的、偶尔的运动？你如何适应并支持这种尽管没那么有把握但还是想要自己去完成的情况？"不可能的任务"概念实际上可能低估了这种形势（Greenman，2005b）。

在为学步儿设计物质环境时，重要的是要先考虑一些必须要呈现的关键因素。

安全：好动、好奇的学步儿能够自由地独立探索，安全的环境既能使其免受由于自身冲动和不成熟可能导致的伤害，又不会因为那些不必要的限制而受到挫折。

学步儿需要成人欣赏他们

灵活性：环境需要能够跟上儿童不断变换的需求，必须可用于实现多种目的，例如游戏和日常照看、技能练习。

多样性：环境要为不同的学步儿提供做不同事情的机会，并为所有学步儿的个人探索提供适宜的挑战。为学步儿提供多样的体验包括走出活动室，来到外边的世界。

易于恢复原状：探索会导致凌乱，但是学步儿需要由常见物品摆放在熟悉地方所带来的安全感。

在厕所和穿衣区需要摆放好物品：成人协助学步儿自我服务，并把令人不耐烦的等待时间降到最低。

挑战性：躁动的学步儿更容易做出出乎意料的行为。

在评估为学步儿创造的环境时，成人需要记住以上这些要素。除此之外，成人需要考虑他们想支持的发展任务，包括自主性、独立性、运动能力、自我服务的技能和感知运动能力。

6-3 支持学步儿发展需求的环境

当成人为学步儿规划发展适宜性的物质环境时，有几个发展任务需要考虑。

6-3a 支持自主性的环境

支持自主性的环境要使学步儿达到某种独立的标准，并形成"自己的事情自己做"的意识。家具和日用器具的尺寸要符合学步儿的需要，这样学步儿就能坐得舒服，并且可以在没人帮助的情况下自己爬上去使用水池和厕所。牢固的椅子或低矮的凳子使学步儿能够安全地坐在上面或洗手。衣服挂钩和玩具小屋都要布置在学步儿够得着的地方，毛巾挂钩也一样。在适合学步儿身高的位置挂放一面镜子能够鼓励他们来洗脸。巧妙摆放的纸巾架能够让学步儿自己来使用纸巾，当然，监督总是必要的。感到自己能够掌控环境会增强学步儿的胜任感。学步儿在身体上仍然受限并有特殊的需求，成人需要加大对学步儿自主性的培养。运动能力或其他能

学步儿可以帮忙打扫活动室，比如清扫地板

力欠佳并不意味着缺少机会来发展自主性。必须要为学步儿创造足够的空间，如有必要，要提供足够的空间供学步儿使用学步车。

玩具架应该是低矮、开放和便于拿取的，并且每天各种玩具和材料都会摆放在同样的位置，这样学步儿就能够自信地找到他们最喜欢的玩具。如果每样材料都有自己的位置，并用图画、照片或其他标志清晰地注明，就会非常便于恢复秩序。我们要鼓励学步儿参与富有意义的任务，例如收拾玩具——这些玩具放在学步儿能够自己归还的盆里或托盘中。一些成人会发现，

如果每个学步儿都用自己的桶来捡起小玩具并把它们放回架子，清理会变得更为简单。摆放在附近的海绵能够帮助学步儿清理自己洒的东西。

玩具存放在明确的位置，会更便于学步儿取放

当学步儿能够脱离成人的帮助来使用材料时，他们就可以享受自己的成就了。可以以任何一种方式使用的开放性材料能够培养学步儿的自主感。

自主性的环境能够使学步儿拥有仅仅属于自己、不用同时和他人分享的空间。尤其是当集体生活的要求太多时，学步儿喜欢小角落和缝隙以及他们可以躲避的秘密地方。卸下矮柜的门，将毯子垫在桌子上，把门做成一个大的包装箱——学步儿喜欢拥有一个隐蔽的地方和私人时间来独自安静地游戏。学步儿认识到学步儿需要独处时间这一点是非常重要的。

当创造出能够选择的环境时，学步儿的自主性将得到激发。各种各样的材料和活动为学步儿提供了根据兴趣和需要进行选择的机会。学步儿如果不是每时每刻都受到成人的控制，那么更有可能接受确实需要成人主导的活动。

自主性的环境可让学步儿不受大多数显性的限制。学步儿肯定需要限制，但是如果这种限制是融合到环境中，以语言的形式指明他们可以去哪里以及可以做什么，那么他们的消极反应将会减少。伯顿·怀特（Burton White）描述了成人作为儿童世界的设计师在为学步儿提供一个安全、有趣的环境中所起到的作用（1995）。这种"设计"包含许多内容。

要让学步儿自由地去探索和活动，身体安全是我们要监测的一个重要因素。对于一个好奇的学步儿来说，言语限制意义不大，充其量会给他留下模糊的记忆。学步儿没有预测未来、思考后果或设想全局的能力，所以他们完全无法判断哪些东西对他们的身体有着潜在的危害。这已经被大量的学步儿意外中毒和意外事故所证明。因此，要让学步儿在没有令人沮丧的各种限制中探索，成人需要通过以下方式来确保家庭或者托育中心的安全：

- 用安全插头遮盖住电源，并将电线放置在学步儿够不到的地方；
- 将有毒的液体、肥皂、美工材料、植物和药物放在上锁的柜橱里或学步儿不能爬到的地方——这一距离通常要比我们想象的远很多；
- 将存放尖锐器具的抽屉或小柜锁好；
- 扔掉细小物件或玩具、零件可以拆卸的玩具、弹珠、泡沫包装材料——好奇的学步儿可能会吞咽这些物品；
- 移除学步儿可能会攀爬或扯拉的不稳固家具；
- 用门或锁防止学步儿走到楼梯、门或者其他危险的地方，比如浴室或厨房。

成人必须认识到学步儿完全没有意识什么东西能够伤害到他们，因此必须要全面保护他们。学步儿在任何时间都不能离开成人的监护，不管是室内还是室外，不管是安静还是活跃时，哪怕是在成人觉得他们已经睡着的时候。

学步儿在室内、室外都需要监护

成人不仅要为学步儿创造安全的环境，而且还要让环境免受学步儿的破坏。学步儿过盛的好奇心驱使他们去探索一切，并且他们没有所有权的概念，认为环境中的每一件东西都是共有的。在成人应该移走自己珍视并想要完整保存的任何一件东西，这样就不会引发成人和儿童之间的口舌之争。

建议

促进自主性的环境

确保为学步儿创设的自主性环境：

- 有符合学步儿尺寸的家具，方便学步儿去往能鼓励其发展自主技能的区域；
- 物品摆放位置明显，有利于学步儿拿取自己想要的材料；
- 提醒学步儿某些责任，例如帮助恢复秩序；
- 有让学步儿做出选择的机会；
- 有可以让学步儿独自游戏的隐蔽地方；
- 没有不必要的限制。

成人不仅要在硬件上为学步儿活动提供安全的环境，还需要创造出能够使学步儿在情感上感到安全的环境，这一环境能够发展学步儿的自主性和自我概念，同时不使学步儿的好奇心因为成人的反对、禁止和打击而逐渐消失。

反思

培养自主性

思考你小时候学会自己做的事情。你是怎么学会的？思考你如何发展学步儿自主性和成就感。

6-3b　单独的环境

集体照护学步儿的挑战之一，是自主性（即自我意识）只有在能够提供一对一的关注和能力检验时才能得到最好的培育。只有在学步儿形成基本的自我概念后，他们才会准备好来学习如何关心同伴并与同伴交流。他们只有在真正了解"拥有"意味着什么之后，才能理解分享的概念。当几个学步儿同时探索自身时，照看他们的成人有义务找到鼓励他们单独进行活动的方式，同时慢慢地帮助他们认识到其他人的权利。

单独的环境为学步儿提供了适合特定情绪或活动水平的选择机会。不可能期望学步儿在同样时间里去做同样的事情；当学步儿聚集在一起时，不可避免地会侵犯他人的空间或活动。有益的做法是将房间分隔成各个小区域，为每个人的探索界定空间，而不是提供一个大的、未加划分的空间，后者更容易使学步儿凑成一团。适合单个或最多两三个学步儿的狭小工作空间，有利于学步儿进行平行游戏，同时仍可以提供单独的空间。

当有很多适合学步儿的活动空间时，他们就可以彼此分开了

重新思考一下传统教室的环境布置是一个不错的主意。不使用能把许多学步儿聚在一起的大桌子，建议使用小的、便于堆叠和移动的塑料方桌或塑料块，这能够为每一个学步儿提供足够大的空间。在地板上铺上一块小毯子，

或在学步儿坐着玩堆叠玩具的地方放上一个动物玩具或呼啦圈，以此界定学步儿的游戏空间，为学步儿创设个人空间。为了小的游戏空间，还可以使用小塑料水池、浅塑料盒、盒子、大轮胎、橡皮圈，或改变地板，比如设置地毯区、床垫区或一个微微平台。这种分隔能够使学步儿更加明确地理解什么是"我的"以及什么是"你的"。

使教室中的每一个可用空间服务于学步儿的兴趣和活动，有利于照护者"分而治之"。窗沿上，桌底下，角落里，橱柜里，都是教室中能够提供灵活性和多样性的地方。将图画或感官材料放置在架子的底部或背面，会鼓励学步儿谈话或动手；在尿布台的侧面粘上蜡笔和画纸能够营造出一个绘画角；而将双面胶贴在墙上，在它旁边的地板上放一篮拼贴材料，就是创造性地为学步儿提供一个工作区域。这些小型活动区有利于增加学步儿单独游戏的空间。

一天早上，老师在屋里放了一个小滑梯；在积木角放了一些积木；地板上放上汽车、卡车和一个斜坡，放上一些罐子和盘子；把两个玩具娃娃放在玩具床上；准备好供学步儿试穿的许多帽子和鞋子；在一张小桌上放上一些蜡笔和画纸，在另一张桌子上放好一盆豆子和几个杯子。同时用帐篷准备好了对于一个学步儿来说空间足够大的永远安静的角落，在书架旁放好了一个大枕头。老师高兴地看向四周——8个学步儿都很忙碌，进行着各种各样的活动，只有两个坐在一起，拿着蜡笔在粘在桌子上的纸上画画。

在通过家具的布置而明确分隔开的各个区域中，提供足够多的不同材料和活动，能够创造出学步儿的单独活动空间。

当团体活动限于短暂的非正式的歌唱或故事时间，学步儿不需要长时间坚持或一起吃饭时，就能够慢慢地体验作为集体的一部分同时又可以在大部分时间内独立自由活动的过程。

当玩具或材料有2份、3份或4份时，学步儿能够在进行单独游戏的同时，萌发对同类游戏的兴趣。

与独立有关的任务之一是处理与父母的分离。从依赖到独立的过程中有一些恐惧和难过的感受。学步儿会经历很多的矛盾情绪，这些矛盾情绪源于学步儿既想要独立，又希望留在大人身边获得安全感。在教室中，照护者可以通过在学步儿视线水平位置展示家庭照片来帮助学步儿消除恐惧情绪。一些照护者已经发现，可以让学步儿随身携带自己家庭的照片——真的非常具有安抚作用！照片能够促进学步儿自我意识的逐步发展。例如小房间里的照片有助于学步儿确认自己的独立空间。从家中带来的个人物品，包括一些安抚物品，可能会是妈妈或爸爸专门留给孩子的，让学步儿确信他们还会回来从而消除恐惧情绪，因此可以存放在学步儿私人的、独立的空间里。

学步儿离开父母时通常会产生分离焦虑

　　虽然学步儿对单独探索和独立感兴趣，他们也同样喜欢与所爱的成人相拥的时刻。适宜的环境应当为这样的时刻准备好椅子、沙发或摇椅。

建议

促进独立的环境

促进学步儿独立的环境：

- 通过反思传统兴趣区的设计，创立明确隔开的游戏和探索区域；
- 为每个学步儿的独立选择提供各种材料；
- 有唱歌、听故事或吃饭等短暂的团体互动时段；
- 有一些相似的玩具，使学步儿能够进行独立但平行的游戏；
- 有学步儿自己和家人的照片，从而鼓舞学步儿摆脱分离焦虑，并激发学步儿的自我意识；
- 有可让大人和学步儿紧紧相拥的舒适地方。

6-3c　有利于运动的环境

为学步儿创设的环境要认识到学步儿是不断移动的。他们在教室里四处活动，遇到感兴趣的事情时会停下来。通常，他们不会像稍大儿童那样停留很长时间。学步儿更愿意站着来摆弄桌子上的物品，画手指画，或把沙子从一个桶倒进另一个桶。他们也会蹲下来探索在路上所遇到的一些有趣东西，然后继续前进。为了适合学步儿的这种风格，你可以设置更为有效的学步儿运动环境，把椅子从桌旁移开，在房间中放装有有趣感知材料的盆，以便在学步儿活动时吸引他们的注意力（贴了壁纸的水槽或小盆对单独的探索者来说非常有用。）

清晰和明确的活动路线和游戏区域有助于避免运动过程中学步儿之间的碰撞。如学步儿有特殊的生理需求，需要使用助步车、支架或轮椅时，不管是室内还是户外，需要更加注意运动路线的规划。

在学步儿移动时，他们不可避免地会带着玩具或材料从一个区域来到另一个区域——随身拉着这些物品看起来是一件很快乐的事情。限制这种搬运行为只会令学步儿和成人都感到沮丧。更好的办法是使各种材料在游戏时间结束时易于恢复原样。增加一些篮子、手推车或桶有助于学步儿将物品恢复原样。

要在教室里为不停移动的学步儿画出清晰的活动路线

室内外的大动作练习，即运动，需要被设置成学步儿课程的中心。他们愿意攀爬，所以必须为他们提供相应的安全空间和设备。照护者如果认识到了学步儿的这种需要并支持这一运动，也将会培养学步儿的自信心。在设计时，需要为之留出足够空间的器材，包括攀登梯、台阶、低软的攀爬平台（或用螺栓固定在墙上的梯子）、斜坡、可以推拉的箱子、车和其他带轮子的玩具、推拉玩具、隧道及宽的平衡木。

认为学步儿的课程需要让这些活跃的学步儿坐下来，或以为短暂的户外运动时间会满足他们对运动的需求，这都是完全错误的。

事实上，照护者可能会想放置一些为大肌肉活动服务的设备：

攀登梯/滑梯组合；

低矮、坚固的用脚推动的骑坐玩具；

可以推拉的玩具；

隧道；

独轮手推车和小手推车；

大的纸板箱，可以让学步儿爬进去、填充和推拉；

汽车内胎；

球；

可以攀爬和连续重击的区域；

旧床垫；

可以攀爬或在上面跳跃的垫子；

可以在室内投掷的东西——纸团及彩色线球；

可以在户外投掷的东西——沙包以及可以把球和沙包扔进去的容器，比如旧的洗衣篮。

忙个不停的学步儿在承认自己累了之前早就已经筋疲力尽了，所以环境中包含一个诱人的舒适角落会间接地引导学步儿在活跃和安静之间交替，可在这一角落里放上学步儿能一屁股坐下的大椅子或毛绒动物枕头。

如果需要，户外区域可以为学步儿提供其他可能进行的运动设施。设施要反映出学步儿的发展需要，提供带挑战性的、坡度缓和的斜坡，宽阔的有低矮结实扶手的台阶，

球对学步儿有巨大的吸引力

低矮的攀爬架，秋千或轮胎，各种高度的平台，可以用脚蹬或踩的玩具，梯度缓和的滑梯，供学步儿奔跑和玩球的平地。在温暖的月份，为学步儿提供沙子和水以及大量可以填充和倾倒的东西，能够满足学步儿进行精细动作发展和感官探索的需求。

专门为学步儿能力发展和所需挑战设计的、与年龄稍大儿童分隔开来的区域，能够为学步儿提供活动的空间、自由及自主感。

随着学步儿变得日益灵活，照护者开始担心他们的安全。自主性所带来的特定危险传递出学步儿需要保护、还没有能力为自己做事情的信息。照护者必须警惕过度保护的倾向。如果团体中有特殊需要的学步儿，尤其需要留意。照护者必须在学步儿的探索需求和他们的安全之间创设出一种合理的平衡。照护者在为学步儿准备了一个在安全和挑战之间达成平衡的适宜环境之后，就可以比较放松了。要重视通过大肌肉动作技能练习来加强学步儿的平衡和协调能力，这样他们就可以管理自己的环境，使照护者可以考虑除简单的过度保护外的事情。

建议

促进运动的环境

可以通过以下几个方面来提供适合运动的环境：

- 设计出室内运动路径，满足学步儿在运动中进行学习和探索的需要；
- 在教室中为大动作练习提供空间和设备；
- 教室中包含一个暗示学步儿安静一段时间的舒适角落；
- 设计适合学步儿技能发展的户外游戏空间；
- 通过创设让学步儿能安全发展身体技能的环境来避免过度保护的倾向。

反思

学步儿户外游戏

参观社区托育中心或游乐场，观察学步儿的户外活动。思考：是什么让他们最快乐？成人应扮演什么角色？还有谁能支持学步儿的自主性发展吗？

6-3d　有利于培养自我服务技能的环境

培养学步儿良好自我感觉的最好方法之一可能就是激发学步儿本来就已经非常强烈的为自己做事情的兴趣。一些照护者不认为学步儿自我服务的愿望需要得到支持，总是不耐烦地匆忙完成常规照料任务，追求速度和效率。然而，如果学步儿参与自我照料被视为一件非常重要的事情，那么环境应该为此提供支持。

自己吃饭完全在学步儿的能力范围之内，尤其是在使用适宜的盘子和餐具的情况下。短柄的勺子和叉子可以让学步儿在将食物从盘子送到嘴里时少掉一些。底部宽的碗和杯子（有时会带有盖子），能让学步儿不用成人帮忙就自己吃喝。

围嘴或罩衫减少了换洗衣服的需要。进餐区应当设置在可洗的地板或铺有塑料纸的地板上。应当在各学步儿之间留出足够的空间，这样能够使每一个学步儿自由活动。让学步儿直接将脚踏在地板上，会增强学步儿坐的能力。然而，我们仍然应该面对不可避免的脏乱。所有这些建议都有利于学步儿在吃饭时享受为自我服务的乐趣，有利于成人

如果使用罩衫和带盖杯子，学步儿的用餐可能会更容易

在他们吃完饭后快速地恢复秩序。

当毛巾挂在镜子旁的挂钩上，学步儿自己能取到并看到自己的效果时，他们对洗脸和洗手的抵制就会减弱。学步儿无疑在穿衣、梳头和刷牙方面都需要帮助。如果成人给予他们练习的机会和时间，他们就能够参与这些活动，如可以通过由大人合上拉链头再让学步儿拉拉链来促进学步儿的参与。在大人展示如何将夹克放在地板上并迅速甩过头顶之后，学步儿学会了以"魔幻的方式"穿上他们的夹克。认识到"自己做"对学步儿自主性发展的重要性，会激励成人找出让学步儿参与自我服务的方法。

如果衣服穿脱方便，他们就能更容易地学会穿脱衣服，比如尼龙搭扣鞋和松紧腰的裤子。

学会如厕是学步儿时期的一个主要任务。除了了解有尿的生理信号外，如厕学习还包括能够穿脱衣服、使用厕所设施以及完成排泄之后的常规清理。学步儿的衣服要方便穿脱，应避免使用复杂的皮带和按扣。照护者需要经常与家长进行谈话，以帮助他们理解方便穿脱的衣服对于学步儿自理能力的发展是非常重要的。使用儿童尺寸的坐便器或者放置一个搁脚凳，会便于学步儿在需要时自信地如厕，还可以把脚舒服地放在结实的凳子上。去除卫生间的门可以让学步儿快速、独立地到达厕所，同时还能够让照护者随时留意他们是否需要帮助。

儿童尺寸的马桶有助于婴幼儿学习如厕

准备学习如厕

亲爱的家长朋友：

你们很多人在问孩子是否已经准备好穿"大孩子"的裤子。在回答这个问题前，有一些事情需要考虑。首先，你是否注意到他/她便便间隔变长？这表明膀胱存储能力正在增加。其次，对于其他人使用卫生设施，孩子感兴趣吗？当尿布湿了或脏了时，孩子是否表现出不舒服？孩子在与你互动时是否会配合？所有这些都意味着孩子可能已经做好准备。

当孩子开始学习如厕的时候，你可以做一些事情来帮助孩子获得控制。确保穿着不用帮助就容易穿脱的衣服，比如松紧腰的裤子可以迅速拉下来。避免穿紧身衣或带腰带和纽扣等难以处理的衣服。舒适，而不是魅力，是我们的目标！买一些好的、厚的训练裤，每天都准备几件换洗衣服！我们预计会发生很多小意外！将来我们还会继续讨论这个学习过程。我们想让孩子明白，这是他们可以做到的，不会有任何压力，不会有惩罚。

××老师

促进自我服务技能发展的环境

促进学步儿自我服务技能发展的环境要考虑到以下内容：

- 结实的、儿童尺寸的餐具及易于清理的区域；
- 有助于学步儿使用厕所、洗手池和镜子的搁脚凳；
- 易于学步儿独立穿脱的衣服；
- 能够按学步儿的意愿和能力安排活动时间；
- 照护者积极的、支持的态度。

这种环境的一个重要组成部分是照护者的态度：即使会弄得一团糟或效率不高，也应该给学步儿时间来实践。一日安排中应该为学步儿提供大量的时间，来让他们尽可能多地做自己可以做的事情。被迫、仓促做事的学步儿会变得受挫、不合作，并且行动能力弱。

6-3e 鼓励感知探索的环境

学步儿仍然处于非常活跃的感知运动阶段，大部分学习是通过操作来进行的。当他们被允许自由地进入放有很多有趣操作材料的教室或房间时，他们对新奇事物和智力刺激的需求自然地得到了满足，并且会因他们强烈的好奇心而得到推动。伯顿·怀特曾这样说："儿童会花大量的时间去探索他们在这一天中可遇到的尽可能多的各种材料的性质。"（White，1995，p. 171）

因为学步儿的这种运动和探索的天性，他们的环境中不能出现年龄稍大儿童教室中的典型家具和兴趣区。虽然将教室分隔成特定活动区域对学步儿的秩序感和自信心来说是很重要的，但是这些区域与传统定位的"艺术区""积木区"相比要简单得多。为学步儿提供攀爬的场所、装扮的场所、放松的场所、玩玩具的场所、感受不同材质的场所等，会对学步儿的发展更有帮助。学步儿所需的其他区域包括：存放书籍的场所，可以进行胡乱探索以及尽情操作的场所。道奇（Dodge）等讨论了如何设计美工区、表演区、沙水区、玩具区、积木区、阅读区（2010）。

这一阶段的自然学习风格大部分是经验性的，也就是说，学步儿在每一个材料上都尝试进行一系列的操作探索，如扔、敲、看、摸，更重要的是用嘴品尝；将它们立起来，再打倒，并进行更换；将材料穿过缺口；将材料倒进罐子再倒出来；在口袋或罐子里装上材料，并拖着它们在房间里到处转；旋转材料；看看材料的哪一部分能被拆下来或分解。观察学步儿一段时间的活动，看看可以为他们的探索活动添加哪些材料。

当学步儿的新奇感得不到满足时，他们会变得无聊。一个无聊的学步儿会很自然地去做一些自己感兴趣的试验，比如看看前几天头发被拉扯时大叫的那个孩子今天还会不会那样叫！

发展适宜性实践的决策

困境："我对那些总给孩子喂饭的父母很是不满。我知道孩子们在自主进食时可能不够整洁，但我不介意弄得一团糟。有些父母讨厌这种混乱，所以一直在喂饭。我认识的一个妈妈至今仍在家里喂儿子吃饭。没等儿子吃完饭，就匆匆给他擦洗。"如果你是这个学步儿的老师，你将怎么做？

思考：你可能发现了文化差异。在那些独立性不那么受重视的文化中，家长经常喂饭，不仅是为了避免混乱，也可能是为了卫生，为了节约粮食。

当然，鼓励家长谈论他们对食物和独立吃饭的感受，找到其中与课堂实践存在冲突的地方非常重要。照护者还应解释他们鼓励学步儿自己吃饭和锻炼其他自助技能的原因，并指出学步儿在这一过程中的尝试有价值，但不一定整洁。家长可能还不明白为什么照护者觉得一团糟是值得的，可能会继续在家里控制学步儿用餐，但肯定会允许学步儿在班里尝试自己进食。

多样性考虑

关于独立性的不同观点

在某些文化环境中，允许和鼓励学步儿为自己做事并不一定会被重视，家长可能更优先于发展关系而不是独立性。思考家长认为应该喂饭、帮助穿衣服和洗澡等——代替学步儿做事情，而不是支持他们自己发展这些技能的原因。什么样的文化价值观会引发这样的思考？有类似文化观念的父母可能会认为，老师让孩子自己去尝试是"玩忽职守"，而老师们认为父母的保护会造就一个依赖的孩子。如果你工作中遇到这样想法的家庭，请思考是否有其他一些可以对学步儿发展有益的方式。

发展适宜性实践的决策

困境："我那些爱爬的孩子们爬到椅子上、桌子上、柜台上。有几天，我发现孩子试图爬上玩具架。"如果你是这个学步儿的老师，你会怎么做？

思考：是的，学步儿会爬，事实上也必须爬。除非你意识到这一点，并为他们提供安全的攀爬场所，否则你和他们都会非常沮丧。你并不能阻止他们爬，所以更好的方式是弄清楚如何在环境中提供攀爬的机会。一位有创造性的老师因不断地阻止学步儿在玩具架上攀爬而感到沮丧，于是就把玩具从玩具架上取下来，再把架子翻过来让学步儿安全地爬上去。请记住，你不需要花钱购买设备，替代品可能是靠垫、轮胎、木箱、积木以及凳子（取决于学步儿的年龄）。你无法阻止他们，所以加入他们吧！

建议

促进学习的环境

促进学习的环境应该：

- 为感知运动提供各种不断变化的开放式材料；
- 为刚开始模仿游戏的婴幼儿提供逼真的玩具和道具；
- 简化典型的幼儿园班级环境，同时将空间划分为适当的区域，引导学步儿主动学习；
- 提供真实经验。

6-4　促进学步儿发展的材料

在设计环境时，要确保为学步儿不断提供探索的有趣材料。可能大部分这样的材料并不是能买得到的，因为花钱购买玩具意味着会在学步儿已经弄明白玩具的每一种特性、对玩具失去兴趣之后的很长时间内还继续留用这些玩具，最终这些玩具只会让学步儿的厌烦。

对学步儿的探索来说，最值得购买的玩具包括：各种大小和形状的球（因为它们可以产生无穷的不可预知的结果并会令人愉快地恢复原样）；推拉玩具；百宝箱和洗浴玩具（与水一起使用），能够让学步儿使用各种操作杆、把手、锁和按钮去操控；可以装卸和拉动的小手推车或运料车；可以堆叠和推倒、拖拉及爬到上面去的大型泡沫和纸板。能够吸引学步儿反复尝试，并适合学步儿认知风格的操作材料包括：游戏钉板，堆叠圈和套杯，按扣/拉链/纽扣板，形状/分类箱，简单的带有把手的拼图，积木和大型拼装玩具。这些玩具中的绝大部分是适合任何建构能力水平的开放式材料。

带旋钮的拼图更便于学步儿抓取和摆放

许多简单的日用品和废旧材料与购买的玩具一样有意思，并且当它们对学步儿失去吸引力时，可以轻松替换，如：各种尺寸的盒子和纸板箱；大小不一的塑料瓶和容器，有时盖子拧紧并装满了好玩的东西，有时是吸引学步儿尝试找到合适的盖子；漏斗、软管、海绵、网；锁、钥匙、纽扣、开关、铰链、链条、门把手、滑动插销等；装满各种有趣材料碎片，比如精细的砂纸、皮革、绸缎、布、纱线等的篮子。

成人必须仔细检查所有物品，以保证学步儿的安全，并寻找创新探索的可能性。怀特建议给所有学步儿提供一个小手提箱或桶，里面装上 30 个或 40 个不同大小和形状的物品。

对于抓握能力有限的学步儿，可能需要对玩具进行改造。可能的改造包括：在拼图块上加把手或旋钮；把固定玩具的活动架子系在桌子或轮椅上；提供抓取助手，比如支架或手套；将玩具固定在表面坚硬的游戏板上。

自然材料同样具有巨大的吸引力，比如大石头、松果、大贝壳、葫芦、大骨头。盆里的水、沙子、米、燕麦片、沙、豆子、通心粉、玉米面，还有勺子、铲子和各种各样的容器，这些都可以为学步儿提供无尽的感官刺激和操作探索机会。当然了，所有这些

简单、真实的道具鼓励学步儿开始扮演游戏

材料必须在仔细监管下才能使用，以保证爱好探索的学步儿不会使用这些东西进行危险的试验。

除感知运动探索之外，较大的学步儿开始进入符号游戏的最初阶段。他们对观察周围的世界很感兴趣，会模仿他们所看到的人和行为。一些简单的道具可以刺激学步儿进行模仿并开始玩假装游戏，包括：仿真日常用品，如玩具煤气灶或床；真实的家居用品，如小扫帚和簸箕或吸尘器；仿真娃娃；简单易用的变装材料，如围巾、领带、帽子、钱包和鞋子；壶和盘子；空罐

头。仿真小汽车、卡车或小人儿也会刺激学步儿进行模仿游戏。

这里所提到的大部分感知运动和模仿游戏材料，有利于学步儿在成人精心准备的环境中进行模仿、游戏和学习。

认识到学步儿的学习环境包括他或她周围的整个世界而不仅是房间里的玩具和材料是非常重要的。学步儿通过观察真实的人和事以及体验世界的运转获得成长。在家的学步儿可以跟着父亲或母亲到厨房里做饭，或者到后院栽培花木。在托的学步儿需要有同样的机会来观察世界的运转。可以放一个空心木块供学步儿踩在上面够到窗户，透过它们可以看向外面，这样就为学步儿提供了观看外面景象的途径。绕着房子散步能够让学步儿分辨噪声是来自办公室里的哪些机器，或者看到送货员正在从车上卸食物。

学步儿观察窗外的世界

挑战和安全之间的平衡

正如我们已经注意到的，学步儿没有足够的远见和自控能力来让自己远离危险。创设安全的环境是成人的责任，以便学步儿可以自由探索和尝试新的挑战。然而，成人提供绝对安全的环境，以致所有具有挑战性的环境因素都被消除，这也是有害的。最近的研究表明，当操场地面柔软并且降低攀登架高度后，学步儿可能无法学会如何保证自身安全，或者尝试他们的技能。一位专家评论说，学步儿需要在操场上遇到风险并学会克服恐惧。随着他们不断成熟，他们会逐渐学会如何面对挑战。

在这个对育儿方式高度警惕和对诉讼恐惧的时代，许多托育机构都过于谨慎。重要的是在挑战和安全之间保持平衡，以免学步儿的成就感受到影响，因而削弱自我意识。

6-5　对学步儿时间表和过渡环节的考虑

学步儿发展自主性时所依赖的一个因素是对周围世界的确定感——这是安全感的基础。稳定的日常流程能为学步儿提供安全感，并能够避免出现与照护者之间的摩擦。因为内在的节奏已经成了一种习惯，人们不会对此有所质疑。

在学步儿休息时间的安排上仍然需要包容广泛的个体差异。

学步儿卡洛斯仍然需要在上午睡上一觉，然而对于18个月大的安托万和米歇尔来说，短暂的休息或安静时间就已经够了。对于那些已经不用在上午睡觉的学步儿，可能需要将午餐时间提早一会儿，以使他们能在上午的晚些时候睡上一觉，代替以往午餐后的睡眠。乔纳森连着两天刚坐上餐桌就睡着了。为了避免再出现这种情况，照护者将他的午餐时间安排在了11：00。然而，为保证可预测性，一天中的主要活动仍需按照既定次序开展：游戏时间、点心时间、户外游戏时间、为午餐前安静活动所做的整理等。照护者能知道已经把事情提前了1个小时，但学步儿的秩序感并不受到影响。

因为所有的学步儿都是直到筋疲力尽才会停止活动（如果没有人先制止他们的话），所以为他们提供相对安静的时间段是日常安排的必要组成部分。

在1个小时忙碌的户外活动过后，照护者开始播放儿歌，坐在大垫子附近的地板上唱歌。所有的学步儿都走过来并围绕着她坐下。之后，照护者拿出一些小汽车和各种图片，让学步儿坐在地毯上游戏。

对将要发生的事情进行非语言的暗示，可以帮助学步儿感到事情在他们的控制之中。

当照护者唱起熟悉的整理歌时，杰西卡意识到整理玩具的时间到了，并很当回事地告诉另一个孩子："现在是整理时间！"

另一位照护者总是播放同一张经典轻音乐唱片，示意学步儿"靠在枕头上安静一会儿的时间到了，午餐已经摆在桌子上了"。

这种重复让学步儿每天的生活过得颇为舒心。学步儿具有反抗成人建议的倾向，这种非语言性的形式有助于他们过渡。

如果在做出改变前为学步儿提供大量的预警，过渡环节会更加顺利地进行。学步儿肯定不喜欢被打断，所以他们在准备好离开自己的活动之前需要很多预备工作。在过渡环节，如果邀请他们做重要的协助工作，他们更有可能跟随成人。

当达纳宣布"整理时间到了"时，他让每个学步儿去做一些力所能及的辅助工作。学步儿一心念着他们的职责，急切地想开始工作。

正如前面关于自理部分所讨论的，练习吃饭、穿衣、日常洗漱/卫生这些新技能需要大量时间，让学步儿尽可能地自理会花费大量的时间。学步儿在被催促时会感到受挫，所以制定时间表时必须要留出足够的时间以让他们满意地完成任务。如果照护者确实认为锻炼自理能力是一日活动中的重要部分，他们就不会那么迫切地让学步儿仓促进行其他活动。

可能的话，照护者——引导学步儿开始新活动，会使过渡环节更加顺利，也可以把

需要让学步儿有充分时间进行一日常规活动（如餐前洗手）

等待时间降到最低，并有利于学步儿与照护者之间的互动，互动又可以增进他们之间的协作。学步儿几乎不可能去等待，所以不应该让他们处于不得不等候的处境。如果一个照护者正在忙着换尿布，另一个照护者可以一边摆放桌子一边和学步儿一起唱歌，这样就不会让午餐前饥饿的学步儿干等着了。照护者提前做计划将会避免过渡环节的等待时间。

建议

为学步儿制定时间表

为学步儿制定时间表时，要考虑以下内容：

- 需要按照可预知的次序来安排一日活动，并使之具有适应不同学步儿生理需要的灵活性；
- 要有相对安静的活动时段；
- 用非语言的形式暗示活动安排；
- 留出足够时间让学步儿全面参与常规活动和过渡环节；
- 对过渡环节进行设计前，提醒学步儿，将等待时间降到最低。

6-6 不适宜的环境创设

那些最具限制性的环境最不利于学步儿自主感的发展。游戏围栏或小游戏区显然不允许学步儿进行太多的活动，它们的存在是环境不适合学步儿需求的证据。在不适宜的环境里，有些本应禁止学步儿去探索的材料——比如教师用书、颜料或其他只有在成人监管下才能使用的材料——没有被移除，并成为反复引发斗争的源头。

大的集体活动区域不会出现在适宜学步儿的环境中。学步儿不能对太过正式的集体活动保持持续的注意力。除此之外，大区域会使太多的学步儿在一个区域内聚集，很可能因为太多身体接触而导致冲突。

在发展适宜性学步儿的环境中，我们也不会看到大量适合稍大儿童的精细动作操作材料。要知道学步儿不能按要求在一段时间内保持专注，并且他们手指灵敏性的发展落后于运动技能的发展，因此，成人应该将这些材料从环境中移除。安全同样是要考虑的一个因素，因为小件物品对用嘴探索所有材料的学步儿来说非常危险。另外，如果使用小件物品，学步儿乱扔乱放的天性也会耗费照护者大量精力。

在学步儿的环境中从来找不到一把"罚坐"椅。认识到学步儿在认知发展和自我控制上的局限性，我们不能期望学步儿对自己的行为进行思考。当学步儿的兴趣与他人的期望冲突时，进行适宜的指导会有所帮助。

最后，在适合学步儿的环境中，僵化的日程表是不会出现的。当疲倦的学步儿被带去散步以避免他们在计划好的午餐或是睡觉时间之前睡着时，学步儿会感到他们的需求是不重要的。

不适合学步儿的物质环境并没有认识到学步儿独特的发展特征和需求。这些环境或者模仿年龄较大儿童的环境，或者为有着强烈好奇心和极其好动的学步儿提供了过大的空间和过少的刺激。

小结

学步儿的物质环境：

- 提供拥有发展自主性和自我意识的机会，拥有自我意识的学步儿会认识到自己是一个独立且独特的个体；
- 成人对学步儿身体安全的关注有利于学步儿自由安全地进行探索；
- 物质环境设置和时间安排支持学步儿自我服务技能发展；
- 为学步儿强烈的身体运动和技能练习愿望提供适宜的环境；
- 考虑到学步儿感知运动和模仿的特点；
- 让学步儿在集体环境中各自进行运动和探索；
- 用可预知的时间表帮助学步儿安心地度过一天，同时还具有满足不同饮食和睡眠要求的灵活性；
- 不在过渡环节留出太长的等待时间。

思考

1. 检查你现在所坐的房间，怎样改造才可以让学步儿在里面自由地探索？学步儿可以探索的常见材料有哪些？哪些材料必须移走？如果同一个房间有3个或4个学步儿，进行什么样的改动才能支持他们自由地进行活动？

2. 在任何一个公共场所，如餐馆、公共汽车或公园里观察一个学步儿。学步儿在做什么？引起学步儿兴趣的是什么？对学步儿的限制有哪些？学步儿对这些限制有何反应？从学步儿的视角来看，可以对环境做出什么样的改变？

3. 观察托育机构或幼儿园托班教室。看一看你能找到哪些证据证明环境支持（或不支持）学步儿的：

- 自主感；
- 独立感；
- 运动；
- 自我服务能力。

4. 在问题3中提到的教室中，有哪些有利于学步儿感知运动探索和模仿游戏的材料？操场为学步儿的户外游戏做了哪些改动？班里是否有身体残疾的学步儿？如果有，为了这部分学步儿，物质环境和材料做了什么样的改动？与同样访问了这一学步儿教室和操场的小组同学共同讨论。

5. 如果可以对该物质环境进行改变，你会做些什么呢，原因是什么？解释你所做的改动将会如何改善学步儿的环境。与参观其他托育中心的同学分享这些想法。

自测

1. 讨论学步儿的发展特征。

2. 在设计物质环境时，必须要考虑的学步儿发展需求是什么？

3. 针对学步儿的每种发展需求，如何创建环境？

4. 列举适宜放在学步儿学习环境中的材料。

5. 讨论在为学步儿规划适宜的日程表和过渡环节时应该考虑哪些因素。

6. 哪些因素不应该出现在学步儿环境中？

应用：案例研究

1. 你的同事认为在学步儿活动结束后由她亲自进行整理并帮学步儿洗漱和穿衣可以提高效率。如果请你与她就这一话题进行交谈，你将指出哪些要点？

2. 你正在计划召开一次家长会。你计划讨论学步儿的哪些重要发展任务？你如何得到他们的支持，以使他们在家中也和你的理念保持一致？

第 3 部分　发展适宜性的社会性及情感环境

第 7 章　发展适宜性的社会性及情感环境：婴儿期

学习目标

学习本章之后，你应该能够：

7-1　讨论婴儿的社会性及情感问题；

7-2　描述发展适宜性互动的特征。

　　婴儿生来具有注意自己周围的人、与周围的人进行互动、吸引他们注意力的倾向。甚至在刚出生几个小时，婴儿就会对他们的社会做出反应，比如注视别人的眼睛，认真地看对方的脸，对声音做出回应，并调整他们的身体以适合要将他们抱入怀中的成人的胳膊。这些反应是非常重要的，因为婴儿完全依靠他人来提供生存的必需品，促进他们所有领域的发展。婴儿一出生状态就很不同，有些是安静的，有些是易激动的、不安的。人们发现婴儿会发展出某些情感。除此之外，婴儿渐渐开始熟练地与那些和他们相关的人进行交流，进入一个关系的世界。婴儿期的一个关键发展任务，是与出现在自己生活环境中的一个或者多个重要他人建立依恋关系。在刚出生的前几个月中形成依恋关系，对婴儿的健康以及今后各个阶段的最优发展来说都是非常重要的。

　　每个婴儿都在一个独一无二的环境中成长，家庭结构、成人角色、文化、社会习俗以及照护情况千差万别。成人可能依据本能或从专业知识出发，对婴儿的需要做出回应。某些特定的照顾行为和特征有利于创设一个健康的社会性及情感环境。

7-1 婴儿期的社会性及情感问题

在本章中，我们首先思考由不同理论家所提出的重要问题以及婴儿期的社会性及情感发展任务，然后再对成人的行为进行更为细致的讨论。

7-1a 依恋

长久以来，人们在"婴儿怎样变得依恋自己母亲"这一问题上争论不休。这里用"母亲"来表示主要照护者。我们注意到现在越来越多的婴儿是由其他成人来看护的，并且和他们形成了强烈的依恋关系，其中包括父亲、托育机构的工作人员以及其他的代替者。哈里·哈洛（Harry Harlow）发现他的小猴子们会去抱毛巾布装扮的"母亲"，甚至是拿着奶瓶的金属丝"母亲"，这似乎表明仅仅喂食或者满足身体需要并不是依恋的来源（1958）。此后，鲍尔比（Bowlby）与安斯沃思（Ainsworth）集中研究具体的教养风格及亲子关系的质量。他们认为这些对于增进安全感和相互依恋来说是最为重要的，同时对于儿童的安全感、个性、未来社交关系以及生活态度来说都有着极为重要的影响。具体来说，如果母亲敏感地对婴儿传递自身需求的信号做出反应，亲切地用身体动作回应婴儿要求进行社会交流的信号，就能够形成安全型的依恋关系。在对焦虑型依恋婴儿的母亲进行观察时，可以发现她们对婴儿需求的回应是不一致的，或无反应甚至是拒绝的（Ainsworth et al.，1978；Ainsworth，1982；Bowlby，1988）。有研究者对鲍尔比和安斯沃思以及后来的依恋理论的影响进行了充分的讨论（Theories of Attachment：An Introduction to Bowlby，Ainsworth，Gerber，Brazelton，Kennell & Klaus，2010）。

研究还显示了识别儿童（与家长）不同气质类型的重要性以及气质类型对依恋关系的影响（Chess & Thomas，1977）。"契合度"的概念是指成人如何能够适应、接受婴儿的气质，以及婴儿如何适应从环境中获得的反应。显然，当任何一方的行为与另一方的期望和反应不能很好地吻合时，依恋问题就会出现。后来的研究发现学前儿童的问题解决、同伴交往、好奇心、坚持性以及自主性方面都与亲子依恋关系有关。有力的证据表明依恋对儿童的最

优发展有着极为重要的影响，因此，依恋理论是我们在思考为婴儿创设发展
适宜性的社会性及情感环境时要考虑的因素。

> **来自神经科学的发现**
>
> 　　通过使用脑部扫描、眼球追踪研究和心脏监测，美国儿童健康与人类发展研究所的科学家们确定，早在3个月大的时候，婴儿大脑对母亲面孔的反应与对长相相似的陌生女性面孔的反应不同。研究进一步表明，这些大脑的连接在3—6个月时加强。因此，大脑的发育与依恋的过程有关（Bornstein，2014）。

7-1b　信任

　　埃里克·埃里克森的社会心理发展阶段理论强调最初婴儿有可能形成基本的信任感或是不信任感，这取决于社会环境（照护者）如何回应婴儿的需

求。当婴儿的需要始终能得到满足并接收到适宜的关爱时，婴儿就会渐渐感觉到这个世界是一个好地方，进而感觉到世界上的人是友好的、有趣的，并且是爱他的。如果婴儿获得的积极体验较少，那么婴儿会觉得这个世界没有那么友好，人们也不是那么乐于助人，不会总是及时提供帮助这会真正地影响甚至给他们将来与他人之间的关系带来阴影（Erikson，1963）。

　　在主要依恋关系的发展和婴儿的信任能力之间存在着明显的联系。在一个充满关爱的关系中，成人亲切并且积极地对婴儿表达需要的信号做出回应，婴儿就会知道这些人是可以依靠且值得信赖的。

婴儿在需求得到持续的满足和温柔的照顾时，会建立起一种信任感

他人的回应让婴儿首先学会信任。

7-1c 分离焦虑和陌生人焦虑

在生命第一年最后几个月的某个时间，婴儿的行为显示出他们已经实现了依恋过程中的重要转折。在出生几个月过后，婴儿就表现出能够清楚地识别并明显偏爱母亲或者主要的照护者，将自己最开心的笑脸、最响亮的笑声留给这个特别的人，并且会最执着地来尝试吸引这个人的注意力。在婴儿大约 8 个月的时候，只要母亲离开——即便只是一小会儿，婴儿就会进行歇斯底里的抗议。这最初的分离焦虑表明婴儿产生了真正的依恋情感，会在看不到母亲时感到焦虑。差不多在同一时间，许多婴儿开始对他们不熟悉的人很警觉。这常常被成人误解为婴儿突然变得"害羞"起来，实际上，陌生人焦虑是另一个积极的信号——表明婴儿在社会环境中能完全正确地识别出那个特别的、值得信赖的人。儿童精神病专家玛格丽特·马勒（Margaret Mahler）将区分不同个体这一过程看作一种"心理诞生"，随着儿童从与母亲的共生关系中脱离出来而产生（1979）。这两种社会反应都应当得到认可，并被视为依恋发展过程中的一部分。除此之外，在婴儿慢慢学着去相信那些他爱的人肯定会再回来，学着去接受陌生人的过程中，他们需要得到成人的支持。文化差异影响了分离和照顾对家庭的意义。如果主要照护者能认识到婴儿可

父母把婴儿交给他人照顾时，自己可能也会经历分离焦虑

能会出现分离反应，并理解如何借此支持婴儿和他们的家庭，就能发挥重要的作用（Balaban，2006）。

　　如果父母可以选择以其他的方式来看护婴儿，那么，"分离焦虑"以及"陌生人焦虑"这些概念对他们选择让婴儿经历新体验的时机有着实践指导意义。让婴儿在敏锐的分离焦虑期到来之前或过去之后进入托育中心，能同时帮助婴儿和父母免去痛苦的感受。保持照护者的稳定性，对帮助婴儿与常见的人发展出一种舒适的关系来说有着至关重要的作用。

- 信任感：根据埃里克森的理论，这是婴儿核心冲突的积极结果。
- 分离焦虑：当熟悉的照护者离开时，婴儿表现得很难过。
- 陌生人焦虑：这是对陌生的人和地方的警惕，许多婴儿会在半岁的时候表现出来。

7-1d　情绪反应

　　害怕陌生人，在喜爱的成人不在身旁时感到焦虑，这都是婴儿情感发展的例证。婴儿各种情绪反应之间的界限比较模糊，他们的情绪看起来不是比较平静，就是非常躁动。但是，在婴儿期的最后阶段，我们就有可能分辨他们的各种不同感受，比如害怕、生气、沮丧、快乐、爱、骄傲或是忌妒。婴儿记忆力的发展以及日渐增强的理解力对各种情绪的分化起到了重要作用。

婴儿明显表现出不同的情绪

情绪分化的关键影响因素似乎是婴儿对爱的最初体验。如果婴儿没有体验过亲密的、安全的依恋，那么他们对生活中所发生的事情似乎依然是缺乏热情和漠不关心的。非常重要的一点是，照顾婴儿的成人要认识到婴儿拥有真实且强烈的情感。成人的适宜反应包括尊重婴儿的各种感觉，既不取笑也不分散他们对各种感觉的注意，并帮助他们应对各种感觉产生的起因。

葛林斯班（Greespan）界定了婴儿情感成长 4 个阶段：①自我管理和对世界感兴趣阶段（出生至 3 个月）；②随着关系建立，陷入喜爱的情感中（从 4 个月开始）；③发展有目的的交流（从 8 个月开始）；④出现有组织的自我概念（从 10 个月开始）（2007）。

反思

婴儿会被宠坏吗？

在你阅读下面的内容之前，不妨先找一张纸，写下对以下问题的简要回答：你相信不到六七个月的婴儿会被宠坏吗？你的证据是什么？你为什么相信这些证据？将你的回答放在手边，等你读到本章后面关于婴儿情感发展的观点时再看。

7-1e　溺爱

尽管没有任何一个理论研究者正式地探讨过"溺爱"这一话题，然而，每一个家长和照护者都对这个问题有着自己的看法，由此使"溺爱"成为婴儿期的一个社会性及情感问题。

绝大多数成人认为溺爱是指教会婴儿相信他们可以通过哭泣或者其他形式的声音来获得他们想要的东西。这种观点认为，成人在婴儿哭的时候把婴儿抱起就教会了婴儿如何利用这些手段。行为主义理论坚持认为这种做法会强化婴儿的哭泣行为，婴儿由此学会用哭泣来获得自己想要的东西（Skinner，1938）。实际上，依恋研究似乎驳斥这种观点，因为研究的确发现，那些在人生最初 6 个月中得到成人迅速回应的婴儿实际上哭得更少，并在婴儿期的晚些时候更容易自得自乐（Ainsworth，1982；Ainsworth et al.，1978；Copple & Bredekamp，2009）。

有些人担心，如果我们很容易就满足婴儿的各种需求，他们就会被宠坏。让婴儿的生活拥有一个感到安全的开端，给予他们关爱，对他们的需求保持敏感并迅速予以满足，有利于婴儿长大后学会给予、等待和分享。换句话说，这样做能避免他们成为通常意义上的"被宠坏的儿童"（Stonehouse，1986）。

尽管如此，比起发展理论，对溺爱的普遍观点影响到许多家长与照护者的实际操作及其与婴儿的互动。这些家长和照护者坚信自己照顾婴儿的方式是正确的。在某些特定的文化和社会中，成人对有益于婴儿的教养方式有着自己的信念，这些信念反映出了他们不同的价值体系（Gonzalez-Mena，2007）。冈萨雷斯-梅纳引用了爱德华·霍尔（Edward Hall）在《文化之外》（*Beyond Culture*）一书中所提到的一句话：这个世界被分为了不同的文化体系，有些体系中的人脱离了文化的控制，而有些体系中的人没有（Gonzalez-Mena，2007，p. 90）。成人基于更为广阔的文化和思想而对婴儿的各种需求做出回应，对如何正确回应婴儿有着非常强烈的信念。我们在思考"溺爱"这一问题时，认可成人所持有的这些信念，与此同时将重点关注回应婴儿交流信号的关键要素。

7-2　发展适宜性的互动行为

发展适宜性的互动行为与前面所讨论的社会性及情感发展问题是相互匹配的。照护者应该理解，婴儿在与他们生活的环境互动（Copple et al.，2013）。来自成人亲切而又敏感的回应对婴儿形成最初的重要关系非常必要，人很多方面的健康发展都始于这一重要关系。成人的亲切回应有利于婴儿信任感、依恋感和情感的发展，我们有必要思考其关键要素。在《儿童不可化简的七种需求》（*The Seven Irreducible Needs of Children*，2000）一书中，作者指出，对儿童的健康发展来说，最重要的是形成一种持续的养育关系。

成人的亲切回应表现为对婴儿的尊重、敏感回应、亲密的身体接触、重复与一致的照顾方式，以及认识到婴儿在建立社会关系方面的局限性。

7-2a 尊重

照护者必须尊重婴儿的需求，相信婴儿的需求真实又重要。应该在适当程度上认真对待婴儿的各种需求。尽管婴儿不能说话并且完全依赖成人，但他们并不是无能为力的玩具娃娃，他们乐意接受成人有兴致时为他们所做的事情。当成人表现出对婴儿的尊重时，要更为努力地去理解婴儿试图传达的信息。

发展适宜性实践的当前话题

婴儿照护

美国约有1/3的妈妈在婴儿2个月大的时候就已经回去工作了，有大约一半的妈妈在婴儿1岁的时候回去工作。因此，很明显，许多家庭不得不让家庭以外的照护者来照看婴儿。

托育服务是许多婴儿及其家庭所面临的现实

许多家庭经常会让其他人来弥补父母对婴儿照护的不足，尤其是现在，交给非家庭成员全天照护的婴儿数量非常之多，这引发大家质疑这种教养方式在依恋和关系建立方面的效果。

当然，研究者在"这种婴儿照护方式是否不利"这一问题上没有达成明确一致的意见。一些研究发现，如果婴儿在出生第一年中进入托育中心，并且每周在托育中心停留的时间超过20个小时，那么在这一婴儿群体中，没有安全依恋感的婴儿数量呈上升态势（Belsky，1988）。贝尔斯基（Belsky）是第一批提出这种观点的研究者之一。尽管其他的研究者指出婴儿照护的质量以及婴儿的家庭特征可能会影响这种消极结论的得出（Phillips，1987；Clarke-Stewart，1989；Hoffman，1989），但争论仍在继续。2001年，贝尔斯基作为30多个研究者中的一员，实施了美国儿童健康与人类发展研究所关于早期儿童照护的研究（NICHD，1997）。该研究指出儿童在照护机构的时间与问题行为尤其是攻击性行为相关。但是其他参与此项研究的科研人员在随后的评论中指出，研究者正在考虑家庭变量、照护变量、儿童特征与问题行为之间的关系，这项研究还在继续进行之中。在依恋方面，整体上来说，研究结论是"没有一个主要的儿童照护变量——儿童进入托育中心的年龄、照护的种类、照护量的大小——与儿童安全依恋感的缺乏相关。影响依恋的最主要因素是母亲的敏感度"（Caldwell，2001）。尽管如此，关于托育效果的讨论仍在继续，贝尔斯基和其他研究人员在2007年发表的一篇研究报告认为，儿童上学之前接受集体照护的时间越长，他们六年级的老师就越有可能说他们"打架""在学校不听话""经常吵架"等。该研究还指出，在入学前接受过高质量照护的儿童在五年级词汇上的得分比接受较低质量照护的儿童高（Belsky et al.，2007）。最近的一份报告（Lucas-Thompson et al.，2010），是对50年间进行的69项研究的分析，结果发现在儿童学业成就和行为问题方面，职业母亲与全职母亲没有什么不同，例外的是，一些负面的发现与非常早期的全日制照护有关。

有研究对美国4个州儿童照护机构的质量进行了调查，结果显示，多数照护机构——实际上是92%——的质量很差或者一般，在这种情况下，提出有关儿童照护的效果问题就更为令人警醒（Heburn，1995）。质量评级和改进联盟使用评级系统和改进策略来提高早期经验质量。这样的努力可能会减轻人们对服务最年幼儿童项目质量的担忧。显然，研究和讨论将持续进行。一个明显的事实是，在家或在托育中心的互动质量都是非常重要的。

人们的价值观和实践决定着婴儿将得到怎样的照护，因而人们价值观和实践所存在的文化差异是另一个与婴儿照护相关的重要问题。"日常照护的最基本行为——喂食、如厕训练、安抚、玩——能够同时反映出家长和照护者的文化价值观，双方对婴儿的期望可能未必相互匹配。"（Chang，1993，p. 10）微笑、身体接触和眼神交流，以及伴随照护而来的身体和感官刺激，都是每种文化所特有的。差异是无法避免的；我们可以避免的是一种文化的观点支配另一种文化。婴儿的照护者必须和家长一起以一种开放的态度来探索各种文化信仰与实践，从而找到一种既不忽视家长观点也不错过为婴儿提供最优发展环境的做法。

坎黛西教师朝着她的同事耸了耸肩，说："我刚刚给她换了尿布，而且要再过一个多小时才到喂奶的时间，所以她的哭闹根本就是毫无理由的。"坎黛西的这种做法表现出了对婴儿的不尊重。而罗宾教师这样说："好吧，她已经换完尿布，也吃过奶了，所以她哭闹肯定不是出于这两个原因，我必须弄清楚她在试图告诉我其他的什么事情。"罗宾的行为表现出了一种更为尊重婴儿的照护方式。

尊重是玛格达·格伯（Magda Gerber）思想体系中的关键词（可以在其1991年的著作中了解到更多的相关内容）。尊重意味着不把婴儿视作被动的接受者，只是消极地接受成人决定为他们做的任何事情；相反，应当认为婴儿也有能力主动参与关系，并可以在关系中进行交流。

正如下文所描述的，婴儿需要主动参与
决定与他们生活相关的事情。

照护者和婴儿之间的互动质量是
最重要的

- 根据婴儿对吃饭、睡觉和玩耍的需求
  来制定日程表。不要想当然地认为照
  护者知道什么对婴儿来说是最好的，
  也不要试图让婴儿来遵从照护者的时
  间表，这是对婴儿的尊重。当照护者
  对婴儿的身体和社会性需求做出恰当
  的解释，也没有任何关于适宜时间
  表的先入之见时，婴儿会得到很好的照
  护。同时，这种做法也表现出了对每
  个家庭需求和决定的尊重。

早上 9 点左右吉尔准备好来喝奶。伊邦
尼已经睡了 1 个小时，并有可能一直睡到上
午 10 点。杰士敏大约在早上 8：30 的时候睡醒，现在正在地板上玩。这些婴
儿的照护者尊重他们的不同需求，并分别做出回应。

- 相信哭闹的婴儿有真实的需求，并迅速地对此做出回应，让婴儿知道
  成人已经接收到他们所传递的信息。不像大家所误以为的那样，回应
  并不总是必然意味着要把婴儿抱起来，也可能是说说话，用眼神交
  流，调整婴儿的姿势或视野，或者为婴儿提供新的活动。

在米歇尔开始加热安杰尔的奶瓶时，她温柔地对安杰尔说道："我听到
你的哭声了，我知道你饿了。再等一分钟就好了。"安吉尔听到米歇尔温柔
的声音后，安静了下来。

- 允许婴儿来主导交流，并试图理解他们的信息。尊重婴儿的照护者认
  为，婴儿拥有他们自己的非语言交流方式。

"我想你是想到窗户那边去，我注意到你在看移动的窗帘。"

- 等待一会儿，看看婴儿是否可以自己解决问题，让自己平静下来，或者
  在照护者介入之前找到其他一些有趣的事情来做。这就是所谓的实践中
  的"选择性干预"（Gerber & Weaver, 2003）。有些时候要去帮助婴儿，

有些时候选择不去帮助他们而只是等待，从而让婴儿有尝试的机会。

卡洛特看到，亚历山德罗轻声呜咽着在地板上爬，朝着音乐球移动。卡洛特继续看着他，过一会儿，亚历山德罗停止了呜咽，抓住球坐了起来。问题解决了——由亚历山德罗自己解决的。

- 给婴儿一些提示，并在开始照护之前先观察他们的准备情况。在互动过程中，尊重婴儿，就是把婴儿视为相关日常活动的主动参与者；照护者和婴儿说话，并解释将要发生的事，就像婴儿可以理解这些话一样。

斯蒂芬正在给迈拉穿衣服，并告诉迈拉该穿衬衫了。他耐心地等待迈拉伸出胳膊。

- 尊重婴儿对某些人的偏爱或明显不适感。尤其是当婴儿处于陌生人焦虑的关键期时，照护者要允许婴儿不与那些他们不喜欢的人相处。当婴儿遇到新的情况时，照护者要给予婴儿积极的支持，并且允许他们自己设定适应陌生人和陌生地方的节奏。

多样性考虑

婴儿照护方法

文化对育儿行为的影响最大。家长通过观察自己的家庭成员和听他们的讨论获得关于"好的育儿方法"的大部分知识。因此，许多家长会反对按需喂养和睡眠的观点，认为最好是让婴儿学会抑制他们的需求，适应家长的时间表和期望。如果家长认为建立一个可预测的时间表是他们照顾婴儿的目标，那显然是与认为自然节奏应该得到尊重的观念非常不同。对于照护者来说，重要的是要确定这些问题对孩子的健康是否重要，或者仅仅是意见的分歧。看看家长提出的问题，思考他们的观点及其背后的原因，是解决有关婴儿照护问题的文化冲突的第一步。照护人员必须意识到他们要以"正确"或"正常"的方式来照顾婴儿，要对行为负起责任。

卡洛特正抱着亚历山德罗。当一个来访者靠得太近时，卡洛特允许亚历山德罗把脸藏在她的怀里面。她解释说："不，他不是害羞，他只是还不认识你。如果你坐在那里等一会儿，给他点儿时间来适应你，他很快就表现自然了。让他来亲近你，而不是你来靠近他。"

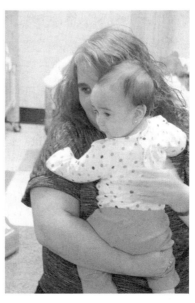

婴儿在遇到新的情况时，需要熟悉的照护者的支持

- 当婴儿表现出某些情绪时，照护者要认真对待。照护者要支持婴儿找到应对和承认这些情绪的方法。

"你今天早晨是不是非常不高兴？喏，行了——我有一个好主意。我觉得你的毯子会让你感觉好些。"

- 尊重家长对适宜的婴儿照料方式与文化相关的观点。尽管照护者的通常做法和家长的要求之间确实会存在差异，但是每个不同之处都值得我们探究，以便来理解家长的想法。通过认真的交流，家长和照护者可能会达成一致，或者至少认可另外一方的观点是有充分根据的。照护者绝不能想当然地认为基于文化差异而与自己观点不同的照护方式就是差的。

卡洛特与亚历山德罗的父母进行交谈，了解到他们允许亚历山德罗和父母一起睡的原因。她指出托育中心的规章制度要求婴儿睡在自己的床上，并同意将亚历山德罗的床移到房间中更靠近活动中心的地方。

7-2b　回应的敏感性

随着每个婴儿学会对他人传递的信息做出解释，相互关系也就逐渐建立起来。即使是非常小的婴儿，也有自己的气质风格与反应速度，有自己的情绪和感受。依恋是成人和婴儿之间的双向互动过程。每一方都必须留心另一方的独特信号和风格，实现"高度契合"。对差异的敏感性与安全型或非安全型依恋相关。

当成人学会解读每个婴儿所表达出的信息时，他们就能够调整自己的行为来适应婴儿不同的需求和性格。敏感性是指照护者对婴儿的理解程度，以及反应的敏感性和准确程度，是对婴儿做出反应并在反应中表现出敏感和关怀的结果（Petersen & Wittmer，2008a & b）。

雅各布，一个缓慢型婴儿，在他进行探索的时候，可能需要照护者在一旁默默地展示对他探索的兴趣；同是这个照护者，在奥利维亚——一个极其活跃的婴儿——主动发起游戏时，用响亮而愉快的笑声予以回应。

在敏感回应方面，照护者要做到以下几点。

- 花时间去观察并适应每个婴儿的真实差异以及他们对声音、变化和活动的忍耐力，而不是简单地根据自己对婴儿喜欢或不喜欢什么的想象对他们做出回应。"通过观察婴儿的暗示，照护者能够判断出婴儿什么时间想要被抱起来，每个婴儿都应得到有回应的照护。"（Copple & Bredekamp，2009，p. 77）

了解每个婴儿有助于照护者应对个体差异

"在这对双胞胎出生以来的 3 个月中，我学到了非常有意思的事情，"阿利森说，"萨姆就像我所期待的——喜欢交际，很容易满足，随时准备好让大人抱。但是威尔则是另一种情况。他不能忍受吵闹，任何一个人大声地和他说话时，他都非常容易发怒。我不得不学着了解他什么时候想玩，什么时候只是想一个人待着。"

- 向婴儿生活中的其他人了解婴儿的习性和经历。为了更加全面地了解每个婴儿的个性，家长和照护者之间进行交流是非常重要的。

  这对双胞胎在过去 3 个月中一直由母亲照顾，母亲了解他们的许多特点。照护者可以利用母亲提供的信息。母亲将自己的经验传递给照护者，告诉他们威尔需要一个较为安静的环境。

- 认识到回应意味着互相配合。照护者必须学习"轮换"，在游戏和照护时学会停顿一会儿，让婴儿参与进来并予以回应。短暂的停顿也能够让敏感的照护者看到婴儿是如何回应的，并据此设定或调整互动的节奏。

  塔比瑟教师将几个圆环放在婴儿的手前，并等了一会儿，观察他是否想伸手拿圆环。塔比瑟教师并没有晃动圆环来逗婴儿，也没有直接将圆环放到婴儿手中。塔比瑟教师提供玩具，由婴儿来决定怎么玩。

敏感的照护者通过婴儿的反应来调整自己的反应

个 性 化

亲爱的家长朋友：

你们中的一些人询问我们关于对不同婴儿不同回应的问题。我们没有标准的互动方式。相反，我们依靠你对婴儿的观察以及从你那里得到的重要信息来决定我们的反应。例如，我们已经知道杰里更喜欢什么事都自己来。我们尊重这一走向独立的阶段，所以只在他自娱自乐的时候抱他。每个孩子都有不同的需求，学习不同的事情，我们试图掌握这些信息，并做出相应的决定。请与我们分享你对孩子的观察及发现，这会帮助我们以最好的方式来照顾他们。

让我们一起为孩子们提供最好的照顾。

××老师

7-2c 亲密的身体接触

触摸、爱抚等皮肤接触对形成依恋来说都是非常必要的。霍妮格（Honig）表达了这种需求："珍惜那些慷慨地抱、摸和亲吻婴儿肩膀和肚子的成人。"（2010，p.41）拥抱，用鼻子爱抚婴儿，亲吻婴儿的肚子，都是温柔的照护，就像食物与睡眠这些生理要素对婴儿健康发展所起到的关键作用一样，对依恋的形成至关重要。温柔的照护也包括照护者与婴儿之间的对视，照护者要满面笑容地注视婴儿。照护者必须能够在身体接触方面慷慨地向婴儿展示出自己对他们的关爱。

婴儿生来就具有增进身体接触的特性：吸引注意力的无助哭泣；柔软的肌肤；在成人拥抱他们时，抓住成人手指，注视对方眼睛。当然，还有咧开没有一颗牙齿的嘴巴，写满开心的笑脸。塞尔玛·费雷伯格（Selma Fraiberg）说，婴儿掌握了最初的爱的语言，"微笑、咿呀声、拥抱，这些是在我们能够说出爱之前的基本语言"
（1977，p.29）。有些婴儿反应不太灵敏，
和他们相处时，照护者需要努力促进其依恋
情感的发展。要知道，对那些消极等待或毫
不在意身体接触的婴儿来说，想办法接触他
们是非常重要的。

　　对婴儿来说，提供亲密身体接触的机会
是好的照护的重要组成部分。可以通过以下
做法来提供这样的机会。

照护者必须能够表现出身体上的
柔情

- 只雇用具有以下特点的成人：和婴
  儿在一起时，可以轻松通过身体语
  言表现出对婴儿的关爱，并且，如
  果有些婴儿不像其他人那样积极地
  对身体接触做出反应，这些成人也
  有办法来了解婴儿。

　　主管用了一个上午的时间来观察
爱丽丝和婴儿之间的互动情况，然后
才确信爱丽丝适合这项工作。很明
显，爱丽丝能够自然舒服地拥抱、触
摸、爱抚婴儿，并且在做这些动作时
由衷地感到快乐。爱丽丝敏锐地注意
到，在她紧紧抱着约瑟夫时，约瑟夫
不舒服地扭动身体，于是，她把约瑟
夫放在身边的婴儿椅上，继续温柔地
和他说话，并看着他的眼睛。

- 为互动提供时间、空间和机会。

　　主管最近将一张舒适的长沙发
放到班里。她雇了一个兼职照护者，
安排她在上午晚些时候工作几个小

班里的沙发可以帮助照护者和婴
儿在一起度过美好的时光

时，这样班里的两名全职员工就不至于手忙脚乱。

- 与婴儿的每一次接触都包括亲切的身体互动。常规活动并不只被当作要完成的任务，也应当被视为与婴儿进行亲密身体接触的机会。在这种观念下，喂奶时婴儿总是会被紧紧抱着，洗澡和换尿布时婴儿总是会得到轻轻的抚摸。

当李给凯拉喂奶时，他一只手紧紧地抱着她，另一只空着的手轻轻地抚摸她的脸颊和胳膊。在凯拉盯着李看时，李也微笑着直视凯拉的眼睛。他轻声地对着凯拉说话。整体上看，他非常享受与凯拉的亲密接触时间。

7-2d　重复和一致性

在依恋建立之前，成人和婴儿之间需要进行几百或几千次的接触。依恋发展理论显示，在依恋关系明确建立起来之前，婴儿的大部分时间都花在体验亲密的、重复的、双方互相满意的互动中。相关研究指出，如果这一时期婴儿长时间与成人分离，并且彼此之间的关系经常被扰乱，那么婴儿会变得焦虑，很难发展出依恋感。即便对婴儿的热情从来没有突然中断过，整个照护环境也没有发生剧烈改变，成人对婴儿的回应模式也可能会不一致。如一位母亲困惑于她的母亲和医生关于溺爱的相互冲突的建议，或者需要离开家庭重新开始全职工作，同时还要照顾其他的孩子，因此感到筋疲力尽，认为她必须让婴儿来适应家庭的时间安排。在上面这两种情况中，家长可能不会每次都对婴儿的需求做出一致的回应。

在发展适宜性的托育机构中，照护的一致性是要考虑的一个重要概念。让一个照护者在很长的一段时间内照护一个婴儿，而不是每隔6—9个月就变换房间和照护者，这对婴儿的发展来说是非常重要的。简单思考一下，如果婴儿不得不去学习一种新的交流方式，那么他们会丧失什么？在婴儿不得不去寻找新的交流方式时，他们会陷入困惑和压力之中。许多变化都会使他们不愿意去建立新的关系。照护的一致性对照护者与家庭来说也是非常重要的。当与他们形成依恋关系的婴儿被转移到别的地方时，照护者会感到很悲伤，同时，这种做法还使照护者不能体验到自己努力的成果。家长同样会感到难过，因为他们失去了和照护者所建立起来的信任关系。照护的一致性有利于信任感的建立，同时有利于形成各种关系，促进婴儿发展。

建议

敏感地回应

敏感的照护者：

- 跟随婴儿的引导，不把成人游戏和互动的想法强加给婴儿；
- 以不同方式与每个婴儿互动；
- 让婴儿有机会"轮流"，开展有来有回的互动；
- 与家长建立信息共享的伙伴关系。

可预测性是婴儿照护过程中的关键要素。以下策略有助于成人做出前后一致的回应。

- 所有与婴儿照护相关的成人彼此之间要进行交流，尽可能地来协调对婴儿的回应。

  爱丽丝和那对双胞胎的父母经常交流有关他们孩子的事情，他们的交流都记录在日记本上。这天下午爱丽丝写道：今天威尔显得非常放松，并且没有拒绝大人轻摇着他入睡。威尔的妈妈决定晚上也尝试轻摇着他睡觉。

- 对照护者进行教育，让他们了解有关婴儿发展和需求的知识，并认识到依恋的重要性，消除他们头脑中关于"婴儿学会控制其他人"以及"溺爱"的荒诞想法。保证成人做出可预测的回应的一种方法是，利用相关信息来帮助成人不再那么害怕对婴儿做出回应。

  外祖母建议母亲不要过多地关注婴儿，这位母亲非常担心自己的做法是否正确。爱丽丝告诉了她一些有关依恋形成的知识，打消了她的顾虑。

- 只雇用那些致力于在托育机构长期工作、能够稳定地参与婴儿生活的人。尽可能降低儿童/成人减少成人工作量，比如实施主要照护者制度，所有这些做法都有利于形成一致的、稳定的抚育关系。

爱丽丝是萨姆、威尔、朱莉奥和梅梅的主要照护者。她的同事则主要照护亚历山德罗、桑德拉、文森特和奥利维亚。所有婴儿都与他们的主要照护者形成了亲密的关系。不过当他们的主要照护者休息时，这些婴儿也能够接受其他一直就存在的成人。所有的家庭都很高兴能与一个主要照护者进行轻松的交流。

与照护者进行温暖的、反复的互动，可以帮助婴儿建立依恋关系

- 企业、政府和社区要推出方案，在婴儿出生后的前几个月对婴儿的家庭提供支持和帮助，使家庭为婴儿提供主要照护，并消除家长所面临的一些压力，这些压力会干扰到家长回应婴儿的能力。

当地的几家企业已经开始为那些休完产假回来上班的母亲提供非全职工作的机会。这就意味着，大多数情况下，这对双胞胎的母亲都能够在下午早些时候把孩子接回家。

建议

发展亲密的身体接触

有帮助的照护者：

- 慷慨地给予婴儿关注或接触；
- 让婴儿参与日常照护；
- 享受与婴儿温暖的身体接触。

7-2e 认识到婴儿的局限性

当婴儿沉浸在他们最初的社会关系中时，照顾他们的成人应该认识到婴儿在社会性及情感发展上的局限性，这一点非常重要。实际上，这些局限是他们发展状态的一部分，与认知能力和语言能力相关。沉浸在依恋关系中，婴儿甚至还没有清晰地意识到自己是一个独立的个体，甚至也不能明确地对自己和其他人做出区分。婴儿也还不能认识到其他人的需要、感受和权利。婴儿正开始理解语言，但是他们还不能通过语言来有所作为。事实上，控制感觉和行为还远非婴儿能力所及的事情。"复杂的自我调节过程包括协调身体和思想的各种系统。" （Elliot & Gonzalez-Mena，2011，p. 28）。

萨曼莎正在地板上玩，伦迪爬到她身边，扯她的头发。伦特老师没有认识到婴儿在发展上的局限，对伦迪感到非常生气。她弯下腰，满脸生气地看着伦迪的眼睛，说道："坏孩子。"丽丽老师意识到这只是一个好奇的宝宝在进行单纯的探索，于是，她温柔地拍了拍伦迪和萨曼莎的头，说："轻点儿，轻点儿，伦迪。"然后，她拿起伦迪的手帮助他学习轻轻拍打。

婴儿在理解和控制行为方面的局限性，对我们引导和训练婴儿来说有重要的启示作用。当成人这样做时，会最有助于婴儿应对最初的社会性及情感情境。

- 接受这样一种观点，即婴儿并不是故意地去伤害其他婴儿，并且，他们对所有权没有概念。成人帮助婴儿学会轻柔地触摸其他人，并为每个婴儿提供大量的空间和玩具。他们会认识到，更适宜的做法是预防出现问题，而不是试图去教会婴儿做出不同的行为。

  "轻点儿，威尔，轻点儿，"爱丽丝一边说，一边轻柔拍打着威尔和他弟弟的脑袋，"到这里来，我觉得如果你再向这边移一点儿会更好。"爱丽丝将他移到地板上更空旷的地方，并让他远离他的弟弟。

建议

稳 定 性

与稳定性相关的有益实践包括:

- 回应婴儿的信号,而不是试图教他们按照成人的意愿行事或安排自己;

- 日程安排可预测,安排婴儿过渡时应适合婴儿需要,而不是根据班级管理需要。

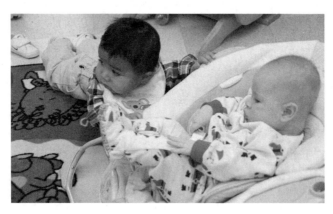

当婴儿彼此靠近时,照护者会认识到婴儿会相互探索,仔细观察

- 知道婴儿不能按照言语指令来控制他们的行为,所以依靠分散和转移注意力、移走诱惑物等方式来改变婴儿的活动,而不是试图直接改变婴儿的行为。成人有责任控制婴儿的行为;期待婴儿自己停止不当的行为是非常不符合婴儿发展特点的。

  "这里,威尔,我觉得你会喜欢拨浪鼓的。"老师迅速地将威尔的注意力从想要拉扯弟弟的头发上转移开。

- 通过制订计划来减少婴儿的等待时间和所受的限制,尽可能地避免让婴儿感到沮丧。非常重要的一点是认识到婴儿不能等待,在沮丧的时候不能控制自己的情绪。

当爱丽丝听到从走廊里传过来的餐车声时，她告诉安德莉亚午餐时间到了，并给她戴好围兜。她已经认识到，如果她在午饭准备好前就给安德莉亚戴好围兜，安德莉亚很快就会没有耐心等待。

- 认识到在婴儿期温柔地呵护并尊重婴儿，是日后教导他们关心其他人需求和权利的基础。"确信自己的需求会得到满足是婴儿学习控制自己行为的基础。……实际上，这为后来婴儿学会等待、给予、信任、爱以及关心他人奠定了基础。"（Greenman, Stonehouse, & Schweikart, 2007, p.149）这才是训练真正的开始，虽然不是大多数成人认为的那种训练。

纪律的根源在于一个充满关爱的环境，这会让婴儿对自我产生良好的感觉

当爱丽丝向家长解释"训练"思想时，一些家长最初表现出惊讶，他们认为训练对于婴儿来说还为时过早。当她论述到呵护和尊重如何为日后婴儿学习等待和关心他人奠定基础时，家长对这种积极的教养方式表示了理解。

建议

再次认识婴儿的局限性

考虑到婴儿的局限性，成人的适当做法包括：

- 只期望对婴儿的社会性及情绪进行控制；
- 不会因为婴儿的"顽皮"而惩罚或责骂婴儿，包括把婴儿限制在婴儿床或玩具围栏。

发展适宜性实践的决策

困境：当我告诉家长，领导要求我们对婴儿进行训练，并解释我们关于训练的教育理念时，一些家长似乎感到非常吃惊。其中一个母亲说："对婴儿进行训练是不是为时过早？"我应该怎么回答？在这种的情况下，你会如何回应呢？

思考：这里可能是由于语义的问题，大家对"训练"这个词做出了不同理解。毫无疑问，托育中心要确切地阐释它的教育理念，帮助家长理解适合婴儿发展的指导方式。家长很可能将"训练"理解为"惩罚"，甚至是体罚。使用"指导"（guidance）这个词可能会帮助家长理解其中的区别。

发展适宜性的指导理念会强调对婴儿需求和能力的尊重。大家会有这样一种认识，即在儿童能够认识到并尊重他人的需求之前，他们的需求需要得到尊重，并能得到真诚的关爱。爱的氛围是婴儿对世界及世界上的人产生良好感觉的基础，并最终会使婴儿产生良好的自我概念。良好的自我概念将会帮助婴儿产生以积极的方式来表现自己的意愿，并想要去取悦照顾他们的成人。

婴儿在行动时意识不到危险和问题，需要由成人将他们的注意力引导到积极的行为上。仅仅依靠语言是不能有效引导婴儿的，成人需要耐心地将婴儿从某些情境中移开，并将他们的注意力导向其他的地方。考虑到婴儿的局限性，照护者应尽可能地保持一种积极的氛围，防止给婴儿带来压力，比如过度拥挤或等待。

训练是在日后儿童能够理解词汇和限制时对儿童进行教导的基础，当这样向家长解释时，家长可能会拓宽自己原本对训练所持有的狭义的、消极的理解。引导婴儿拥有自我控制的能力是一个漫长的、渐进的过程，贯穿整个童年期，而婴儿期积极的社会互动会为此奠定坚实的基础。

小结

对婴儿来说，发展适宜性的社会性及情感环境是这样的：

- 成人与婴儿的互动是亲切的、双向的，成人主动调整自己的方式以适应每个婴儿的气质和发展水平；
- 成人与婴儿一对一地交流和游戏，双方有大量的亲密接触；
- 实施主要照护者制度，保证照护的一致性；
- 在婴儿表现出自己的需求时，成人迅速地给予关注；
- 成人认识到在冲突或令人沮丧的情境中，婴儿需要有人来帮助他们转移注意力，并重新引导他们的活动。

思考

1. 与你的同班同学讨论一下你对"溺爱"的理解。你的观点对适宜婴儿社会性及情感发展的实践会有什么影响？

2. 在婴儿家中或者托育中心里，对一个婴儿和他/她的主要照护者进行观察。你看到了哪些依恋的迹象？哪些互动和交流是与发展适宜性实践相符合的？

3. 假设有一群新生儿家长正在思考如何照看婴儿，你与小组同学一起设计一个方案，向这些家长介绍发展适宜性的社会性及情感环境应该重视哪些因素。

自测

1. 婴儿期的社会性及情感问题有哪些？对每一个问题进行简单的讨论，包括每一个问题会如何影响发展适宜性实践。

2. 指出适宜的成人—婴儿互动的 5 个特征。

3. 尽可能多地回忆在适宜的互动过程中，成人对婴儿说的和做的具体的事情，并进行讨论。

4. 本章讨论了对促进婴儿健康的社会性及情感发展来说不适宜的实践，列举其中几种。

应用：案例研究

1. 假设你向主管建议实施主要照护者制度，说明你这样做的理由。

2. 给家长写一篇小文章，说明你会以怎样的方式来促进婴儿社会性及情感的健康发展。

第8章 发展适宜性的社会性及情感环境：学步儿期

学习目标

学习本章之后，你应该能够：

8-1 讨论学步儿的社会性及情感问题；

8-2 描述成人哪些行为有助于解决学步儿的社会性及情感问题；

8-3 讨论适用于学步儿的指导技巧；

8-4 识别出哪些回应支持学步儿社会性及情感发展。

在快到 1 岁的时候，婴儿身上发生了令人惊讶的变化，从一个总是很驯服的、对一切都欣然接受的小生命，变成一个对自己想要做什么有着强烈主见的个体，而且他们想做的很多事都和其他人大相径庭。看起来，这种伴随着行走而来的新的控制力使婴儿发现了一个崭新的独立的自我，在这之后的大部分人生中，他们都将致力于检验这个新的想法。形成自我意识在学步儿的个性发展和社会交往中占据着首要位置。然而成为一个"属于自己"的人让学步儿感到有点害怕，于是他们就在独立与依赖、成熟与不成熟之间游移不定。照顾他们的成人从来就不能确定钟摆某一天会偏向哪一边（大约 10 年后，成人在面对儿童时会面临与学步儿期类似的不可预测性，这是因为彼时的儿童又产生了青春期早期的独立诉求）。学步儿缺乏自我控制力，交流与理解能力有限，且只掌握最基础的社会技能，在这种情况下，成人想要与其愉快地相处，是一项挑战。尽管如此，发展积极的自我意识仍是学步儿的主要任务，这项任务的完成依赖于成人在社会性及情感环境中对学步儿进行适宜的指导和互动。

8-1   学步儿期的社会性及情感问题

12个月大的学步儿刚刚从对父母的依恋中"破茧而出",开始发现什么是自己,什么是和别人一起。成人需要尊重学步儿此时的状态,而不是将其与之后的发展阶段做不适宜的比较。在对社会性及情感问题以及发展任务进行简单的讨论后,我们将会回到对每个实际问题的讨论。

8-1a   自主性

当埃里克·埃里克森谈到社会心理发展的第二个阶段时,他描述了形成自主感相对于羞愧和怀疑等消极情感的重要性(Erickson, 1963)。自主意味着将自己看作一个独立、有能力和担当的个体。自主意味着相信自己的能力。成人如果对学步儿的行为较少进行正面回应,会使学步儿认为自己不能以成人赞同的方式独立地发挥作用。

学步儿似乎有一种与生俱来的愿望去检验自己的能力,因此照顾他们的成人对学步儿走向独立的第一步表现出赞同和支持是非常重要的。最佳的社会性及情感环境是一个支持积极自我意识发展的环境。

好的社会性及情感环境支持积极自我意识的发展

值得注意的是，自主的重要性和文化有关。在世界上，有一些文化并不像其他文化那样重视自主性。许多文化更重视互相依赖和团队作用。照护者需要与家长进行交流，以了解他们对培养儿童自主性的态度。

8-1b　否定与反抗

学步儿证明自主性的方法之一是反抗他们身边的成人并测试其反应。学步儿以显示与他人的不同来表现自己的独特，非常肯定他们处于每一个可想到的问题答案的对立面。如果这个主意是别人的，那它肯定不是一个好主意。有些时候，学步儿为了反抗而反抗，甚至是在他们实际上赞同的时候也大声说着"不"，如有人问"你想要块曲奇饼干吗？"，他一边说着"不"，一边伸出手去。

当成人在这么娇小的身躯中发现如此猛烈的反抗时，他们常常会感到困惑，因为这个孩子前几天还会对成人做的所有事情表示完全赞同。学步儿的反抗会让成人感觉自己失去了控制。如果照护者不能理解驱动学步儿反抗的是积极的发展性目的，他们有可能会将这些反抗扼杀在摇篮中。事实上，他们必须接受这些行为的必然性和重要性。如果想要培养学步儿积极的自我意识，成人可以使用技巧去避免正面的冲突，并创造机会让学步儿在一些较量中占上风。这并不是让学步儿来接管和"掌权"，不是让成人乞求学步儿同意。学步儿确实是需要受到限制的，并且成人很有自信来设定那些限制。

8-1c　分离

对学步儿来说，最难的事情之一就是与他生活中很重要的成人分离。在我们刚刚讨论了反抗和否定后，这么说似乎听上去有点自相矛盾。依旧处在依恋过程（依恋的过程持续大约两年）中的学步儿，只有当成人在旁边时才感觉非常安全。当他们被单独留下的时候，会表示出强烈的抗议。知道爱他们的成人会回来，知道爱他们的成人不在场也没问题，这对于学步儿来说是一个重要发展任务（Mahler，1979）。成人怎样帮助学步儿处理分离焦虑非常重要，并且会对学步儿将来的社会交往和幸福产生影响。

8-1d　与同伴在一起的自我中心行为

学步儿专注于自我的不断检验，"其他人有自己的需求和欲望"还不是一个容易理解的概念。虽然学步儿对其他人很感兴趣，但这种兴趣似乎并不比他们对周围世界的兴趣深多少。《学步儿的信条》简洁地说明了学步儿是如何看待世界的。同样，应该注意的是，再多的谈话、讲道理或者责骂可能都不能改变学步儿的观点。只有在形成自我意识后，才能开始关心他人；只有当真正拥有过后，才有可能共享。在一群同样以自我为中心的学步儿中，社会性及情感摩擦的可能性是巨大的；只有警觉的、有创造性的照护者才能保护所有人的权利。

学步儿的信条

如果我想要这个东西，那这个东西就是我的。

如果我把它给你以后改变了主意，那它还是我的。

如果我能把它从你那里拿走，那它就是我的。

如果我刚才吃过它，那它就是我的。

如果它是我的，它无论如何，都将永远不会属于别人。

如果是我们一起搭建的，那所有的零件都是我的。

如果它看起来和我的一样，那它就是我的。

怀特（White）表示，"一个儿童的社交风格似乎在她两岁的时候就非常确定了"（1995，p. 167）。怀特列出了14—24个月学步儿所发展的社会能力：

- 以社会接受的方式来得到成人的注意；
- 一旦发现某项工作太难，就把成人当作工具；
- 向成人表露情感；
- 带领同伴；

- 跟随同伴；
- 向同伴表露情感；
- 向同伴表露温和的讨厌；
- 与同伴竞争；
- 在个人取得成就时表现出骄傲；
- 参与角色扮演或装扮活动。

有社会能力的学步儿试图在他生活的世界、主要照护者以及他自己的独立性之间取得平衡，发展自身行为模式——这通过"与定期互动的人形成非语言的社交合约……来进行，其中包含着儿童通过数千次的与照护者的交流所学到的东西"（White，1995，p. 168）。

8-1e 情感回应

学步儿展现出的情感范围很广，从满足、高兴、满意、爱，到生气、沮丧、忌妒和害怕，一应俱全，几乎已经囊括了人类的全部情感。但仔细观察，会发现明显地少了一两项。

因为尚不具备某些认知能力，大多数的学步儿还不太可能显示出许多同情心、同理心或对他人的怜悯心。偶尔有些特别敏感的学步儿在他人难过的时候也会表现出难过，不过这可能是他人不熟悉的声调和表情而不是同情心所致。有人引用学步儿安慰受伤的人的例子来证明他们已有同情心，但是有些专家认为这只是习得的行为，是对某个相似的情境中成人行为的延迟模仿。比如当别人因为布娃娃被拿走了而哭时，学步儿可能会去轻拍他，但是很快地又从他手中拿走另一个玩具——这显然并不是真正关心他人的感受。

关于情绪智力的一些观点（Goleman，1995）也许为我们提供了不一样的视角。戈尔曼的理论认为，一些儿童有可能已经为发展对他人情感和需要的意识做好了准备。加德纳指出存在一种人际交往智力，有些儿童可能对与他人关系中出现的细微差别尤其敏感（Gardner，1983，2000）。显然，情绪反应在儿童个体之间差异很大，这很大部分取决于儿童得到的情绪回应是怎样的。但是学步儿还未成熟的认知过程很可能还不能将这些情感强烈地呈现出来。

对学步儿来说，有一种情绪虽然不是独一无二的，但是又确实以一些不寻常的方式出现，这种情绪就是害怕。学步儿害怕某些东西是因为将这些东西与某些不愉快联系了起来，比如学步儿害怕医生的办公室，因为在那里有过痛苦经历；或者害怕邻居的院子，因为有一只大狗突然出现在那里大叫。有些学步儿的害怕并没有与真正的不快乐联系起来，但是他们的害怕是基于这个对象会威胁到他/她不合逻辑的假设，比如浴缸漏水。许多学步儿非常喜欢坐在浴缸里玩耍，但看到水从洞里流走会发出尖叫，因为他觉得有可能会发生危险（马桶和吸尘器也有可能引起类似的害怕）。尽管成人似乎不能

学步儿的大多数情绪真实且强烈

理解学步儿的害怕情绪，但这些害怕是真实存在的，并且需要得到成人的尊重和回应。

学步儿的大多数情绪都是强烈且真实的。他们无法控制自己的情绪，只能用肢体表达自己的情绪。最极端的表达形式就是发脾气。一个健康的社会性及情感环境能让学步儿避免消极情绪反应，并引导他在人生最早的阶段了解什么是可接受的情绪表达。

8-1f　积极的指导

学步儿是不成熟且冲动的，因此他们需要受到限制。怀特将学步儿照护者的角色之一定义为"权威"（White，1995）。学步儿常常不能控制自己，他们需要明白自己依靠周围成人的限制。权威的重点在于给予学步儿什么样的限制以及怎样向他们传达那些限制。发展适宜性的指导将考虑到学步儿在语言、理解力、世界观以及自我意识这些最重要方面的局限性。

8-2　与学步儿的发展适宜性互动

讨论了有关学步儿的重要社会性及情感问题，是时候来思考有关发展适宜性互动的问题了。

8-2a　培养自主性

成人的下列行为有助于培养学步儿的自主性。

- 在学步儿完成自己设置的任务时提供必要的支持，允许他们去做力所能及的所有事情，并在他们力所不能及时给予温和的协助。某些时候这意味着耐心地允许学步儿花很长的时间来"自己做"，另一些时候这意味着在不干扰学步儿的前提下伸出援手或者帮助学步儿完成任务。

  拉托雅坐在罗伯特旁边，罗伯特正费劲地穿鞋子。拉托雅忙着叠刚洗完的衣服，偶尔朝罗伯特微笑或者评论他的工作。房间的另一头，格雷格意识到苏哈还不能自己穿上外套，所以他走过去帮苏哈把胳膊放到袖子里，并说需要她帮忙拉上拉链。

- 用真正的钦佩和具体的评论来承认和欣赏学步儿的成就。

  "你把碟子放回了托盘，乔伊。谢谢你的帮忙。""瞧瞧你都自己准备好滑滑梯了，娜迪亚。你爬过了所有的台阶！"

- 在学步儿能够控制的范围内真正地给予他们选择。成人可以在"需要做什么"的大问题上做决定，但是要让学步儿感觉到他们可以对"怎样做"有些控制权。

  "午饭时间到了，佐伊。今天你想要蓝色的杯子还是红色的杯子？""你是想在洗手之前还是之后唱一首歌呢？""今天的点心是香蕉，伊莎贝拉。你是想要一整根的，还是要分成两截的？"

- 鼓励需要探索和控制的独立游戏。当学步儿觉得他们能够自己做许多事情时，自主性就得到了发展。

  温妮莎用一些结实的大盒子和许多小零件，供儿童倒进倒出。当他们推着盒子到处走时，她微笑着表示赞许，并对他们进行点评。

鼓励开展需要探索和控制的独立游戏

- 通过经常称呼姓名来帮助学步儿发展他们的自我意识。成人也和学步
儿玩身体游戏（"你的脖子在哪里？
给我看看你的膝盖"），比如利用
镜子、照片与歌曲来帮助学步儿增
强他们的自我认同感。

  路易斯最近在班里添加了自我
认同角。他在里面安置了一面全身
镜以及几面可以手拿的、不会打破
的小镜子。墙上有每个学步儿的照
片，还有他们家人的照片。当路易
斯集合学步儿一同唱歌时，他唱出
每个人的姓名。学步儿们虽然唱得
不多，但当他们听到自己的名字时
都笑容满面。

如果成人不过度保护学步儿，而
是允许学步儿自己解决一些问题，
那么学步儿的自主性就会增强

- 为学步儿提供能够安全享用的所有
自由。成人不再伴随左右或是限制

他们行为，以免保护过度，借此发展学步儿的自信心。那个学步儿看上去是否需要帮助？他在一个狭窄的洞里扭动着身体试图去够球，最后自己钻出来了。照护者站在一旁，让他自己解决问题，发展自信。如果成人动作太快会助长他对成人的依赖，也不能让他感到满足。

安妮设置了学步儿的游戏区域，这样她就用不着时不时说"不"了。家长志愿者建造了一个坚固的、6 英寸高的攀爬架，因此安妮就不需时刻警告学步儿小心一点了。

- 制作一些能让学步儿在很少甚至没有协助的情况下能够使用的材料和设备。

扎达班上的椅子比大一点的孩子的椅子小，因此孩子们可以自己坐到椅子上，而不用费劲地爬上去。她还要求餐厅工作人员将通常用的叉子和勺子换成特殊的、短把手的餐具。这样做的结果就是学步儿可以在就餐时真正自信地照顾自己了。

- 观察学步儿已经为如厕训练做好准备的信号，然后温柔且不给他们施加压力地介绍厕所的使用方法。要认识到这个过程会花一定的时间，并积极强化学步儿的尝试。

当盖布里埃尔爬下马桶并一脸骄傲地展示自己时，玛莉亚朝着他微笑。这是盖布里埃尔第一次在玛莉亚面前展示。

- 检查成人对与学步儿关系所持的态度。成人需要回应学步儿对自主性的强烈要求，并在他们独一无二的个性展现时表现出真正的高兴，不能因为成人自己的需要而阻挠学步儿独立的尝试。有些时候学步儿的进展速度比照看他们的成人快，成人需要有意识地调整互动的风格。学步儿不再需要成人主动地满足他们所有的需要，而更需要成人站在他们身后，支持他们迎接新的挑战。

苏珊边摇晃着脑袋边朝着她的儿子微笑。她的儿子现在 1 岁多，正想要自己梳头。"最初这感觉太奇怪了，"苏珊承认，"我喜欢做那个总是给予帮助的人。但是我已经习惯于最好给他一些自己行动的自由。他仍然是需要我的——只不过是以另一种方式。"

建议

创造自主性

与自主性有关的适宜做法包括：

避免过度保护学步儿的倾向，以免让他们感觉自己不行；

在日常生活中为学步儿提供多种选择；

不对学步儿期望太高；

给学步儿时间、设备和支持，让他们为自己做事情；

慢慢练习如厕，不惩罚或羞辱学步儿。

8-2b 对反抗和否定的回应

如果成人把反抗和否定当作学步儿走向自主性的阶梯，就能够更有效地应对学步儿。成人这样做会有所帮助。

- 意识到学步儿需要成人的控制，判断哪些问题与健康和安全有关，需要绝对的成人权威。

  里克说："我唯一坚持说'不'的时候是当我们走在停车场，我让他拉着我的手，他扭动身体，很明显不乐意。我这个时候说'不'，只是因为我不能相信他的判断，也不能控制周围突然出现的汽车。"

- 明白学步儿为什么反抗——这是另一种自我验证的方法——接受学步儿有说"不"的需要，而并不感觉失去控制。

  另一个学步儿的家长说："以前我觉得我必须告诉他，他不能对我说'不'。我担心如果我不这么要求，他立刻就会掌握所有的主动权。但是我了解到，一些'不'我是可以忽略的，还有一些可以通过给他一点控制权来加以改变。这没什么大不了的——我仍然知道是我在主导，当然他也需要感觉到他自己是有一些权利的。"

- 避免会产生输赢的权力之争。让学步儿发现是他们把成人打败了，这在情感上是不健康的。他们需要知道谁是主导。当然，如果学步儿总是输，那也不可能发展出健康的自主感。

　　"我正努力找寻保全他面子的方法，使他不必觉得要通过强烈的反抗来证明自己。"

- 允许学步儿在一定控制下做出选择可以使他们减少反抗。成人做大的选择，学步儿做小的选择。

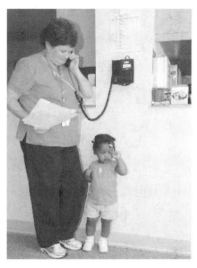

成人了解学步儿反抗的特点

　　阿让多拉认为午睡是必要的，她说："唱首歌或是讲个故事，肯耶塔——告诉我你想要哪个。"当肯耶塔还有某种选择的机会时，她很难完全地反抗。她会忙着去做决定而忘了反抗——至少，绝大多数时候是这样！

- 在需要的时候使用陈述句而非疑问句，不给学步儿反抗的机会。

　　"让我们捡起玩具"而不是"你现在可以捡起玩具了吗？"，"是时候坐到椅子上来了"而不是"你想到桌子这里来吗？"。

- 按既定生活常规进行，用歌曲等形式在过渡环节给予可预测的线索等。当生活按照一个安全的节奏进行时，学步儿反抗的可能性较小。

　　"我们这样来捡起我们的玩具……"艾玛开始唱了，学步儿很容易就被调动起来，一起帮忙收拾。

- 对于一天中常出现反抗的时间点，设计特定的仪式并帮助学步儿习惯那些仪式（在这里要提醒：学步儿正渐渐变得非常严格且不可改变，所以不要开始那些你不想重复几千遍的事情！）。

　　如果约瑟华知道妈妈总是先亲小熊的两个脸颊，然后再给约瑟华同样的亲吻，再接着说"晚安，乖乖兔"，他就能够"控制"她（"先亲小熊！"），且忘记反抗。

- 允许学步儿为他们自己做力所能及的事情。当他们体验了自主性，"不"就会减少。

　　"艾伦，你可以把这里的废纸篓拿到桌子那边去，让小朋友们扔垃圾。"

- 如果身体因素、压力因素导致学步儿反抗，那么就要接受学步儿肢体上的反抗。允许学步儿表明他们可以承受的食物量或者他们对如厕训练的准备，并意识到有些时候延迟和等待有可能更合适。

当阿伯达显然对再吃点什么不再感兴趣的时候，卡洛琳轻轻地拿走了他的盘子。她发现强迫阿伯达多吃一点似乎只会让他更坚定地不吃，她当然也不想把就餐变成一场战斗，比如硬把食物塞进他紧闭的嘴巴，或是用游戏这样的方式（就像"火车来啦——张大嘴!"）哄他吃得更多。

家园交流

处理"不"

亲爱的家长朋友：

也许你注意到最近从孩子那里得到很多"不!"，就像我们在教室里一样。这不仅让人感到惊讶，而且有时可能让你感到担忧。毕竟，你我不想对一个这么小的人失去控制。学步儿主要关心的是自我意识，其中一种方法就是抵制别人的想法，表明他们有自己的想法。所以，如果他们有时会说"不!"，也不要感到震惊!

那么，对待"反抗者"的最佳方法是什么呢？记住，有时候最好不要太关注——忽视，不要用反抗来回应，而是幽默面对他们，放轻松。尽量陈述事实，而不是问问题，如："该吃点心了"，而不是"你想吃点心吗?"。因为这整件事都是关于感受，一种对于权力的感觉，一定要为学步儿提供感受的机会。——尽可能地为他们提供选择，减少语言限制，提供玩具和材料，从而提供一种掌握感。

花点时间让学步儿为自己做尽可能多的事情。请记住，"不!"伴随一个我们都在期待的目的。而且这种反抗不会持续太久。

××老师

- 尽可能地避免使用"不"，只将它用在与安全相关的重要时刻。学步儿容易从周围的成人身上模仿到很多的反抗行为，因此成人提要求时应该尽量用正面的词。

  "爬到滑梯上去"，而不是"不许爬到椅子上去"。

- 保持幽默感（"一切都会过去！"），并通过让学步儿参与有趣的事情，使他们的注意力不再集中在反抗上。比起学步儿，成人年纪更大，也理

允许学步儿选择何时吃完自己可以吃下的食物

应更有智慧，所以在处理问题的时候应该发挥创造性，而不是生气或滥用权力。

该洗脸了，可是盖布里埃尔总是不断地说"不"，老师于是做了个鬼脸并唱起歌来。盖布里埃尔也跟着大笑起来并开始唱歌，从"不，我不要洗脸，不，不，不"，到变得安静，只说一个"不"，与此同时还帮助丽萨走到盥洗室！

建议

处理抵触情绪和消极情绪

关于处理抵触情绪和消极情绪的适宜做法包括：

- 接受学步儿对自我的断言，不发怒，不嘲笑；
- 忽视他们的抵抗或"不"；
- 避免在大大小小所有问题上的权力斗争；
- 提供选择；
- 理解学步儿对重复和仪式的需要；
- 对吃饭和上厕所问题保持放松，不把它们变成压力和冲突的时刻。

8-2c　帮助分离

对学步儿和家长来说，在出生后的第一年放弃被称为依恋的情感是非常痛苦的。

随着独立愿望的实现和"离开"能力的发展，学步儿产生了巨大的依赖感。对母亲总会在身边的信念让他有能力做出独立的选择。这种选择源于学步儿的矛盾心理，而体验和掌握这种选择，也是学步儿成为一个真正独立的人的基础。（Brazelton，1974）

处理分离的体验及日益增长的独立性会对人产生终生的影响。成人可以通过以下策略来帮助学步儿。

- 当学步儿经历分离时，接受他们可能出现的害怕、悲伤或者生气。这个时候的学步儿（及他们的家长）需要支持。

  亚丽克西斯的爸爸一离开，拉弗恩就抱着抽泣的亚丽克西斯小声说："你希望爸爸不去上班，是吗？看到他走了你很难过。在他回来之前，我会照顾你的。"

- 在分离之前，通过简单的语言、拜访或与照护者见面，让学步儿做好适应新环境的准备。

照护者通过接受学步儿的感受来帮助他处理分离焦虑

  在亚丽克西斯第一天上幼儿园前，她已经跟着父母参观了幼儿园两次。她与班上老师拉弗恩有过交谈。在家里，妈妈告诉过她，马上就要去拉弗恩的班里玩了。

- 认识到学步儿将他们的父母当作安全岛，以此为出发点开展活动，会让他们觉得很舒服。照护者要帮助家长理解，当学步儿刚开始探索新的人和世界的时候，家长有必要仍然留在教室里。

　　拉弗恩解释说，如果家庭成员中的一个能够留下来陪亚丽克西斯熟悉教室，会对缓解她的分离焦虑很有帮助，于是她的妈妈就在第一天抽时间留了下来。

- 制定分离政策，允许学步儿渐渐地放松，并逐步熟悉新的环境。在起初的调整阶段，缩短学步儿与父母分离的时间会是一个不错的主意。

　　在亚丽克西斯入学的第一个星期，爸爸每天午饭前抽时间来接她。

- 帮助家长和学步儿互道"再见"，即使是当学步儿在哭泣时，也要让他们看着父母离开。当学步儿体验了离别和回归后，信任就慢慢产生了。

　　"当她向你说'再见'的时候我会抱着她，菲利普斯先生。她会哭，但是我们会处理好的。我们点心时间后再见。"

- 亲切地向学步儿及他们的家长问好，帮助学步儿在一天的刚开始就得到许多关注。

　　"嗨，亚丽克西斯。我很高兴你今天到这里来玩。看看我们装满东西的大盒子。菲利普斯先生，看上去我们已经习惯了早晨的这一套，不是吗？"

- 靠近学步儿，使得他们在想要亲近或是至少知道成人对他们来说是可亲近的时候，可以够到成人。成人行动缓慢、温柔能够传递出一种非语言的平静感。他们平静地与学步儿交谈，借用语气和话语来传递对学步儿的理解和对学步儿感觉的接受。

　　拉弗恩蹲在亚丽克西斯身边，平静地说话。"这很难，我明白，"她说道，"爸爸会回来的。"

- 意识到午餐时间和午睡时间对处于分离焦虑的孩子来说特别难熬，因此给予特别关注。

　　"亚丽克西斯，我身边专门给你留了个位置。"

- 尽可能多地忽视因分离痛苦而导致的行为。学步儿会退缩、攻击、黏人或者出现行为倒退。成人越是能够接受，学步儿就越是能够更快地相信环境。

保持身体上的亲密接触可以帮助学步儿处理分离的感觉

拉弗恩与亚丽克西斯的父母决定不去讨论她越来越多的吃拇指行为，认为只要她感到舒服点以后，吃拇指的行为就会减少。

- 鼓励学步儿带来他们最喜爱的玩具、毯子等让他们感觉安全的东西，或者是一些属于他们父母的东西，并且不把这些东西从他们手中拿走。当学步儿准备好去玩的时候，成人可以鼓励他们把珍爱的东西放在小柜格里，需要的时候再取回来。

  亚丽克西斯抱着她的毯子。一天中的大多数时候她都喜欢抱着它。

- 让学步儿携带父母的照片和录音留言，给他们和父母说话的机会，并使他们在需要安慰的时候能够听到父母的声音。

  亚丽克西斯常常走到墙边，轻摸她妈妈和爸爸的照片。

- 鼓励家长和学步儿为离开对方制订计划，确定仪式。

  现在每天来的时候，亚丽克西斯的爸爸都先在图书角为她讲一个故事，然后领她到拉弗恩这里，和她说"再见"。

- 相信每个学步儿都按自己的时间表发展信任感，接受分离。

  4个星期以后，亚丽克西斯似乎觉得在托育中心的时间不那么难过了。

建议

帮助学步儿分离

在帮助学步儿与父母分开时，这里有一些提示。

- 接受学步儿的感受和行为，理解分离需要付出努力。
- 证明自己是值得信赖的，爸爸妈妈不会偷偷溜走。他们会先说"再见"，然后就像他们承诺的那样，在点心时间出现。老师理解学步儿痛苦的感受，会在家长不在的时候帮助他。
- 不要羞辱："你大了，不能哭了。"不要贿赂："只要你不哭，妈妈就会带给你冰激凌。"不要不耐烦："别哭了！烦死了。"
- 热情关怀学步儿。学步儿的感觉是正常的，需要给他支持。

反思

回忆分离焦虑

想一想你自己对分离的感受和经历。你还记得你上幼儿园的事吗？什么对你有帮助？如果你是家长，回想一下你和你的孩子第一次分离时的感受。有什么实用的方法可以帮助孩子和他们的家人，使他们免于焦虑呢？

8-2d　应对以自我为中心的行为

照护者分小组照护学步儿时，花大量时间来捍卫每个学步儿的权利和安全。

- 认识到在学步儿学会规则以及接受行为引导之前，他们首先是自主的个体，缺乏自我控制能力。

- 精心准备环境，创设独立的游戏空间，提供数量充足、种类丰富的材料，避免争抢，预防攻击性行为。

足够的铲子和水桶可以预防学步儿争夺

- 提供易于分享的材料，这样的材料通常是大的、固定的。因为太大了，所以一个孩子是不能将它拖走的，也因为它够大，所以能允许多个孩子在同一时间使用这个材料，比如有两个开口的大盒子、攀登架和楼梯。
- 计划简单的合作。将一张大纸贴在桌子上，允许两个学步儿一起在上面画画而不互相破坏。

    "萨拉，德需要一个朋友来帮她抓住毯子的一边，这样就能够拍球了。这样很有趣吧?"

- 帮助学步儿积极地看待彼此。

    "瑞秋，你和伊桑都把秋千荡得很高，不是吗?"

- 与学步儿游戏，从而促成合作行为。

    "我就在你旁边玩我的积木。你要我的积木吗?"

- 与学步儿一起游戏让成人有机会示范口头语言。

    "德，我想萨拉是想告诉你，她不想让你拿走她的卡车。萨拉，你可以对德说'不'，说'我现在要用它'。"

照护者帮助学步儿一起装扮

- 强化任何指向亲社会行为的进步。

  "说得好，萨拉。你对德说了'不'。德，请你听一听萨拉说的。她在告诉你很重要的事。""你一直等到他用完，达科塔。你非常有耐心。"

- 在沮丧情绪发展成为激进行为前，转移学步儿注意力。

  "德，萨拉现在真的急着用卡车。在她用完之前，我们去找你的翻斗车来装货吧。"

- 在干预学步儿之间的冲突之前，稍做停顿，这样能够让学步儿自己解决问题，或者了解是真有冲突，还是仅仅是偶然的探索。

  爬滑梯时，帕特里斯看到安东尼奥撞上了德里克。德里克将安东尼奥推到后面，但是两人都继续活动，显然没有被打扰。

照护者必须对伤害他人的学步儿设定明确的限制

- 坚定地保护学步儿，防止肢体冲突。在伤害发生之前，如果有需要，坚定并温柔地抓住学步儿的手、脚或是下颚。学步儿需要得到一个明确的信息：成人会来保护并控制他们。

    "德，我不能让你打萨拉。她会疼。不要打人。"

- 当学步儿伤害到其他人时，要以强烈且控制的情绪来表示不赞成。

    "不！德，不要咬人！她会疼的！"脸部表情要配合你说的话，但是不要让人觉得你害怕失控。

- 在学步儿还不能理解的时候，不要提"分享"。照护者应该等他们发展到适宜的阶段再来上这重要的一课。同时，照护者有责任维护每一个体的权利。

    "萨拉，你完了以后就轮到德了。"

发展适宜性实践的当前话题

咬　人

咬人时常在学步儿小组活动情境中出现，因此在这里我们特别给予关注。咬人是在集体中发生的，是"自然现象，实际上不会有持久的发展意义"（Greenman & Stonehouse，2007，p.154）。不应该因此而责备咬人的学步儿，或是因为发生在某个班就去责备那个班的照护者。因沮丧而引起攻击性行为在某种程度上不是产生咬人现象的唯一原因，其他原因还包括：长牙齿的不适感，处于口腔探索阶段（Ramming, Kyger, & Thompson，2006），模仿行为，探索因果关系，过度拥挤，过度刺激，冲动，或者需要成人的关注。学步儿还可能会因为生活中的一些问题紧张，并通过咬人体现出来。这些问题包括学着与他们所依赖的人分离。另一个引起紧张的常见原因是学习如厕的过程。当照护者们尝试推测学步儿咬人的原因时，他们就更能够给予适当的回应。

　　因为牙齿萌发的不适感而去咬人的学步儿，可以通过咬磨牙棒或是咬放在冰箱里的干净毛巾来得到帮助。冰过的面包棒或是硬饼干也能够缓解牙齿的不适感。用干净的手摩擦学步儿的牙龈也会起到帮助作用，有一些医生还建议用药物使牙龈麻木。

　　通过咬人来进行口腔探索的学步儿，可能需要各种干净柔软的物体来加以引导。塑料圈、柔软玩具、芹菜——所有这些都可以拿来使用。成人可以说："你不能咬萨拉，那样她会疼。如果你想咬的话，这里有一个圈，你可以咬它。"

　　那些通过咬人来探究因果关系的学步儿（"如果我把书从桌子上推下去会发生什么？我咬苏西的时候会发生什么？"），需要玩具来探索行为后果。含因果关系的玩具——比如打开盒子即跳出一个奇异小人的玩具盒，比如沙子、水或者积木等开放式的材料，都可以用来做许多不同的事——给予学步儿积极的探索机会。

　　那些因为环境太拥挤而咬人的学步儿需要成人安排空间，保障每个人的区域，并保证他和他的物品的安全。环境、日常管理或者活动有可能需要加以改变。

　　那些因为想与别的孩子接近或玩而咬人的学步儿，需要成人监督并给予指导。对他们积极的互动给予特殊的关注这一点很重要。

　　那些因为沮丧而咬人的学步儿需要学习用简单的言语表达自己。如果语言不管用，要承认他们的感受。"你可以对他说'不'，乔尔。""我想乔尔是想告诉你，他现在不想让你碰他的熊。"

　　出于对控制和独立的强烈需要而咬人的学步儿，给他们选择的机会能奏效。

　　因为模仿别人而咬人的学步儿需要知道，这不是获得成人关注的方法。任何看起来是想要通过咬人来获得关注的学步儿都需要得到积极的关注。当咬人事件发生时，在做出回应时必须将主要注意力放在被咬的人身上，而不是简单地对咬人的学步儿表示不赞成。

如果照护者在咬人发生的时候仔细观察，并试图去探究咬人的原因，他们就更有可能找出最适宜的解决方案（NAEYC，1996a）。

应该注意的是，咬人并不仅限于学步儿。甚至上小学的儿童有时也会咬人。向他们强调"沟通需要使用语言"的观念。

当咬人事情发生的时候，成人的反应必须迅速且明确。要将注意力转向受害者，提供适宜的帮助，包括清洗伤口并在上面敷冰。照护者需要将咬人者迅速与受害者分开，同时需要通过声音和表情表现出咬人行为是完全不可接受的。照护者用十分坚定的语气，直视他的双眼，紧紧地抓住他，说："我不喜欢你咬人。看看她。她在哭。你伤害到她了。"在可能的情况下，咬人者可以帮助成人给受害者敷冰块，因为这样能够让他直接面对自己的行为所造成的后果。但是，如果咬人者拒绝，就不适宜再给他更多的关注（被咬者在这个时刻也不希望有其他人靠近）。当秩序迅速得以重建或在安慰受害者的时候，成人可以向咬人者陈述其他可供选择的做法："如果你想要什么，你可以跟她说。""如果你想要咬东西，你可以咬塑料圈。"

如果有人经常咬人，那么照护者就需要关注他，观察可能令他沮丧的情境，并在情况失控之前转移他注意力。想要了解学步儿可能承受的压力，与家长进行交流是至关重要的。需要这样把咬人这回事告知所有家长：这是符合儿童发展规律的，也是正常的；它为什么会发生？照护者会做什么事情来保护和帮助他们？如果在事件发生之前就把这些信息自然地告知了家长，家长就不会那么惊慌。重要的是照护者要意识到，愤怒的父母往往会要求知道是谁攻击了他们的孩子。照护者有责任保护儿童隐私，因此，这不是可以分享的信息，但照护者传达他们保护所有儿童的决心并制订计划避免未来发生类似事件无疑是重要的。沟通非常重要，它能够使所有学步儿的家长在咬人事件发生时以相似的方式来处理。在绝大多数情况下，尤其是用一贯的符合逻辑的办法进行处理的话，咬人现象不会持续很长时间。如果继续存在，成人可能需要讨论其他方法，减少学步儿数量或是给他们多一些一对一的关注。

建议

支持同伴关系

以下是支持学步儿同伴关系的一些提示：

- 知道学步儿学不会分享或轮流；
- 知道在与学步儿游戏时进行示范和干预的价值；
- 不要以会使敌意升级的方式惩罚或控制学步儿（Copple & Bredekamp，2009，p. 95）；
- 不要试图通过以其人之道还治其人之身的方式教学步儿知道咬人（或拉扯头发等）的感觉。这种消极的模式永远不应该被使用。

8-2e　培养积极的自尊

学步儿时期是自我概念和自尊形成的关键阶段。自尊有好几个来源：感觉我可以积极影响他人；感觉我值得被爱；感觉我有能力；感觉我被倾听、被认可。

成人在这样做时，会培养学步儿的积极自尊：

- 及时响应学步儿的需求、要求和沟通；
- 询问学步儿的意见并采纳他们的建议（"你认为我们今天应该弄蓝色还是绿色？"）；

- 抱一下，然后一起玩一会儿；
- 帮助学步儿获得成功的体验；
- 吸引别人注意学步儿的成功（"看看贾马尔能做什么。他把他的外套翻了过来!"）；
- 提供帮助；
- 密切关注学步儿，并努力以学步儿能理解的方式去沟通。

当成人帮助学步儿成功时，学步儿就会发展积极的自尊

8-2f　促进情感的发展

如前所述，温柔地引导学步儿形成亲社会意识，能够帮助学步儿最终发展出同情和怜悯之心。成人敏感地回应学步儿对于分离的感觉会最终帮助他们掌控那些感觉，同时明白悲伤和害怕的情绪是真实的、可以表达的。一个发展适宜性的社会性及情感环境帮助学步儿了解自己的感觉是受到尊重的，并且是可以通过一定的方式来表达和处理的。当成人这样做时，他们就促进了学步儿的情感发展。

- 投入情感，让学步儿直接体验温暖的环境的力量。

温暖的氛围有助于学步儿感到自己被接纳

- 真实表达自己的情感并示范处理技巧。大多数情况下，学步儿通过对周围人的观察来学习。当成人接受自己的感觉并建设性地进行表达，学步儿就有了积极的榜样。

    "埃文特，今天看到你真高兴。"老师向埃文特表达了爱意。

    "你伤害安东尼奥的时候，我真的很生气。"

- 接受喜欢的感觉和痛苦的感觉。

- 认识到尽管学步儿有强烈的情绪，但是缺乏语言能力来表达他们的情绪，也缺乏延迟表达这些情绪的能力。这就意味着学步儿在大部分情况下是通过非语言的、肢体的方式来表达情绪的。

伴随着反抗和"不"，闹脾气给学步儿期刻上了一个特征：可怕。学步儿虽然有了强烈的情感，却缺少除了肢体动作以外的表达方式，所以当他们在探究自己世界的过程中遇到许多让他们沮丧的情境时，情绪的爆发就几乎是不可避免的了。

发脾气源于学步儿寻求控制的内在力量，它反映了学步儿在面对由自己而不是父母做出决策时内心的混乱。发脾气很有可能是必要的，也是这种混乱的表现，这个年龄合适的表现（Brazelton，1974，pp. 20-21）。

尽管发脾气在学步儿期是适宜的，但在晚些时候，当其他表达和处理方式发展起来时，发脾气显然就不再适宜了。成人对学步儿发脾气经常给予强烈回应，这可能是由于他们害怕这种令人不悦的行为如果不加以制止，就可能会一直存在。但是，对于成人来说，关注当下才是更适宜的。

- 认识到不让学步儿太累或太饿能够防止他们发脾气。管理学步儿的日程，让他们有足够的休息和食物，这些有助于增强学步儿的忍耐力。

- 对不成熟的学步儿持适当的期待，并维持适宜的环境，避免令人沮丧的事件发生。比如在饭店、医生办公室、点心桌边等待时，那些地方没有东西可以吸引学步儿的注意，需要他们有超出他们承受能力的忍耐力，这很容易让他们感到受挫，应当避免。尽管预防不是解决闹脾气的唯一办法，但值得仔细考量并付诸一试。

- 冷静地给予控制，回应学步儿的脾气。当学步儿失去控制时，对他们而言，成人设定安全界限是非常重要的。

- 在学步儿失去控制的时候，要防止他们伤害到自己或是他人。有些时候将他们从挫败的情境中移开将会有所帮助。如学步儿赖在超市的地板上不走，那么将他带到外边或者车上将是有益的，目的不是隔离，而是从刺激中转移。

- 用言语表达对学步儿情绪的理解，让学步儿知道成人理解他的感受，并示范使用其他的表达方式，用温和的声音使他们平静，比如"拼图拼不好的时候真的让人恼火"。

- 向学步儿建议表达生气情绪的可供选择的方式。成人告诉学步儿："如果你生气，你可以告诉我，说'我很生气'，那么我就会知道怎样来帮助你了。"

- 在学步儿闹完脾气后，把他领过来给予爱抚与安慰，并帮助其换活动主题。现在到了该分散注意力的时候了（在发脾气的期间转移注意力是没有

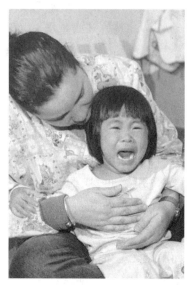

成人沉着冷静会帮助失控的孩子

意义的，并且这样做还传递了忽视情绪力量的消极信息)。

- 避免强化脾气。不能因为他发脾气而使他达到目的。
- 完全忽视学步儿及其情绪。闹脾气是学步儿表达情绪的方法，成人的忽视意味着他们的情绪是无效的或者不重要的。学步儿理解不了成人只是不赞成他们表达生气的方式，而不是不允许情绪本身。学步儿会简单地认为，如果他们想要获取成人的赞同，他们最好隐藏起任何情绪的蛛丝马迹。压抑情绪是不健康且危险的。
- 取笑或者嘲笑学步儿闹脾气也会使他们的情绪显得不重要，更不用说再对学步儿生气或者让他们有更多的挫败感了，这样的回应更恶劣。成人在地板上假装大声哭泣，然后说："这样看上去不傻吗？"这样做无疑是不够尊重学步儿 (也缺少对他们认知能力的理解)。

建议

对发脾气的回应

回应学步儿发脾气的非支持性行为包括试图给他们施加压力，或者以实际上强化和加强该行为的方式来予以回应。成人的以下方式会给学步儿带来压力。

- 用孤立或生气来惩罚学步儿发脾气："现在给我停下来，你听到了吗？我不想听到你再尖叫。我会让你真正尖叫！"这样做就变成了成人自己在发脾气，与想要制止学步儿发脾气的初衷不一致了。
- 完全忽视学步儿及其情绪。发脾气是学步儿表达情绪的方法，成人的忽视意味着他们的情绪是无效的或者不重要的。学步儿不能够理解成人只是不赞成他们表达生气的方式，而不是不允许这种情绪。学步儿会简单地认为，如果他们想要获取成人的赞同，他们最好隐藏起任何情绪的蛛丝马迹。压抑情绪是不健康且危险的。

- 成人取笑或者嘲笑学步儿发脾气也会使学步儿的情绪显得不重要，更不用说再对学步儿生气或者让他们有更多的挫败感了，这样的回应更恶劣。

成人有时实际上强化了学步儿再次发脾气的可能性，在学步儿学会以其他方式进行表达后的很长一段时间，发脾气现象还将持续存在。当成人这样做时，学步儿发脾气的行为将得到强化。

- 对学步儿发脾气表现出让步。不愿面对尴尬或是与失控的学步儿正面冲突，不惜以任何代价换取和平的成人经常愿意付出短期的代价，但却没有衡量长期的代价。比如当学步儿赖在地上后，老师就把玩具给了他，尽管他的父母已经告诉他不行。或是因为学步儿在超市里大声尖叫引起了别人的注意，父母就给他买了糖果。成人设定了界限后，他们需要去坚守这些界限，否则学步儿就会知道发脾气是能让他们得到自己想要的东西的一个好方法。

- 注意那些不被认可的情绪并保证学步儿不会受到伤害。关注学步儿发脾气的对象会成为一种奖励。在学步儿在场时与其他成人讨论发脾气也会强化这一行为。就像布雷泽尔顿说的，"最终目标是让他认识到自己是受限制的"（Brazelton，1974）。这意味着在学步儿尝试重新控制自己时，他们需要感觉到自己是受支持的。太多的关注会阻碍学步儿学习怎样停止自己的行为。布雷泽尔顿的话有助于我们从不适宜的回应中辨别出适宜的部分。

我觉得，成人在这个时候的角色是安慰，厘清斗争的各个方面。当然，成人因为害怕，或者为了避免卷入纷争选择退后，最终孩子发脾气，也无济于事。无论孩子是否发脾气，都要知道界限是必要的，之后抱起他，安慰他，这可能是成人所能扮演的最好的角色（Brazelton，1974）。

8-3　发展适宜性的引导

学步儿有太多的东西要学。学习什么会使成人高兴或者不高兴，以及怎样控制冲动，这些对学步儿来说是最具挑战的任务。在这一过程中，成人对学步儿的帮助也是同样富有挑战的。

伯顿·怀特将成人的第三个必要角色定义为"权威"（排在"儿童世界的设计者"与"顾问"之后）。他的研究发现，学步儿要想得到良好的发展，就必须认识到成人在关系中拥有最高的权威。

他需要明白，无论你怎么爱他，只要你坚定地说"不"，那无论他做什么都不会"得逞"。有趣的是，这样长大的学步儿是世界上最快乐的人。通过坚定而有效地设定限制，你让孩子学会了契约精神。他会知道，大多数时候他能得到想要的东西，但只要你明确说"不"，那么无论他做什么都不管用（White，1995）。

虽然让学步儿相信"有人知道应该怎么做"会很有用，因为他们对自己非常没有把握，但是成人的"坚定"不应该被认为是"赢了"学步儿。成人应当将两个目标铭记于心：帮助学步儿从体验中学习；保护学步儿"面子"，让他们"在离开时不感到自己愚蠢、受羞辱或是尴尬"（Stonehouse，1986，p. 45）。

建立积极的自我意识是学步儿期的一个重要目标，成人在立规矩时不能损毁学步儿心中好的感觉。发展适宜性的引导要注意以下几点。

- 对学步儿行为和自制力的期待与其年龄相符。
- 在可能的情况下改变环境而不是试图让学步儿改变行为，比如增加同样的玩具以阻止争抢，拿走玩具而不是口头限制他们玩玩具，将午餐时间提前从而避免让学步儿久等。
- 用行动加语言来引导学步儿。对成人来说，观察到学步儿似乎能够听懂话但却还不能受语言所控是令人沮丧的。学步儿需要有人能够帮助他们停止动作或者离开当时的情况。

　　"爬到这里来。"德比一边说，一边把帕特里克从桌子下拽出来。

"那是阿卡汪萨的，还给他。"尼古拉斯一边说，一边帮伊丽莎白归还玩具，然后带她去找另一个玩具。

- 积极地引导学步儿做出期望的行为。用"爬到这里来"来告诉帕特里克要做什么，而不只是用"不要爬"或者"不要爬到桌子上，停"来停止他的行为。

- 比起中止学步儿的行为，改变学步儿的思考方向会让学步儿和成人较少感到沮丧。积极的引导会较少让学步儿感觉到限制，更有利于他们接受。认识并接受学步儿做事的原因，但也要依旧说出那些"但是"。慢慢地，学步儿认识到别人也有需要。

    "你想要玩娃娃，但是林赛现在正在玩。""你喜欢爬，但是这个地方不安全。"

提供多个玩具可以减少纠纷

- 提供解决方案。说每一个"不"的同时，提供两个能让人接受的选择（Greenberg，1991）。

    "在等待的时候你可以玩熊，或者跟我布置餐桌。""你可以爬到枕头上去或者从台阶上跳下来。"

- 主要依靠分散注意力、代替以及重新引导等技巧来设置限制，同时避免让学步儿"输"。伯顿·怀特发现最有效的照护者主要依靠分散注意力以及隔离学步儿与物品的方式；在 1 岁半之后，可以使用分散注意力、保持身体距离以及坚定的说话方式等方式。

　　丽娅抢了乔纳赛的娃娃。辛迪告诉丽娅，娃娃是乔纳赛的，并且说："这是给你的娃娃，拿好了，丽娅。现在你和乔纳赛都有自己的宝宝了。""把沙子放在桌子上。"当胡普将沙子扔在地板上时，达莉妮提醒他。

- 坚持少数几个限制，帮助学步儿理解成人对他们的期待是什么。限制是为保护学步儿，要很简洁地去解释原因，哪怕学步儿不可能全部理解或需要成人的帮助才能理解。如大人一直坚持要求"在纸上画"，这样学步儿就学会不再以身试"法"。

- 展示一个冷静的、权威的方案，认识到因为学步儿还不能控制他们自己，所以需要成人提供安全限制。

当成人反复告知一个学步儿不要去碰别人的东西，但他还那样做时，成人有可能会生气地说："我已经告诉你 3 次了。现在你什么都不许干，直到你决定听我的话为止。"在这样的回应中，有些方面与我们所知的学步儿的发展是不相匹配的。第一，仅靠话语。这是不能控制学步儿的，成人应该提供肢体协助来帮助他理解并控制行动。第二，暂停游戏以让学步儿有时间反思自己的行为并进行改变，这超出了他的心智能力范围。第三，事件被架构为权力之争，成人必须取胜，让学步儿意识到他是错的，并且屈服于有权力的成人。这样做不能帮助学步儿形成积极的自我意识。

　　这是否意味着暂停游戏的方法对学步儿来说是非适宜性的呢？根据我们所知的学步儿的发展能力和理解力，答案是"是的"。总体来说，这一方法是不适宜的。如果你看见过或是经常对学步儿使用这一方法，是时候重新思考这个问题了。对于年龄稍大的儿童，有可能更适宜的办法是采取"冷静时间"（"cool-down time"）。成人很可能要帮助学步儿平静下来，在这一过程中，与学步儿待在一起或者在他附近。在他平静以后，成人可以与他讨论有关问题，并重新转移他的注意力。

8-4　成人的适宜做法

绝大多数非发展适宜性引导是出于这一假设：学步儿应该更好地理解和控制他们自己。因此，成人对学步儿的"故意""固执"或者"坏"很不耐烦和生气，并因此惩罚他们。

非发展适宜性引导有时没有意识到学步儿是通过模仿而习得许多行为的；当成人自身表现的行为与他们希望学步儿表现的行为相反时，他们自身的行为要远远比他们所说的有影响力得多。"我告诉过你不要去碰那个，"成人喊道，并打学步儿的手以示强调。当这个学步儿打他的朋友来试图强调他的观点时，同样是这个成人却生气了。许多成人说他们必须用"武力"来让"不懂得语言"的学步儿"明白"，这意味着他们认为学步儿的行动是不受语言所控制的。反思过激的"武力"所带来的教训，可以帮助一些成人重新思考在引导学步儿时使用"武力"的问题。

总的来说，非发展适宜性的引导没有意识到学步儿在理解力和控制力上存在的局限，也没能在尊重他人需要和感觉方面做出示范，而这种尊重是发展亲社会性行为所需要的。

不幸的是，很多学步儿都待在不适宜他们社会性及情感发展的环境里。至关重要的是，成人必须意识到学步儿的局限性以及他们对独立和自尊的追求。健康自我意识的形成对以后的发展来说太重要了。

小结

为了实现良好的社会性及情感发展，成人需要：

- 认识到学步儿需要自主性，并支持学步儿独立探索；
- 使他们免于与同龄人冲突，慢慢帮助他们意识到环境中他人的需要和权利；
- 接受学步儿的情绪，直到他们发展出表达这些情绪的能力；
- 让学步儿有机会与主要照护者分离，以学会控制悲伤。

- 尊重学步儿，基于相关知识指导学步儿的发展。

思考

- 与几名学步儿的家长或照护者谈话。让他们描述最近他们与学步儿在一起时遇到的最大的困难。与你的同伴进行分享。其中涉及了本章中讨论过的哪些社会性及情感问题？
- 在家或托育机构观察一个学步儿。你看到了哪些坚持己见或反抗的迹象？
- 在可能的情况下，观察一个学步儿班。记下一些你感觉适宜或比较不适宜的引导方法。与你的同伴讨论背后是什么学习理念在起作用。
- 试着从一个学步儿的视角看待一天的生活。什么有可能会对自我意识带来积极的或者消极的影响？

自测

- 请描述学步儿的主要社会性及情感问题。
- 讨论有积极影响的几种成人行为，用实例加以说明。
- 讨论有消极影响的几种成人行为，用实例加以说明。
- 讨论对学步儿适宜的成人指导。

应用：案例研究

- 写一份报告，探讨咬人的问题，分发给学步儿的家长。确保你探讨了所有可能的起因与适宜的回应方式。
- 从学步儿的视角写一篇文章，重点放在学步儿感受到的限制、沮丧以及敏感的家长可以提前预防的方法上。

第4部分 发展适宜性的学习环境

◎ 第 9 章 发展适宜性的学习环境：婴儿期

◎ 第 10 章 发展适宜性的学习环境：学步儿期

第9章　发展适宜性的学习
环境：婴儿期

学习目标

学习本章之后，你应该能够：

9-1　理解婴儿期大脑发育和学习的本质；

9-2　理解婴儿感知运动发展阶段；

9-3　讨论婴儿语言发展的典型模式；

9-4　指出促进婴儿感知运动发展的 10 项原则；

9-5　列出适宜婴儿的材料；

9-6　描述成人在促进婴儿认知发展中的角色；

9-7　列举培养婴儿语言发展的 10 种适宜性做法；

9-8　指出不适宜的认知/语言实践。

哭是新生儿与生俱来的能力。在出生后的一年里，他们逐渐能发出更多不同的声音：咕咕声、咿呀声、咯咯笑声。之后，他们会说出一两个真正的词。他们也在逐渐增强识别周围环境中声音和语言、其他人的面部表情和肢体语言的能力。与此同时，他们在不断学着理解词的意义，弄明白他们周围的世界是如何运转的，他们在这个世界中应该如何作为。婴儿期的学习和认知发展尽管经常得不到认可，但确实令人惊讶。本章将聚焦于如何支持婴儿的语言和认知发展。

9-1　婴儿学习的本质

对婴幼儿早期认知和语言发展重要性的认识，引起了人们极大关注。

婴儿后期明确显示出其各方面的发展是复杂地交织在一起的，我们只能从理论上将学习分为各不相同的领域。

情感在婴儿的学习中扮演重要的角色。当婴儿感到安全和自信时，学习就发生了。而压力会在大脑中引起化学变化，一般会破坏大脑细胞并引起学习方面的问题。早期的社会性及情感经验为神经元的发育提供了条件，而这为学习提供了认知基础。实际上，社会交往引导婴儿获得爱和信任，他们从周围环境中的成人身上学习行为方式，学习语言，并将其作为复杂交流系统的一部分，运用于他们的生活中。婴儿通过探索来发现他们的身体能力了解操作对象，并通过空间移动接触到越来越多的操作对象。他们发展实践能力，努力理解周围的世界。

爱与学习是交织在一起的

在婴儿获得语言能力之前，就已经开始学习他们周围的世界了。他们有初步的概念，等待着通过语言来命名这些概念。当他们学习了语言，就有了更大的可能性去理解周围的世界，就能够更直接地表达对知识以及对事物、人、经验甚至概念进行归类的需要了。没有学习就没有对语言的需要。没有语言，也就没有办法去组织学习。想要理解就需要去交流。婴儿的认知发展和语言分不开，也与丰富的机会分不开。

大脑发育和学习

新兴的脑部成像技术使神经生物学家和其他科学家能够确认早期教育工作者们早就知道的事实：儿童生命中最初的几个月和几年是至关重要的，这段时间所提供的环境刺激和经验真正促进了儿童大脑的成长和发展（Newberger，1997；Begley，1997；Shore，2003）。自然的天性和后天的养育共同决定了大脑的结构。在婴儿出生后的第一年，神经元的连接是最快速的。在婴儿2—3个月时，感知运动神经区域最活跃，而在其6—8个月时，额叶最活跃。婴儿与人和物交互所产生的刺激能增强神经元的连接。如果连接不经常使用，就会消失。

对成人来说最难理解的是：认知的发展在婴儿期就开始，婴儿不是通过成人对他们的训练来学习的，即使在传统的学校活动中也没有看到特例。近几十年来，商人们想充分利用家长尽可能给孩子最好的早期教育的愿望，催生了"培养更好和更聪明的婴儿"的概念。他们宣扬"婴儿刺激"（infant stimulation）项目，提供视频和教学卡片。但更重要的是，成人需要了解感知运动的概念和发展阶段。如果成人想要为婴儿提供最适宜的认知/语言环境，他们就必须认识到婴儿的先天能力和发展方式需要成人适当的反馈与支持。"克雷格·雷米（Craig Ramey）通过大量的研究有了不同的发现。他发现正是积木和串珠以及躲猫猫和其他经典活动帮助婴儿提高认知、运动和语言的发展水平。"（Begley，1997，p. 30）。

9-2　婴儿的感知运动发展

根据皮亚杰的理论，刚出生的婴儿没有"思考"的能力，但是有选择性

躲猫猫等经典活动促进婴儿认知、运动和语言发展

的反射行为，这种行为让他们通过对物体的身体接触来获取感觉信息（同化），并适应他们的环境（顺应）。可以说，他们通过活动来建构智力。他把婴儿和学步儿发展的第一阶段称为"感知运动阶段"（sensorimotor period），因为身体的发展和智力的发展在开始时是紧密交织在一起的。

许多早期游戏与感知运动系统有关

婴儿是通过他们身体的感觉和运动来开始了解这个世界的。婴儿将这些信息在心理上进行了组织以备后用。感知运动阶段从出生一直延伸至两岁左右，并由6个子阶段组成。前4个子阶段发生在出生后的第一年。

感知运动阶段的前4个子阶段如下。

子阶段1——婴儿在出生后通过简单的反射来获取信息并作用于外界。他们吮吸、抓握、哭泣，很多行为第一次发生时都是偶然的，由随意运动造成。他们每次使用他们的一种能力——婴儿会抓住拨浪鼓，但并不去看它。

子阶段2——反射行为进行了约1个月之后，婴儿获得了控制自己身体的方法，因而他们能发出行为。他们通过重复和练习来增强发出有目的行为的能力。比如他们学会了把手放进嘴里吮吸。婴儿对与手相关的动作的发现（在善于观察的成人看来，这是一件有趣的事情），帮助他们从单纯的随意运动发展到通过身体来控制事件和行为。

子阶段3——出生4个月后，婴儿对周围的世界产生了更加积极的兴趣。随着操作和控制能力的增强，他们发现自己可以使外界发生颇为有趣的事情，并且他们想让这些事情重复发生。这一转变导致了某些结果的发生，婴儿最初的对于原因和结果的理解出现了——虽然第一次可能更多的是一个偶然事件。

子阶段4——婴儿在8个月左右进入第四个阶段，他们明显达到了一个新的理解水平。他们第一次表现出有目的的行为。经验帮助他们发展了对因果关系的理解力，因而，他们能够通过更复杂的方式来协调行动，解决问题。婴儿发现他可以用扫帚柄把卡在角落的球拨弄出来，或者掀开毯子来找藏在下面的玩具。这是最初始的行为计划："如果我这样做会发生什么呢？"

在这4个子阶段中，模仿也成了影响学习的一个因素。婴儿阶段完成了感知运动发展的前4个子阶段，剩下的两个子阶段在学步儿阶段完成。然而，一个更重要的认知发展发生在婴儿期后期，即对客体永久性的认识发生在婴儿8—10个月大的时候。

客体永久性涉及这样的概念，那就是婴儿逐渐认识到即使看不见物体和人，他们也是真实存在的。客体永久性的发展反映了婴儿能够回忆起他们曾经经历过的事情。这是第一个真正的证明记忆的证据。

来自神经科学的发现

有关大脑的研究表明，运动皮层中突触大约在婴儿出生两个月后开始形成。这时婴儿条件反射消失，开始有目的地运动。在八九个月大的时候，婴儿大脑中组织和整理记忆的区域——海马体——开始充分发挥作用，客体永久性出现了（Begley，1997）。大脑生理变化和感知运动发展早期阶段之间的联系是显而易见的。婴儿的游戏类型反映了大脑的发展。很多早期的游戏与感知运动系统相关。当额叶在第一年的后半年开始活动时，游戏表现出社会性。

9-3　婴儿的语言发展

儿童在 3 岁前就获得了的大部分语言。婴儿期独一无二的惊人成就是值得注意的。需要特别提到的是，语言同时涉及听力、破译技能和发声。婴儿似乎生来就能为这些任务做准备。

婴儿生来就会发出反射性的哭泣，并很快能用不同的哭声来表达不同的需要。在刚出生一两个月内，他们开始发出喔啊声，开始开口说元音。在 1 个多月后，所有可能发出的类似于咿呀的声音会组合为所有可能的语言。神经元的发展与婴儿所处环境中特殊的发音和语言相关。到 6—8 个月龄时，如果这些特殊的发音不被婴儿周围的发言者使用的话，婴儿将不会尝试发出这些声音。在婴儿期后期，婴儿开始发出由两个音节组成的声音，（大大、爸爸）这些是他们从身边人那里听到的。在他们第一个生日的时候，他们通常会说出与真实意义相关的一两个单词。这时期婴儿发出的语言被称为表达性语言（expressive language），一直滞后于婴儿能理解的语言或接受性语言（receptive language）。婴儿在 8—9 个月左右会说出第一句能被成人听懂的话。

婴儿从一开始就对声音有反应。他们听到一个响亮的声音时会吃惊，听到一个熟悉的声音时会很平静，并转头寻找声音的源头。显然，他们在妈妈子宫时就开始留意声音了。"出生只有 4 天的婴儿能区分不同的语言，法国新生儿听到法语发音时，比听到俄语发音时吮吸得更为有力，而俄国新生儿则出现了相反的偏好。"（Cowley，1997，p. 17）几个月后，他们对充满爱的照护者的声音有不同的反应，甚至在还没看见那个人时他们就开始微笑。婴儿也乐于倾听他们自己的声音。8 个月龄时，他们咿呀学语的声音变调了，对语言的理解力增强了，这证明他们已经有了倾听能力。"到吃奶的时间了。"玛丽说。约瑟华期待地转向了冰箱。"到这来。"奶奶说。这时婴儿快速地向她爬过去。

到目前为止，还没有关于婴儿如何学习语言的确切解释。虽然语言产生的开始阶段似乎有先天模式，但有关后天语言如何产生存在两种观点：一些人相信语言是环境教学和强化的结果；另一些人相信儿童学习语言是因为他们生来就具有学习语言的能力，通过语言习得装置在大脑中实现程式化（Chomsky，2006）。显而易见的是，两种理论似乎都无法完全解释所有的现象。目前的脑研究表明，照护者经常与之讲话的婴儿能辨别的语词远比没有接触过类似发声的婴儿多。早期接触到的语言有助于大脑神经连接的建立，使以后的语言学习成为可能。因此，成人在促进婴儿语言发展时，应该考虑到他们在响应婴儿声音时所起的作用，并认识到他们之间的沟通为婴儿提供了教学和示范。

一种理论认为语言是环境的产物

来自神经科学的发现

- 婴儿大脑的大小和复杂性在出生后的头 3 年比任何其他时期（除了出生前）都发育得快。

- 婴儿的大脑是按一定顺序发育的，处理基本信息的连接比处理更复杂信息的连接发展得更早。较低层次的学习必须正确，否则较高层次的学习将会更困难。

- 生理和经验共同影响大脑。在稳定、关爱的关系中频繁积极互动，为大脑发育提供了机会。

- 所有的婴儿生来就"有感情，并做好了学习准备"。

- 短暂的压力有助于婴儿自我调节技能的发展，但反复经历巨大的压力，如饥饿、恐惧和挫败，会产生损害大脑发育的有毒激素。（详细信息可参见：Caring for Infants and Toddlers in Groups：Developmentally Appropriate Practice, 2nd ed.，Washington，DC：Zero to Three，2008.）

哈特和理斯利（Hart & Risley）进行了一项关于家庭经验如何影响儿童发展的长期研究（2003）。他们收集 42 个家庭中 10—36 个月婴幼儿的一小时的录音，对父母和婴幼儿之间的口语交流进行了研究。研究将家庭分为专业工作背景的家庭、工人阶级背景的家庭和接受福利的家庭。虽然所有的婴幼儿几乎同时开始说话，但是他们的词汇量却差别很大。在 3 岁时，来自专业背景家庭的幼儿平均会 1100 个单词，来自工人阶级背景家庭的幼儿平均会 750 个单词，而接受福利背景家庭的幼儿平均只会 500 个单词。这些幼儿听到了不同数量的单词：来自专业背景家庭的婴幼儿平均每小时听到 2153 个单词，而其他两个家庭的婴幼儿平均每小时分别只听到 1251 个（工人阶级家庭）和 618 个（接受福利家庭）。另外，研究还发现，父母最积极的做法还包括特别的谈话风格，如：

- 词汇量大；
- 多口头鼓励，少禁止；
- 谈话中含有大量的信息；
- 让孩子来选择，并询问他们；
- 与孩子交流时认真倾听并做出回应。

哈特和里斯利有 3 个关键发现：

- 婴幼儿智力及语言能力的差异与父母同婴幼儿交谈的数量有关；
- 婴幼儿在 9 岁和 10 岁时的学业成就可归因于他们 0—3 岁时听到的词汇；
- 比起低年级儿童的父母，高年级儿童的父母更愿意同他们的孩子交谈。

直到儿童成长到 9 岁或 10 岁，其口语能力和智力发展之间都存在正相关。也许最引人注目的是，研究人员后来发现，通过对低收入家庭父母进行养育技巧训练，可以改变他们的沟通方式，从而使他们孩子的成绩达到全国平均水平。这些研究人员由此认为养育和沟通的质量是决定儿童认知能力和学业成就的关键因素。

在这里，我们认为维果斯基的社会认知理论是很重要的。这一理论认为除生物学基础外，社会经验和沟通方式也为个人提供了思考和解释世界的方式。在维果斯基看来，语言的获得是儿童认知发展过程中最重要的里程碑。

维果斯基视儿童与更成熟伙伴的合作为儿童认知发展的源泉，并强调成人在给予儿童"思维工具"方面具有关键作用。在这里，我们将研究如何与成人互动能最好地支持婴儿认知和语言的发展。

> **反思**
>
> ### 婴儿课程
>
> 　　当你听到关于婴儿课程的讨论时，你会怎么想？浮现在你脑海里的是闪卡和视频，还是有趣的互动和游戏？你能否将婴儿有意学习的理念和发展适宜性实践相结合？

9-4　支持婴儿感知运动发展的原则

当婴儿通过活动建构关于周围世界的知识时，照护者应该思考他们自己的发展适宜性行为。以下是 10 条指导原则。

指导原则 1，关系第一。

照护者为婴儿提供安全感和依恋，这是婴儿将他们的精力投入对环境的积极探索的前提条件。具有安全依恋关系的婴儿会获得充分的信心去独立地进行探索。婴儿将照护者作为安全基地，当他们需要得到肯定时，成人就是他们的"加油站"（Honig，2010）。探索会带来理解，但关系是第一位的。

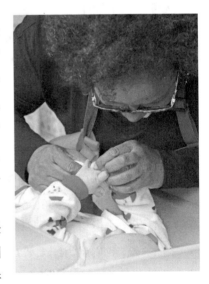

关系第一

在高质量的婴儿中心，对关系的强调是与认知和语言发展的最佳环境相联系的。训练有素的工作人员，在师幼比较高的条件下，有时间和能力去建立这些重要的关系。

金老师正看着 8 个月大的梅琳达在地毯上玩。梅琳达瞟了金一眼，金捕捉到了她的目光，咧开嘴笑了。几分钟以后，梅琳达爬到了房间里一个很远的角落，忙着尝试将两个容器放到一块，没有再去看金。

建立依恋关系首先是为了防止照护者不适宜地强调认知"教学"，如让一个婴儿长时间地坐在秋千上看电视而错过与重要他人的接触。与他人接触是对这个世界及其所包含的所有东西——包括英文字母和大鸟——产生兴趣的前提。

指导原则 2，学习源于互动。

照护者认识到，认知发展的基础是与物、人的交互作用。婴儿在建构对世界的理解时发挥积极作用。有时候，他们需要玩玩具，操作简单的物品或感觉材料。有的时候，通过与成人的交流或者做一些简单的游戏，婴儿能够吸收新的观念，拓展语言，并加强互动。成人要通过细心的观察，知道婴儿什么时候准备好对成人的互动做出回应，什么时候需要独自探索。

有时候需要独自探索

他们认识到，婴儿都是通过相互作用来学习的。

维果斯基给我们的启示是成人如何通过认识最近发展区来帮助儿童发展。他将最近发展区定义为："由独自解决问题决定的实际发展水平，与在成人指导下或和同等能力伙伴合作解决问题决定的潜在发展水平之间的区域。"

(p. 86) 成人应在儿童的最近发展区内给他们以经验，对他们提出挑战，通过及时的指导帮助他们达到新的发展水平。维果斯基认为教育应该通过交互作用来引导儿童的发展，并允许儿童通过积极的活动来建构新的认知能力（Berk & Winsler, 1995）。

梅琳达玩完了嵌套玩具（nesting toys）后，金老师听到她开始嘟囔。金认为这是婴儿已经准备好进行一对一互动的一个信号。于是，她们两个就玩起了"宝宝在哪里"的游戏。金老师将一块头巾盖在梅琳达的头上，等着她将它拿开。梅琳达咯咯地笑了。对于梅琳达来说，这是一种未曾有过的体验，她看起来对于因果关系及交流方式有了新的认识。这不是梅琳达原来所能想到的游戏，但是金老师知道梅琳达能够面对新的挑战。

指导原则3，在感知运动中学习。

照护者认为身体游戏和探索活动是认知发展过程中不可分割的一部分。他们停止游戏并教给婴儿一些东西，因为他们认为婴儿正在通过积极的探索来建构他们的智力和理解能力。照护者很熟悉皮亚杰的认知发展阶段理论，这样他们就能很轻松地理解隐藏在身体活动背后的看不见的认知要素。

当金老师和梅琳达在玩"藏东西"游戏时，金老师非常吃惊，因为就在几周前，这些活动还远远超出梅琳达的认知能力，但是现在梅琳达正在发展对物体永久性的认识，对她来说，把东西藏起来，然后找到它，非常有趣。

指导原则4，学习是有趣的。

婴儿期的重要学习都是在快乐、自发的游戏情境下发生的。当婴儿"操作"他们的身体、控制物体并运用他们所有的感觉时，他们非常快乐。成人看到婴儿学习也感到快乐。最重要的是，当成人和婴儿成为学习伙伴时，彼此都感到快乐。成人引导婴儿去玩一些与记忆有关的游戏（还涉及语言、模仿和轮流），比如捉迷藏。实际上，这些游戏对婴儿来说具有深刻的意义，他们通过游戏来发展认知和运动能力，比如对客体永久性的认识和手眼协调的能力。然而，这些游戏的最大价值在于给婴儿带来了快乐。这不是强迫的，却是最好的学习。

和梅琳达游戏的时候，金老师没有强烈地意识到自己是老师，也沉浸在

学习是有趣和快乐的

游戏的快乐中。当梅琳达尖叫着期待再来一次时，金老师笑了。她是在教东西，但彼此的快乐是主要的。

指导原则 5，学习包含重复。

照护者赞同这种观点，即婴儿有练习和不断重复身体动作的需要。脑科学研究表明，重复能建立强大的神经通路。"除非他们能够完成需要做的事情，否则他们是不会自己找事做的。"（Gonzalez-Mena & Eyer，2011，p. 70）为婴儿反复运动和探索提供大量的时间和空间，是对他们身体和认知发展需求的呼应。

由于婴儿一天大部分时间都花在了日常生活活动上，照护者有意利用这些重复的活动，来帮助婴儿了解他们周围的世界。婴幼儿创造性课程（Dodge et al.，2010）列举了提供这些重复学习机会的 5 种情形：打招呼和道别、换尿布和如厕、进餐、睡觉及穿衣。

当 4 个月大的丹尼尔从早晨的小睡中醒来时，金老师把他放到活动室地上的一个练习垫上，并给他一些有趣的东西让他去够。现在看起来，他对于自己够东西的技能很有信心。很明显，他现在没有任何犹豫。而不久前他还在努力地协调眼和手的动作。每次重复都在减少他动作的不确定性。

婴儿自发的重复学习不同于成人要求下的重复练习。有的成人一次又一次重复演示如何将正确的积木块放进洞里，直到他们认为婴儿已经学会了为止。成人的重复很快就让婴儿感到疲惫和沮丧，而不断地揉眼睛并将视线从"课"上移开显示了婴儿的烦躁不安。

婴儿需要时间和空间来一次又一次地移动和探索

指导原则 6，学习遵循一定的顺序。

照护者认识到身体的发展遵循着可预料的发展顺序，所以他们知道要为即将发展的动作提供适宜的空间和材料支持。同样，他们也了解认知发展阶段，这并不意味着照护者要将婴儿推到下一个发展阶段，相反，他们将更加敏锐地为婴儿的发展创造条件，并及时对婴儿的行为做出反应。照护者接受了这样的观点，即在婴儿准备好之后再让他们做力所能及的事情，而不是置婴儿于无能为力的境地。如果婴儿被要求参与肌肉发展水平还没有达到的活动，他们会感到疲惫和不舒服。

丹尼尔学会翻身（从俯卧到仰卧）已经一个星期了。他平躺在地毯上时，金老师就让他侧卧，这样他自己就会翻身，从侧卧转为俯卧。

指导原则 7，学习是独特的。

照护者了解他们照顾的每个婴儿的作息时间表和学习方式，因此，他们能够为每个婴儿提供最好的学习体验。有研究者称之为"匹配"——为每个婴儿提供个性化学习环境（Honig，2010）。只有当成人观察并了解每个婴儿的气质、行为特征和兴趣，以及他或她在可预测发展序列中的位置时，个性化支持才有可能。

丹尼尔是个好动的孩子，当他疯狂地尝试着用他的腹部前进而不能成功时，他表现出了明显的挫败感。金老师注意到了，立即把他移到了他能够着东西的范围内，这让他感觉舒服多了。

艾利西亚和丹尼尔年龄差不多，但她更满足于躺着玩毛绒玩具。虽然她允许金不时地改变她的位置，但她很少像丹尼尔那样急于移动自己的身体。

6 个月大的赛思正心满意足地躺着玩，但弗朗西斯科大声叫唤起来，成人把他扶着坐起来。每个婴儿需要从成人那里获得不同的反应和对待。

指导原则 8，婴儿是领导者。

照护者认识到，学习的动机和学习的选择取决于婴儿。假如婴儿正常的生理功能和神经系统发挥作用，没有必要教婴儿去探索（除了那些有特殊需要的婴儿，如由于生理残疾和有缺陷而不能进行主动探索的婴儿）。

然而，这并不是意味着照护者不能发挥作用。有时，成人的责任是观察应何时干预的信号。其他时候，成人的责任包括为挑战和强化婴儿的发展技能而提供材料，维持新旧技能之间的平衡，考虑为他们提供新的经验。换言之，虽然成人认识到他们有责任为婴儿提供合适的选择和机会，但是学习的责任和动力取决于婴儿。

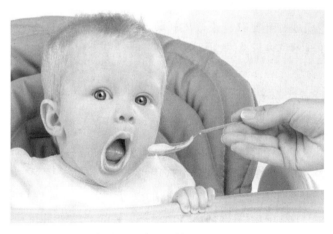

品尝食物对婴儿来说是一种学习体验

照护者遵从婴儿的领导，而不是贸然干涉他们探索和游戏的兴趣。他们认识到自己的角色是支持者，是关注和鼓励婴儿发起活动。

金老师发觉丹尼尔因为不能向前爬而沮丧，所以在他趴在地上时，金老师躺到他的旁边，鼓励他再来一次。金老师在丹尼尔前面差一点就能够着的地方放了一个他最喜欢的动物玩偶。丹尼尔向前爬了一点，金老师通过语言和肢体动作表现出很兴奋的样子。

指导原则 9，照护者提供环境。

如果婴儿是通过自由探索他们周围的世界来学习的话，那么成人主要的责任就是为他们提供安全和有趣的世界。照护者认识到，在充满感官体验和有安全保障的环境中操作有趣的材料，能够促使婴儿运用眼睛、手指和嘴来进行探索。婴儿的活动环境不是天然存在的，而是照护者在精心考虑的基础上提供的。婴幼儿创造性课程提出了婴儿的 8 个活动领域：玩玩具（包括自制玩具），体验艺术，模仿和装扮，故事和书，品尝和准备食物，探索沙子和水，音乐和运动，户外经验。每个领域中的适宜材料都能让婴儿开展探索游戏。

当孩子们变得越来越好动后，金每天都要仔细地检查房间，以确保没有潜在的危险。今天上午，她正饶有兴致地看着丹尼尔。前一天，她在一个透明塑料小管里装满了小珠子和有颜色的水，并用软木塞把两头堵住。管子的粗细正好能让孩子们稳稳握住。如果丹尼尔能够主动地推一下管子，可能会发生有趣的反应。她稍稍地打开窗户，让微风轻柔地吹动垂挂在垫子旁边的彩色丝带。爱丽丝很喜欢这个。这将是个美好的早晨，因为要将稍大月龄的婴儿带出来放在车上。今天将要探索一些新事物以及原来玩过的一些好玩的事。

指导原则 10，学习需要沟通。

当婴儿有了发现时，他们会希望与自己爱的成人分享。开始时，大部分的分享是非语言性的：微笑，高兴地跳，用手指，递玩具，沮丧大哭。支持性的玩伴会将婴儿所做的事情及其发现用语言表述出来。当婴儿对他们周围的世界有了更多的认识后，他们会更灵活地依靠成人的命名和语言，更多地进行口头沟通。因此，我们可以看到在语言和学习过程之间的不可分割的联系。

学习需要沟通

"丹尼尔，你很努力，你想走路，是吗？快了，我敢打赌。"

"是啊，梅琳达，你把那两个杯子分开了，问题解决了！"

鼓励的声音的反应使婴儿的眼睛明亮起

来，虽然他们可能并不懂得这些话的真正意思。

以上关于感知运动发展的 10 条原则会指导成人提供最适宜的认知环境，从而对婴儿行为做出适宜反应。

9-5 发展适宜性的材料

对于成人来说，想要培养婴儿认知能力的发展，一个重要的任务就是提供发展适宜性材料。

9-5a 婴儿早期：可视性材料

在新生儿时期，成人没必要对环境担心太多。新生儿大部分时间都在睡觉，而且神经调节系统并不需要太多的刺激"轰炸"。在接下来的两个月里，他们的清醒时间会更长，他们很喜欢环顾四周。照护者要让他们看看有趣的事情，首先要看的是成人的脸，那将是婴儿到目前为止所能够获得的最迷人的东西。一个充满爱的成人也被称为"婴儿的第一件理想玩具"。

除了让婴儿看人，在 2—3 个月龄时，在婴儿可以看见的范围内悬挂饰物是非常有用的。应该选择或创造那些在婴儿看来有趣且易于寻找的悬挂物。一些悬挂物主要是为了吸引成人而不是婴儿。有趣的悬挂物可以是彩色纸碟

精心布置、坚固而不易破裂的镜子吸引了婴儿

或彩色的球。婴儿喜欢方形、圆形和鲜明的对比，如白色和黑色。

精心布置、坚固不易破裂的镜子在这个时候可能会很吸引人。整个婴儿期都是如此。

通过改变婴儿的位置或姿势偶尔改变一下风景，可能是另一个刺激婴儿对周围世界感兴趣的因素。

到了这一时期的最后阶段，婴儿开始发现自己的手，他们已经准备好练习抓握，所以应该用"摇篮健身房"（cradle gyms）代替易碎的悬挂物。使用木钉来固定很有创意，也可以通过半刚性材料来固定，比如用塑料绳来固定（避免婴儿第一次尝试性地抓握时受挫）。让婴儿躺着或坐着时能触摸到物体很重要。

当婴儿趴在地上游戏时，应给他们提供由多种材质构成的、图案鲜明的柔软地面，并在婴儿视力范围内摆放一些小玩具。

9-5b 为婴儿用手抓握准备材料

当婴儿在地板上打滚、趴着或者坐着玩时，他们需要各种各样的玩具。到8个月左右，婴儿开始用整只手抓握。大的、柔软的物体会更方便婴儿抓握。

毛绒玩具和软积木块非常适合婴儿抓握

这样的材料包括毛绒动物玩具、手偶、积木块、拉环、供牙咬的玩具、珠子、软球等。婴儿仍然处在感觉运动阶段，喜欢尝试有趣的感知材料，而能发出声音的玩具也是很有吸引力的，比如挤捏出声玩具、钟、铃铛以及大一些的拨浪鼓。请注意，任何发声的玩具都应该让婴儿能够看到并理解声音来自哪里（Copple & Bredekamp，2009）。安全的日用品，如木勺、塑料碗和量杯都是适宜性材料。

发展适宜性实践的决策

困境：一位家长带来了一份广告册，是一个为期一周的如何教会婴儿阅读的培训班的广告。她非常兴奋，说她将利用她的假期去培训，因为她相信那将对孩子非常有利。你该做何反应？

思考：全国各地纷纷涌现许多项目，承诺将满足家长提高婴儿阅读、语言、体育等各方面成绩的愿望。不幸的是，绝大部分项目在方法和结果上都存在着专业问题，"就如何发展潜在的天赋还没有实质性的认识"（White，1988，p. 140）。

值得关注的是那些需要刚出生没几年的婴幼儿进行长时间练习的项目，其潜在的不利因素在于每天家长会和孩子进行日常教学。婴儿自发的学习兴趣和快乐有可能受到威胁。

重要的是要帮助家长认识项目的整体影响，并帮助他们看到各个领域均衡发展的重要性。

9-5c　为婴儿两指对捏准备材料

出生 8 个月左右，婴儿能够用两指对捏的方式来抓握。这种控制能力的提高能够让婴儿尝试着将一个物体放到另一个物体里去，或者以某种方式移动物体。这类材料包括：嵌套玩具（买的或者自制的）；堆叠环；部分可动的玩具，比如旋钮、转盘和按钮；一些结实的板书。

一些易于在家里积累的"零件"包括：

塑料管；

塑料发卡；

饮料瓶盖；

小刷子；

漏斗；

挂钩；

把手、插销；

盒子；

塑料蔬菜框或蔬菜网兜；

不同大小的罐子。

你可以继续列下去——你能从家里的废旧材料中找到什么？要始终注意健康和安全问题，特别是锋利的、有可能导致窒息的和有毒的材料。（Greenman，Stonehouse，& Schweikart，2007）

随着身体敏捷性的增强，婴儿发展到了探究简单因果关系的阶段。照护者认识到，这时候婴儿成了主动的操作者。彩色盒子非常吸引初级的操作者。虽然还不能控制自己，但是这个阶段的婴儿喜欢把自己藏在盒子里。球具有很大的探索可能性，婴儿会用不同的方式玩球。像壶和锅这样的普通厨房用具也很有趣，它们可能会砰砰作响。许多废弃材料都具有很大的探索可能性，如空的塑料瓶可以将里面的空气挤出来；带有可活动盖子的纸巾盒，也可以在里面填塞别的东西（看看你能否有更多的想法）。带柄的、只有两三块的拼图对于大一些的婴儿来说是有趣的。

9-5d   为可移动的婴儿准备材料

大一些的婴儿感兴趣的是布娃娃和看起来很逼真的玩具汽车、卡车。一些推拉玩具，比如玩具购物车和婴儿车都适合。各种各样的户外器材，比如宽的坡道和滑梯、隧道或秋千也合适。

为婴儿的探索创造环境，其中就包括投放材料的位置，这样能够鼓励刚刚会移动的婴儿向物体移动。

此外，需要强调的是，所有材料都要完全适合婴儿口和手，所以物体的尺寸很重要（以防发生吞食事故），质量也要过硬。

如果这些材料与宽阔的地板空间相结合，同时提供婴儿站起来和活动时需要的低矮的或有扶手的家具，那这样的环境就几乎算完美的了。剩下的事情就是成人要做的了——对婴儿自发的探索活动表现出兴趣和欣赏以示支持。

9-6　促进婴儿认知发展

婴儿能够确定自己的目标，自己进行探索，并且建构自己对周围世界的理解，但是成人在促进婴儿认知发展中依然承担着多种角色。

首先，为婴儿的探索活动创造物质环境。安全而足够大的活动区域、精心布置的大量有趣的材料以及随时提供帮助的成人都是物质环境的一部分。需要注意的是，要确保婴儿每天的活动材料状况良好。

其次，为婴儿的探索活动创造社会性及情感环境。至关重要的是，照护者要认识到关系是婴儿全面发展的基础。要关注和支持婴儿，通过与婴儿互动，使他们保持兴趣，并对他们取得的成就表示鼓励——所有这些与成人的交互活动都能增强婴儿继续努力并获得成功的愿望。而当婴儿自己玩耍时，成人仍然在一边，随时准备提供支持。

再次，为婴儿提供与其认知发展相符的活动和材料等。一旦照护者认识到婴儿期的生理和认知发展特点，他们就应该能够知道每个婴儿处于什么阶段，什么材料和活动是适宜的。认知环境的创建不能仅仅靠直觉。照护者应该经常性地观察和记录，这样他们就能够估计每个婴儿处于发展连续体中的哪个阶段。

为了与婴儿认知发展匹配，照护者需要成为持续的观察者和记录者，发现婴儿在一定时间所处的发展阶段，以便制订课程计划（Lally & Mangione，2006）。婴儿课程不仅是一系列活动。它是一套学习经验框架，使婴儿能够在所有发展领域实现既定目标（Copple et al.，2013）。

照护者全天都在观察，会在婴儿独自探索时做简要记录

最后，照护者全天都会观察，也会在婴

儿自己进行探索时做简要的记录。他们根据自己的观察来为婴儿确定短期和长期的发展目标并提供材料，为支持婴儿向目标方向发展准备适宜的经验。他们谨慎地提供材料和经验——使每个婴儿都感兴趣并为之做好了准备。这是照护者的责任之一。

参看表 9-1 中有关计划表的样例，可以看出照护者是如何为每个婴儿安排材料和策略的。婴儿课程的规划是个性化的。

表 9-1   照护者根据发展目标和发展程度来为每个婴儿制订发展计划

姓名	大动作	伸手够和抓握	语言/认知	社会性及情感
布里安纳（4 个月大）	仰卧在摇篮中	改变摇篮上娃娃、球或钟等的位置	童谣、歌曲	挠肚子
崔纳瑞（6 个月大）	能支撑着坐起来	提供东西让他用两只手来拿	穿衣服时说出身体各部位的名称	坐在镜子面前玩耍
丹尼勒（6 个月大）	在他刚好够不到的地方放置小羊玩具，鼓励他向前滚爬	让他用来晃的新瓶子	认物图画书	拍手游戏
查汉（9 个月大）	和我玩抓的游戏（包括 4 个方面）	放两块大积木	藏东西	鼓励他表达情绪

由于一天中婴儿主要的探索活动与其运动的发展相契合，但又会与其他活动，如喂养、换尿布、拥抱等相冲突，所以照护者要提前计划好并为婴儿的自发游戏或活动做好准备，这意味着提前制订计划，但不规定时间。照护者需要考虑下一步的学习该如何进行，什么时候会出现适合活动的机会。这些并不是类似于"上午 10：30：语言课程安排"。

你将会认识到成人在婴儿认知和语言重复方面所起的作用，现在让我们将注意力更多地放在语言练习上。

9-7   促进婴儿语言发展

无论是婴儿大脑的发育，还是有关交往知识的增长，都需要语言。他们需要发现说话声是有价值的，并且是人与人之间交往的一种方式。许多语言学家相信，儿童学习语言的过程可能包括模仿和强化，还包括理解同伴所表达的意思（见表 9-2）。这对于成人帮助婴儿"调整"他们的语言学习具有重要影响。

表 9-2　儿童是怎么获得语言的

靠天生的机制？	通过环境的教学？
所有的儿童都在同一时期以同样的方式获得语言	儿童学到的都是在环境中听到的语言
耳聋的儿童也会哭，笑，发出咕咕声，含混不清地说	耳聋的儿童模仿父母的手语
儿童能够发明他们从未听过的语言结构、语词和表达方式	得到了强化的发音和词句在儿童的语言中占支配地位
成人几乎不"教"儿童语言或语法	聋哑父母生下的健全儿童通过暴露在其他语言资源中来学习讲话
二者都不能解释语言发展的全部方面	

成人促进婴儿语言发展时需要注意以下 10 个方面。

1. 在刚开始的时候，在照顾婴儿的每一天里，要经常性地与婴儿直接（面对面）讲话。他们叫每个婴儿的名字（Kovach & Da Ros-Voseles，2011）。在开始的阶段，在成人认为婴儿能理解之前，他们需要像婴儿能够明白的那样和婴儿说话。成人说话时语调要自然，发音要清楚，"遵循成人间对话的日常礼仪"（Bruner，1978，p.284）。没有所谓的"婴儿语"，如果有就意味着是成人错了。这就需要有效地纠正交流中的语言错误。而研究表明，在最初的几个月，母亲主动交谈的婴儿的词汇量要远远大于较少听到周围人谈话的婴儿（Hart & Risley，2003）。

安吉拉对 5 个月大的保罗说："你在玩球的时候真的很开心，是吗？"

艾瑞克对她 3 个月大的女儿说："到你洗澡的时间了，我把你粉色小鱼放进去。"

婴儿期的双语学习者

当婴儿在家里学习说第一语言（英语除外），然后进入以英语为使用语言的托育机构时，他们就需要同时学习两种语言。有广泛的科学证据表明，双语环境下的婴儿"在生命的第一年里发展了两个独立但又相互联系的语言系统"（Espinosa，2010，p.68）。研究表明，人类大脑具有学习多种语言的强大潜力，婴儿一出生就有学习两种语言的天赋，还能区别出每种语言，并根据线索做出解释，以知道何时适合使用哪种语言。因此，成人不必担心同时接触两种语言会延迟或阻碍婴儿语言发展的进程。事实上，当同时学习两种语言时，儿童"发展途径类似于单语学习的儿童习得语言的方式"（Espinosa，2010，p.69）。双语儿童说出第一个单词、学习语法规则和早期读写技能的时间与单语儿童大致同步。然而，研究表明，双语儿童每种语言的词汇发展速度可能比单语儿童普遍偏慢。

托育机构的工作人员需考虑几个要点。首先是要鼓励在家中说另一种语言的婴儿继续照常进行家庭语言互动，因为这为婴儿能够过渡到熟练课堂里的语言学习奠定了基础，也维持了最重要的亲子关系。婴儿的家庭语言是其文化身份的重要组成部分（Genesee，2008）。家庭成员应该了解双语学习对婴儿的好处，以及他们在帮助孩子学习家庭语言方面的重要作用。对于照护者来说，重要的是要知道婴儿的家庭讲什么语言，由谁讲，以及语言是怎样使用的。照护者必须始终支持并尊重婴儿的家庭语言和家庭文化环境，并应向其家人保证，尽管婴儿在学习第二种语言，他们也将尽一切努力支持婴儿学习家庭语言。如果有会说婴儿家庭语言的照护者，可以安排他们与父母和婴儿沟通。

如果没有会讲婴儿家庭语言的工作人员，照护者需牢记自己的目标是促进婴儿之间以及婴儿和成人之间的互动。照护者可以向婴儿的家长学习一些简单的语言和歌曲，并准备一些带有家庭语言文字的简单绘本。这些会支持婴儿的双语学习。照护者将通过回应婴儿的需求和建立温暖的关系来交流，同时像往常一样说英语。家园双方都可以借此机会学习另一种语言。

除了语言之外，照护者应鼓励家庭提供早期双语学习经验，并分享来自母语国家的音乐和歌曲。还可邀请婴儿的家庭成员和社区成员在班里待上一段时间。在与家长沟通时，照护者应同时提供口头和书面形式的信息。

婴儿需要长时间、定期地、大量地接触这两种语言，才能完全熟练掌握语言。婴儿会模仿他们周围成人的语言。双语婴儿拥有发展两种语言能力的独特机会，这带给了他们认知、语言、文化的优势（Genesee，2008）。

2. 认识到要把语言当作对话来教，要演示交流时的轮换技巧。在成人讲话以后，暂停一下等待婴儿的反应，这种反应可能是言语的，也可能不是言语的。成人观察婴儿的眼睛，并且自然地和他们直接对话。

安吉拉不说了，其身体语言告诉保罗："轮到你来说了。""噢噢。"保罗做出了答复。艾瑞克说："你真的喜欢洗澡，是吗?"玛丽笑了。

3. 要强化婴儿的第一次咕咕声和咿呀声。有时候成人用言语来回应他们，就好像婴儿真的在讲话。有时候成人重复婴儿发出的声音。成人在所有情况下都会做出回应，使对话继续，并增加非言语交流的方式，比如使用手势，转换语调。通过这些方式，婴儿会发现语言的交流是有用和有效的。

6 个月大的珍妮弗说："妈妈妈妈。"她的照护者微笑着把脸转向了她。

"妈妈妈妈。"照护者重复道。珍妮弗高兴地笑着。"嘎，嘎，古赫，噢

噢。"她期盼的样子表示她知道该轮到成
人了。

"啊妈爸爸爸。"珍妮弗说。这时候照
护者说："是的，我知道你喜欢那个圈，你
可以咬咬它。"

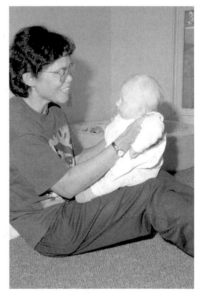

4. 成人将他们的对话与环境中的物体
和行动联系起来。这种说明性的解说涉及物
体的名称，这样婴儿首先就会学习它。成人
对婴儿正在做的事情进行评论，不仅能鼓励
成人在婴儿开口说话前讲话，而且也能够表
现出成人对参与活动的婴儿的尊重和关心
（Kovach & Da Ros-Voseles，2011）。婴儿在
探索和操作材料时，有时候也需要成人的评
论。把单词与具体物体和经验对应起来是一

语言是通过对话来教的

项有用的语言教学技术。有研究人员指出，这就是为什么是与活生生的语言接
触——而不是通过视频播放词汇或者复杂的演讲——才能影响婴儿语言发展的
原因。"语言必须在活动中使用，否则就是噪声。"（Huttenlocher，见 Begley，
1997，p. 31）

"现在我要帮你们穿袜子了。先穿一只袜子，看这，再给另外一只脚穿
另外一只袜子。我们有两只干净的袜子。两只脚，两只袜子。现在你们准备
好穿上你们的鞋了吗？这是第一只。"

"看看你自己，你每只手都拿着一个杯子。叮，叮，叮，它们发出了很
好听的声音，是不是？"

5. 当婴儿开始咿呀学语的时候，成人应该偶尔进行一些简单的对话。成
人需要经常使用某个词并加以重复，并且将这些词与其表示的具体事物联系
起来。成人也可以分开读并强调一些关键词，使婴儿更容易理解。这些说话
方式能够帮助婴儿聚焦在单个的词上。这些都是父母语（parentese）的重要
特征，世界上的父母与婴儿交谈时都会改变说话方式。他们也会通过提高语
调来引起婴儿的注意。在与婴儿讲话时要慢点、大声点，多运用短句，重复

并扩展婴儿说的话（Baron，见 Cowley，1997）。

照护者一边拿出奶瓶让艾玛看，一边说："奶瓶，艾玛。奶瓶，这是你的瓶子。"

"那是一条大狗！"

6. 给婴儿唱歌和念儿歌。歌唱和韵律并不仅具有娱乐的价值。"首要也是最重要的结论是，当婴儿投入游戏活动时，他们最快掌握的就是母亲的说话方式。"（Bruner，1991，p.79）。歌曲或者儿歌让婴儿卷入了不同的倾听和反应模式中。当婴儿能够将动作和手势与词相联系时，他们的理解能力就得到了提高。成人也可以用婴儿的名字来创作歌曲，以便于婴儿识别。

成人给婴儿唱歌，这是另一种吸引他们注意语言的方式

"我的萨拉在哪里，我的萨拉在哪里，她在这，她在这。走过去抱住她，走过去抱住她。大大的、大大的一个吻，大大的一个吻。"7 个月大的萨拉高兴地笑了，她对她妈妈编的这首歌曲已经很熟悉了。

"一只小猪去市场。"熟悉的旋律开始了，来搓脚丫吧。

7. 婴儿从一出生就开始识字了。和婴儿一起读书应该成为从婴儿一出生就开始的一种常规性活动。这怎么强调都不过分。在一定程度上，读书将书和快乐体验联系起来，它同时还能听到爱婴儿的成人发出的温柔的声音。如果托育中心尝试复制使婴儿在早期读写上获得成功的家庭条件，那么和图书相关的丰富活动要成为环境的重要组成部分。各种各样的图书，包括童谣书、歌曲图画书、有声读物、不同形状的书，笨重的板书及塑料的、布的等各种材质的书，都可以提供给婴儿，婴儿可以通过这一系列的书来探索。

婴儿需要探索图书的机会

多样性考虑

与婴儿交流

有些文化会影响父母在与没有任何回应的婴儿交谈时的舒适度。许多成人会觉得和一个不理解或不回应的人说话很傻。性别角色在某些方面也存在差异。

想想如果你注意到一些父母在与他们的婴儿互动时经常保持沉默，你会如何回应？你的哪些回答可能有帮助，哪些可能没有帮助？

除了这个好的开始，语言也需要通过倾听来进行培养。让婴儿看成人指出的大的、清晰的图片，然后听图片的命名。对婴儿来说，听的时间不要持续太长，最好是一对一，而不是小组的形式，后者可能更适合年长一些的学步儿。研究显示，阅读刺激着婴儿各方面的发展。

婴儿读书有如下阶段：

- 注意书中的图；

- 能找到特定的书；
- 能翻页；
- 会指书中的图；
- 将书正面朝上（Birckmayer，Kennedy，& Stonehouse，2009）。

好的婴儿图书：

- 是结实的板书或塑料书，方便清洁；
- 每页配有彩色大图；
- 和婴儿生活经验相关；
- 展示对多元文化的尊重；
- 含有熟悉的字词，语言丰富且富有韵律，并且不断重复。

　　照护者可将婴儿的发展特点和好的图书的特点告知家长，让他们在婴儿读写能力发展的开始阶段就努力地参与其中。照护者也可以提供相应图书，让家长们在家里使用。

　　金老师收集了好几本新书。这些书包括：《拍兔子》（*Pat the Bunny*），她喜欢这本书是因为书中句子都短，并且婴儿可以触摸书中的事物；《鹅妈妈》（*Mother Goose*），让她有足够多的选择来为婴儿提供足够长的"小故事"。还有几本配有很好插图的字母书，每一页都一个大的物体。她还收集了一些板书，可以让婴儿自己翻阅，而且她也能指出每页上的物体。她还自己做一些书，把从杂志上剪下来的大图片粘在硬纸板上，然后打孔固定。

　　8. 成人如果想要鼓励年龄稍大婴儿学习词汇，就要给他们提供相应经验和实物。语言的学习是在特定的情境中进行的。照护者不断重复动作，并且能够以相同的语言来命名每次动作。当照护者看到婴儿需要沟通并做出回应——用手指他们想要的物体时——照护者要提供代表该物体的词。

　　房间里有婴儿熟悉物体的鲜亮的图片。"让我们去看看兔子吧。兔子在这呢。你看到兔子了吗？""兔子在那呢！"

　　"爸爸该走了。"金老师说，"让我们去窗户那挥挥手说再见吧。"金老师做出了挥手的动作并鼓励婴儿也这样做。

给婴儿读书

亲爱的家长朋友：

　　我们想给你介绍一些适合给婴儿读的好书。你可能没有想到孩子已经到了可以读书的年龄，但是研究表明，给婴儿读书为发展语言和读写能力奠定了基础。仅仅是坐在你的腿上享受在一起的时光就能让婴儿产生对书的积极情感。然后，当你指着图片说话时，婴儿开始理解许多字词的意思。他们还获得了拿书和读书的经验。

　　我们会列出适合婴儿阅读的图书清单，你可以从我们的阅览室借书。社区的图书馆也有一些适合婴儿阅读的书籍。让我们知道哪些是你最喜欢的。

　　　　　　　　　　　　　　　　　　　　　　　　　　××老师

9. 照护者要认识到，许多婴儿在家里和托育中心接触到的语言是不同的，他们在家里甚至会接触到不止一种语言。许多来到托育中心的婴儿在家里只听到一种非英语的语言——他们是小小"英语学习者"。有听力损伤的婴儿可能需要从学习手语开始语言学习。也有许多听力健全的婴儿是从手语开始的，这样他们就能够在会话能力发展之前与家人交流（Briant，2004）。照护者应该尊重家长对于他们与婴儿之间形成的语言关系的选择，并支持家长继续使用他们的母语，即使他们不刻意追求，婴儿也能够学习到不止一种语言。保持流利的母语对于婴儿社会化和个性发展至关重要，托育中心应该尝试雇用说各种语言的教职员，使婴儿能够在托育中心听到他们的母语。如果婴儿能听懂一种语言，而照护者使用的是另一种语言，那么他们就必须要改变和突出非口语的线索。支持婴儿用母语并发展其使用第二种语言的能力，是在支持他们父母的文化选择（Gonzalez-Mena，2008；Prieto，2009）。

　　当金老师拿出一个球给弗朗西斯科的时候，金对他说："球。"金老师听过他的父母把球叫作另外一个词，但是他们同意弗朗西斯科在托育中心时学习英语，而他们在家里则是讲母语，以帮助他同时发展英语和母语。

10. 成人要尝试确认婴儿对哪种语言感兴趣，以便为其提供更有意义的语言。这可能意味着富有成效的语言伙伴并不是要一直在说话，而是要经常静静观察婴儿。另外，照护者要创造有益的语言环境，要限制环境的噪声，比如长时间的音乐和电视。

9-8 不利于认知/语言发展的环境

以下行为不利于婴儿认知和语言的发展。

- 限制婴儿的身体运动。这种限制可能包括将他们长时间地限制在器材上，比如婴儿床、婴儿座椅、秋千或者游戏毯上，在这些地方婴儿不能进行主动的探索。婴儿很有可能被从他们感兴趣的区域或活动上移开。限制婴儿的运动会阻碍他们运动能力的自然发展，使婴儿受挫，并使他们成为被动的观察者，而不是主动的学习者。

- 限制婴儿感官探索。当成人认为婴儿不能用手和嘴来接触物体时，这种限制就会发生，而当婴儿尝试这么做时会屡被阻止（"哦，危险，不要碰那个，不要把它放进你嘴里"）。当成人认为身体探索并不牵涉认知活动时，这种限制也会发生，他们只提供有限的、一成不变的几种玩具和材料。婴儿必须通过触摸或者操作物体来获得感觉信息——这些信息是发展认知概念的基础。当物体不能引发婴儿的兴趣和活动时，他们会探索得越来越少。

- 过多的刺激和超出婴儿能力的教学。那些在各地风行的教育方案，包括超前学习，违背了发展适宜性实践所提倡的主动学习方式。大部分教育方案几乎完全集中在认知方面，没有认识到发展的各个方面是相互关联的、重要的和必要的。

- 缺少玩伴。成人如果不能在与婴儿的交互作用中发挥积极的作用，他们将错失强化和保持婴儿的学习经验、引入新观念和游戏的良机。大量的婴幼儿课程没有安排成人和婴儿游戏的时间。

- 嘈杂的环境。噪声会妨碍婴儿听到讲话，而他们需要通过听来发展语言。太多的人在同一个场所里会制造噪声（师幼比小也会造成噪声），房间里成人之间说话太多也是噪声——如果成人之间对话并不涉及婴儿，或者不间断地播放音乐或电视。
- 寂静的环境。寂静会阻碍语言的发展以及依恋的形成。当成人照顾婴儿时不进行交流，婴儿将丧失很多学习机会。照护者必须经常地、温柔地和反复地与婴儿讲话。

小结

- 婴儿的大脑发育很快，需要感官刺激以达到最佳状态。婴儿期是学习技能的关键时期。
- 发展适宜性的认知/语言环境让婴儿通过自由的运动和感知来开始他们自己的发展。
- 成人通过观察来了解婴儿身体和认知的发展阶段，以便提供最适合婴儿能力发展的材料和活动。
- 成人要鼓励和支持婴儿通过活动来学习。
- 当婴儿开始简单的游戏时，成人要在适宜的时候和婴儿谈话。
- 语言是在日常生活中使用的。
- 成人模仿并回应婴儿的交流。
- 婴儿学习和发展的源头是成人与之建立快乐、支持性的关系。

思考

1. 收集一些有趣、耐用和安全的家庭废旧材料，这些材料将会鼓励婴儿去探索。把你收集到的材料带到教室来。当你分小组展示你收集的材料时，要区分哪些材料适合婴儿用整个手来抓，哪些不是。

2. 到图书馆借几本适合与婴儿一对一阅读的书。解释你选择这几本书的原因。

3. 从婴儿的视角出发，制作一个能动的物体。

4. 在婴儿班观察半个小时。记录你看到了什么，如咿呀声不断增多，成人谈论婴儿身边的物体，成人与婴儿进行简单对话并强调某个词。

自测

1. 讨论婴儿大脑发育的有关研究成果。

2. 解释感知运动发展阶段的含义，描述婴儿在 4 个子阶段的探索行为。理解术语：客体永久性、最近发展区。

3. 描述婴儿语言发展的顺序。

4. 讨论支持婴儿感知运动发展的 10 条原则。

5. 说一说对婴儿最有用的材料都有哪些，如可用手抓的、可移动的材料等。

6. 讨论在支持婴儿语言发展方面成人应该做的 10 件事情。

7. 列出 6 个不利于婴儿认知/语言/读写能力发展的行为实例。

应用：案例研究

1. 撰写一份简报，回应 3 位家长的要求——在婴儿睡觉时，在房间里播放法语音频，促进婴儿学习第二语言。

2. 你正在面试一位照护者。设计 3 个问题，了解她对于认知刺激的重要性以及成人如何支持婴儿学习的认识。

第 10 章　发展适宜性的
学习环境：学步儿期

学习目标

学习本章之后，你应该能够：

10-1　讨论有关学步儿认知发展的理论；

10-2　描述学步儿语言发展的典型模式；

10-3　讨论伯顿·怀特关于学步儿教育的论述；

10-4　讨论学步儿教学原则；

10-5　讨论学步儿课程计划；

10-6　列出适宜放在兴趣中心的材料；

10-7　描述学步儿语言教学的原则；

10-8　描述不适宜的认知/语言实践。

有人说好奇心发展的顶峰在学步儿阶段。只要看一看 1—3 岁婴幼儿所做出的不懈探索，你就会相信，学步儿确实在努力学习和理解世界的运转方式。在学步儿阶段的中期，语言的快速发展让学步儿能够更多地运用语言进行交流，从而使我们对他们的认知过程和学习过程有了更清晰的理解。

成人了解了学步儿的大脑吸收力以后，就禁不住要开始"教"他们了。很多人误解了脑科学研究所传递的信息，认为在儿童生命的早期，直接教学是必要的。但根据我们对学步儿的了解，这种直接教学不适合学步儿。那么，成人在提供认知/语言环境方面该扮演何种角色，以帮助学步儿进行最佳的学习？这是本章我们所要探索的问题。

10-1　学步儿的认知发展

皮亚杰指出婴儿和学步儿处于感知运动阶段，这意味着他们通过感觉和操作来获取对周围世界的理解。感知运动阶段的前 4 个子阶段发生在婴儿期，而后两个子阶段发生在 1—2 岁。本章我们将讨论后两个子阶段。

10-1a　感知运动发展的第 5 个子阶段

12—18 个月大的学步儿处于感知运动发展的第 5 个子阶段。这个时候的他们更善于四处走动和使用双手，探索的可能性也大大增加。但是这种探索有了一个新的转折：不再满足于只是重复曾经给他们带来快乐的活动，而是使用他们不断增加的身体技能来进行新的探索。这是最纯粹的科学研究：在确定的结果发生之前不会预先假设将要发生什么，只是一步步地尝试着——"如果……，会……"。

"如果……，会……"是一个好奇的学步儿最喜欢的游戏之一

关于探索能力发展的典型想法可能是这样的："如果我丢下这个球，将会发生什么呢？"在享受这个发现以后，一个新的问题出现了："如果我爬到

椅子上，再从上面丢下这个球，将会发生什么呢？哦——太有趣了，现在让我看看，有什么其他东西可以丢下去呢？嗯，这有个东西（一个放在柜子上的快要成熟的西红柿），不是很有意思，没有声响，只有一声啪嗒声。哦，在我看来如果那碗糖水掉下来可能会产生很有意思的结果。"在这个过程中，学步儿很满足地又摔又打，还能从妈妈那里得到对这些试验的有趣回应。

大部分"深受其害"并感到困惑的成人没有认识到这里并没有恶意的"预谋"，反复尝试只为了产生一种新的效果，却导致了完全没有想到的结果。因为学步儿不会预见，不知道会发生什么，所以不应该指责他们故意打破碗制造混乱。他仅仅是抓住了"此时此地"的愿望去"创造"了一个新的事件。而所有这些实验并不仅是为了娱乐。经过每一个新的策略，学步儿就学到了更多关于行动和结果之间的关系。

顺便提一句，在研究同样的动作将会产生什么样的新结果时，学步儿也在观察人们反应的变化。"如果妈妈对我打破碗感到非常恼火，那摔了别的东西呢？或者我爬到椅子上面呢？""我抢了斯蒂芬的玩具后他会尖叫，如果我再那样做会发生什么？"一些学步儿的"侵犯行为"可能是无心之过，比如当一个学步儿在拿他要的东西时可能会推倒另一个人。许多成人观察到，把别人弄哭的学步儿会饶有兴趣地看哭泣孩子的脸，然后再来一次。第二次是故意的，他想看看还有什么会发生。很多成人很难将学步儿在试错中的行为视为一种无意行为，但这很可能是感知运动发展到第五阶段的产物。

学步儿超越了过去单纯重复或使用老办法来探索的能力，这表明他们对于自己和世界的区别有了新的理解。能够自觉地改变先前熟悉的行为方式，显示了学步儿灵活性的增加，但是他们还不能预想行动及其可能产生的结果，他们也只限于在环境中进行探索（这提醒照护者其中的安全问题，因为学步儿还不能预测结果，却有强大的动力去探索他们环境里的一切事物，必须保护他们免受由无限的好奇心导致的不良结果）。

10-1b 感知运动发展的第 6 个子阶段

证据表明，大约在 18 个月的时候，学步儿展现出越来越多的心理活动，终于有了真实的思考。学步儿通过对在其他时间和地点所看到行为的延后模仿展示了他们的记忆能力（Piaget，1951）。

皮亚杰描述了这样的场景。他的女儿目睹了另一个学步儿尖叫和发脾气。一天后，他女儿在相似的情况下准确地重现了她所看到的那种行为，皮亚杰以前从来没有看到过这样的情境。对自己或其他人行为的记忆让学步儿在心理上寻找解决问题的方法，而不仅是通过物理上的试误。这种表征能力让学步儿运用他们从过去经验中学到的全部，从心理上去试验所有的可能性，并且选择最适宜的反应。成人会说他们能够看到"轮子正在转"，而学步儿在行动前会停下来并进行估量。在这之前，他们会急于尝试用不同的方法来解决物理上的问题。比如玩图形分类玩具时，一个处于第 6 阶段的学步儿很可能会逐一查看每一个洞口，然后在头脑中决定方块应该塞哪儿。再稍小一点儿的学步儿会逐一去试每个洞，并试图彻底找出答案。

学步儿的另外一些行为证实了这种表征能力，即能思考并不存在的两个物体之间的关系。一个学步儿将一个"人"形面条放在耳朵边说"你好"。他能够把与电话形状相似的小通心粉和电话听筒联系起来，而房间里实际上没有电话。这种建立象征联系的能力以及记住以前场景的能力，让学步儿开始进行扮演游戏，而这是表征思维的又一证据。

鲍比拿着一块积木沿着地板向前推，同时发出汽车的声音。他把积木想象成了一辆汽车。开始运用语言也与表征思维的发展有关，因为词代表了物体、人或者事件。茱莉亚正在找她喜欢玩的球，并说"球"。球正在她的脑海里并且通过她的语言表征出来。

学步儿在感知运动发展的最后阶段具有了真正的表征能力和思维，也告诉我们很多能力是在婴儿期和学步儿期获得的。然而这是思维发展的最初阶段，学步儿要想获得哪怕是与年长儿童或成人大致相像的思维，需要好几年的互动和强化。这种说法对那些旨在为学步儿提供发展适宜性活动的照护者有很大的启发。

在 2 岁左右，学步儿进入了认知发展的下一个阶段，即皮亚杰所谓的前运算阶段（preoperational period）。整个前运算阶段实际上是从 2 岁一直延伸到 7 岁。理解学步儿的心理机能有助于成人在最近发展区内为学步儿提供具有适宜的、有趣的经验。

学步儿开始玩扮演游戏，是表征思维发展的又一证据

学步儿大脑的发展伴随学步儿大脑连接的扩展。在这一时期，对语言的输出和理解让敏感的大脑结构也变得活跃，这些都解释了我们对于学步儿期语言发展的预期（Bergen & Coscia，2000）。

10-2　学步儿的语言发展

在学步儿期开始的时候，学步儿第一个真正的词出现了，这个词通常与学步儿的行为和经验相关。我们也可以看到认知（感知运动）发展和语言发展的交互作用，例如罗萨说出的第一个词是"ca-ca"，用来代表"饼干"（cracker）；本杰明是用"woo-woo"来代表"毯子"（blanket）。这些例子显示出学步儿说出的第一个词可能是近似于成人的发音，也可能是他们平时发音的组合。

单个词或者单词句，会被持续使用 6 个月左右，学步儿通过单个的词表达许多意思，有赖反馈、语境以及许多成人的解释来补充其余的意思。所以"woo-woo？"意味着本杰明正在找他的毯子，而"woo-woo！"则表示他现在就要他的毯子！

到 18—24 个月，学步儿表达的词汇急剧增加。"大约在 18 个月大的时候，学步儿的能力激增，大部分学步儿开始以每两小时一个单词的速率来获

得新的词汇。"（Cowley，1997，p. 20）在
这段时间里，学步儿通用的一个单词是
"whatzat？"，意思是"What's that？"（那是
什么？）。到了感知运动发展的末期，学步
儿似乎是渴望着命名他们记忆中的经验和信
息（那是认识和语言的再次连接）。

快 2 岁的时候，学步儿就开始组合词
了，通常是两三个词的组合，并在信息中去
掉了不重要的词，因此被称为"电报句"
（telegraphic speech）。罗拉说" cracker

学步儿的一项发展任务是开始说话

allgone"（饼干都没了），而本杰明则说"where woo-woo"（毯子在哪里）。

出生后的第二年是语言发展的关键期，需要持续地依靠有效的成人语言
环境，还需要通过婴儿期的语言刺激来促进大脑的早期发展。简言之，我们
所建议的实践是为了发展学步儿的语言。

10-3　发展适宜性的学习环境

10-3a　伯顿·怀特关于学步儿教育的论述

伯顿·怀特博士在哈佛学前项目、布鲁克林早期教育项目和"新父母作
为老师"项目中对婴幼儿的最佳发展进行了广泛研究（White，1995，
1988）。他的发现值得那些希望为婴幼儿提供最合适体验的照护者认真考虑。
他指出，婴儿在 8 个月大之前，几乎没有明显的差异，然而"相对较少的家
庭，也许不超过 10%，设法让他们的孩子在 8—36 个月时，尽可能接受良好
的教育"（White，1995，p. 114）。

怀特接着说，小学成绩不佳的儿童群体在 1 岁时看起来不弱，但在快 2
岁时开始落后。婴幼儿的最佳认知发展与语言、好奇心、社会性和智力的发
展有关——他称为学会学习——"奠定了感知运动探索的基础，在此基础上
建立了更高水平的智力"（White，1995，p. 123）。怀特指出，与智力相关的

能力对婴幼儿的发展至关重要，这些能力包括：

- 良好的语言发展；
- 注意细节和差异的能力；
- 预料结果的能力；
- 抽象的能力；
- 将自己置于另一个人位置的能力；
- 进行有趣交往的能力；
- 计划和执行复杂活动的能力；
- 有效运用资源的能力；
- 在保持对任务的注意力的同时，对复杂情境中发生的事情保持关注（双重聚焦）。(White，1995，p. 185)

怀特发现了环境方面的具体不同，这种环境与日后儿童各种能力的发展相关。他为有志于培养儿童这些具体能力的成人提供了具体建议，即照护者的3种角色：儿童世界的设计者、顾问、权威。

多样性考虑

"早期"学业学习

正如皮亚杰所说，人们常有一个特别的问题：我们怎样才能加快认知发展？当下追求儿童学业成绩的冲动无疑是一种文化的渗透。随着学步儿能开口讲话，成人也会认为应该推动早期学业学习。这显然与学步儿独立、自主学习的风格不符。那么，当照护者被要求进行"真正的教学"时，应该如何应对呢？考虑到社会压力，你会怎么做？

10-3b　成人作为顾问

伯顿·怀特的研究发现，作为一个资源提供者或顾问，照护者之间的真正不同可以从"可及性"方面进行衡量，有的照护者能促成婴幼儿智力、语言和社会性能力的早期发展，而另外一些照护者则不行。成人创设一个安全、有趣、充满了奇妙事情的环境，会引发学步儿天然的好奇心，从而推动他们进行各种各样的探索。研究发现，卓有成效的成人会容忍杂乱、偶然事件和自然的好奇心。成人还要能够"随叫随到"。无论学步儿在探索中经历兴奋、挫折、困惑或者痛苦，成人都能够与之进行简单互动。

　　一个有效的顾问应该做什么呢？

　　当学步儿带着兴奋和困惑走向成人时，成人要能够尽快地对他们做出回应，不能让他们等待或失望。成人要将这视为一个教学的机会。即使情况不允许，他们要说"你必须等待一分钟，等我帮完萨莉"，这样会让学步儿意识到，成人关心他们的发现或者忧虑。在这一阶段，学步儿最重要的学习是认识到他们的兴奋和好奇是有价值的，如果自己不能应对，可以将他人作为一种有用的资源。

有效的顾问会回应学步儿的兴趣

　　在做出回应以后，有效的照护者会停下来看看到底是什么使学步儿感兴趣。他们找出问题，然后具体指出什么是适宜的。成人需要行使判断力。当学步儿自己不能够完全有效地处理任务时，成人要提供帮助——实际上是搭脚手架（Scaffolding）——"让儿童继续前进并不断地建构新的能力"（Berk & Winsler，1995，p. 26）。成人给予帮助的方式对于促进婴幼儿学习和掌握新东西具有重要的作用。给予直接指导和明确帮助的程度影响着学步儿学习和发现答案的能力，可能意味着学步儿将不会了解到成人的帮助是完成某事或者获得注意的捷径。成人要通过提供建议、做出示范或者对任务的理解等来成功地帮助学步儿，并且要尽可能少干预。如果学步儿寻求帮助，他们是在学习如何更好地完成任务，他们会发现只需得到轻微的协助，他们就能自己完成。

　　成人在和学步儿简单互动时，会表达一些与学步儿兴趣和发现相关的想法。如当学步儿捏出了一个球，成人可能会说："你做了一个球，是吗？你能把这个球拍扁吗?""你有一个小球,一个小球在一只小手里,现在我把它放进我的大手里。"成人要谈论学步儿感兴趣的话题,并且要与学步儿熟悉的或能正确理解的事情相联系。学步儿正是通过简短的认知连接来拓展他们的心智。

成人也可提供一些与主题相关的词,不管它们是回答了问题,还是解释了儿童的发现。他们使用符合或者略高于学步儿自身水平的语言。"一个球,滚一圈,再滚一圈。"成人有意识地为学步儿提供与情境相关的语言,帮助学步儿获得语言的经验。

这种互动是简短的(怀特估计,成人在家中只花费了不到10%的时间与学步儿进行有意的互动),而当学步儿准备好以后,他们会中断对话。有时候受到成人意见的刺激,学步儿会重复让他们兴奋的工作。怀特说,有效的成人不会使学步儿感到厌烦。大部分诸如此类的偶然事件可能会持续20—30秒——真正是"转瞬即逝的"教学。

当成人断定学步儿已经准备好时,不需要强迫教学,也不需要设置很多的限制以让学步儿接受正规教学。学步儿决定着学习的节奏和类型。

成为反思型照护者

学习中的探索

考虑学步儿的注意力持续时间和活动水平,以及他们社会性发展水平,哪些课堂活动和教学风格不适合学步儿?反思探索和经验在你学习中的重要性。如何将这些理念应用到学步儿的课程和学习中?

10-4　学步儿教学原则

原则1,环境就是一切。

也许这有些夸大其词,但重要的是要认识到环境的重要性,照护者要关注教室里活动材料的安排。"儿童在环境中的行为一定程度上取决于空间组织方式和房间布置所传达的信息。当从一个兴趣区到另一个兴趣区有一条清晰的路径时，要点是来看看还有什么可做的"（Copple & Bredekamp, 2009，p. 97）。成人对游戏空间的安排对学步儿来说影响巨大，同时要允许学步儿自由地做他们自己的工作。强调环境重要性是让成人不再主导教学，而认识到学步儿是自己学习的主导者。

原则 2，课程是对材料的探索。

环境中有趣的东西支持学步儿的探索

选择有趣、新颖和有挑战性的材料是拓展学步儿感知探索能力的关键。成人在材料选择上扮演着重要的角色。材料既不能太简单，以至于让学步儿迅速地丧失兴趣，也不能太难，挫败学步儿尝试的信心。在很多情况下，解决方案是运用开放式的材料，这样学步儿可以依据他们的兴趣和能力水平，运用各种各样的方式来使用材料。

"面团"便是开放式材料之一

学步儿、电视和其他屏幕时间

怀特（White，1995）和布拉策尔顿（Brazelton，1974）都对学步儿看电视的价值表示怀疑。虽然学步儿能够从电视上学习，学习广告词和音乐或者"唱出《芝麻街》中播放的歌曲"（Brazelton，1974，p.160），但只有建立在有意义的人际环境之中的学习才更加丰富，更加个性化。怀特承认，学步儿可能会从《芝麻街》之类的儿童电视中学到一些词，但是，"即使他从未看过电视，他仍然能够以绝对美妙的方式学习语言"（White，1995，p.180）。

美国儿科学会发表了一系列关于屏幕时间及其对学步儿的影响的声明，如《2岁以下儿童对电子媒介的使用》。这份声明指出在儿童两岁或更小时，不提倡让他们观看任何电视节目或视频，哪怕家里、车上甚至便利店屏幕随处可见，且直接针对最小的孩子。该声明描述了目前已知的脑科学研究成果、帮助婴儿和学步儿学习的最佳方法，以及各种刺激和活动对脑发育过程的影响。

最年幼的孩子最佳（也是最需要）的学习方式是在与他人的互动中学习。与电子媒介相比，非结构化的游戏活动更有利于大脑发育。许多学步儿视频节目被宣传为"有教育性"，但美国儿科学会的研究没有发现支持这一观点的证据，因为2岁以下儿童很少理解节目的内容或背景。（对于年龄较大的儿童，建议每天观看教育性、非暴力的电视或玩电脑游戏的时间不超过1—2小时。）过多使用屏幕与儿童肥胖、睡眠不规律、社交和注意力问题、学习成绩差以及游戏时间少等问题有关。可悲的是，现在世界各地都有报道称儿童把大部分空闲时间都花在了看电视上。

　　2012年，美国幼儿教育协会和圣文森特学院弗雷德·罗杰斯早期学习和儿童媒介中心发表了一份联合立场声明。该声明指出，对于婴幼儿来说，与成人的互动对于早期大脑发育和各领域发展至关重要。该声明还与公共卫生团队合作，阻止2岁以下儿童使用任何电子屏幕媒介，实际上是禁止在2岁以下儿童的课程中过度使用电视、视频和其他非互动技术和电子媒介，并阻止对2—5岁儿童使用被动和非互动技术。声明还指出，在针对2岁以下儿童的课程中，任何技术和互动媒介的使用都应仅限于那些适当支持照护者和儿童之间的回应性互动并加强二者之间关系的课程。

无论家长有多强烈的愿望，或者学步儿有多么迷恋电子屏幕，都不建议学步儿使用电子屏幕

　　许多托育中心纳入电视，这大大减少了学步儿主动探索的时间以及学步儿与同伴和成人相处的时间。当然，最令人沮丧的是看到学步儿由于没有安静地坐着看电视而被责骂，这似乎是非发展适宜性实践的极端表现。学步儿不需要被动的屏幕时间——当技术更适宜他们的学习和生活方式时，他们可以很快掌握技术技能。

以下是美国幼儿教育协会和弗雷德·罗杰斯早期学习和儿童媒介中心关于技术和互动媒介的立场声明。

1. 选择、使用、整合和评估技术与互动媒体工具——以有目的的和发展适宜性的方式，关注内容的适宜性和质量、儿童的体验以及共同参与的机会。

2. 平衡托育中心的各活动，认识到技术和互动媒介在有意识地与儿童一起使用时可以成为有价值的工具，扩展和支持他们与周围的人和世界积极的、创造性的和真实性的互动。

3. 禁止在 2 岁以下儿童的早期教育中被动使用电视、视频以及其他非互动技术和电子媒介，不鼓励对 2—5 的儿童被动和非互动地使用以上媒介。

4. 在针对 2 岁以下儿童的早期教育中，将技术和互动媒介的使用限制在适当支持照护者和儿童之间的回应性互动以及加强成人与儿童之间关系的课程中。

5. 在儿童早期教育环境中适度使用技术和电子媒介时，仔细考虑公共卫生组织针对 0—5 岁儿童屏幕时间的建议。使用屏幕的时间应包括在托育中心、家庭以及其他地方的使用时间。

6. 托育中心发挥引领作用，确保受其照顾的儿童及其父母和家庭能够公平获得技术和互动媒介的体验。

原则 3，学习由学步儿发起。

如果照护者认为教学就是"告诉"，那么与学步儿的互动方式就需要进行重大的调整。照护者要观察学步儿，当他们表露出需要交流、帮助或者成人的想法时，照护者要能够做出简短的回应，而不是去中止游戏，以留出一天中的"上课时间"，让学步儿接受照护者掌控。通过对学步儿活动的回应，照护者对学步儿"学习如何学习"的策略加强了认识，到目前为止这是最重要的一课。

当照护者观察到学步儿出现漫无目的的"溜达"行为时（与学步儿专注

于探索的有目的的"溜达"不同），照护者要为其提供或建议新的活动，比如可以鼓励学步儿去关注今天感知区的刨花和动物。

原则 4，成人进行观察。

当一些成人得知他们需要让儿童积极主动地在游戏中学习，他们认为这意味着他们唯一的作用是创设环境和监督安全。这种理解忽视了成人作为观察者的重要角色：最初通过观察了解学步儿的能力水平和兴趣，然后做出有关活动材料的第一个决定；随后通过观察来了解学步儿如何运用材料，如何更好地对学步儿的主动性做出回应；基于这些观察做出关于活动材料的第二个决定，确保材料拓展或加强目前的学习。在学习周期的每一步都要观察。

照护者要战略性地确定他们的位置以便进行观察。他们在互动、安慰和整理的时候都可进行观察。

原则 5，成人作为支架。

最早使用"支架"这一术语的并不是维果斯基，而是伍德（Wood）、米德尔顿（Middleton）、布鲁纳（Bruner）和罗斯（Ross）。他们用这一术语来描述儿童在成人支持下进行下一步游戏和学习的具体过程，这一过程维果斯基有所论及（Berk & Winsler，1995）。

脚手架意味着调整成人支持程度，确保学步儿成功

有效的支架包括这些要素：

- 共同解决问题，使儿童参与合作解决问题的活动并与其他人进行互动，从而尝试达成一个共同的目标；
- 主体间性（intersubjectivity），让那些在任务开始时有不同理解的人达成共识；

- 成人要真正介入儿童的活动和兴趣，在互动中要以热情而富有感情的语言做出回应；
- 创设环境和任务，设定最近发展区，对儿童的要求要适度，并不断调整成人干预的程度以适应儿童的"即时能力"；
- 让儿童尽可能地去管理活动，以促进他们自我管理能力的发展，一旦儿童能够独立地工作，成人就要停止控制和帮助。

在支架式教学中，成人必须要看学步儿达到了什么程度，然后考虑在此基础上几种学习的可能性。一个支架式教学的机会可能是学步儿拿着一个装着彩色弹珠的塑料瓶子给成人时。成人可以说"摇摇瓶子"，以帮助学步儿发现这种行为能制造声音；成人也可以拿着瓶子假装喝水，以鼓励学步儿进行扮演游戏；成人也可以在地板上滚动瓶子，以帮助学步儿注意瓶子是怎样运动的。这些是比学步儿自己行动要复杂得多的行为。成人提供了一种学习情境，能够让学步儿发展。

原则 6，成人作为游戏伙伴。

当学步儿走近成人时，成人要做他们的伙伴，而不是领导者。作为伙伴进行观察和支架式教学，帮助学步儿发现其他游戏的可能性，是对在游戏中嵌入严肃学习的支持和尊重。成人通过积极的关注和对主动发现的认可来做到这一切。成人从学步儿的角度来看事情。作为伙伴，要停顿足够长的时间以跟对方合拍。就好比舞蹈，最好的舞伴不会一下子舞出几个复杂的新步子，这有可能使对方跌倒。

发展适宜性实践的决策

　　困境：部分学步儿家长坚持认为我们真的应该学习一些东西，即坐下来学习功课，带着作业回家。我如何让他们相信这是不适宜的呢？如果你是这个学步儿的老师，你会怎么回应？

思考：家长和照护者都认为学步儿应该学习一些东西，不同之处在于双方对这种学习实际上如何发生的理解。如果认为学步儿只能通过成人的直接指导来学习，那就通常很难看到其他实际发生的学习。你最好的策略可能是让这种学习对家长来说变得更加显性。

可能的行动：试着用相机捕捉学步儿积极投入地摆弄材料的瞬间，在家长公告栏上展示这些照片，或者把它们装在相册里，附上注释，然后让学步儿轮流带回家，或将它们发布在机构的社交媒体上。可以用文字和图片描述学习的过程，在谈话和唱歌的时候录音，也可把近期最喜欢的书也放进来。

提供解释幼儿学习风格和回应式互动的文章和图书：家长从阅读中获得的信息通常比从个人获得的信息更完整。提供关于发展适宜性实践的立场文件，强调儿童的全面发展。记录学步儿的发展并在非正式交谈中与家长分享观察结果。

也许最重要的是，邀请家长白天来班里观察一段时间。基于你的观察和教学目标，与家长分享你本周的计划。让他们认识到自主探索才是真正参与学习。让他们在午餐前、午餐中和午餐后观察学步儿自理能力的发展。

在学步儿教室里录制一个早晨的活动，并召开一次家长会来讨论。有时其他人的支持有助于这些家长接受新的想法。请记住，把你的观点强加给家长不会改变他们的观点，但是让他们有真正的机会去体验正在发生的学习，可能会帮助他们看到发展适宜性实践的影响。留出对话的时间，不要强行达成一致。

10-5　学步儿课程计划

强调学步儿主动地探索，否定照护者的直接教学，是否意味着学步儿照护者不需要写课程计划呢？当然不是。有效的照护者制订明确的计划，是为了使其所提供的多样的、有趣的和适宜的活动材料足以吸引学步儿的注意力。他们主要是根据学步儿可能选择的各种各样的学习机会，来规划不同的经验。因而，他们不是为他们的教学行为规划蓝图，而是创造一个学习的可能性框架。学步儿会选择那些在特定时间吸引他们的活动和材料。不能打断儿童的游戏以让他们参加照护者计划好的活动，学步儿的游戏有其自身的价值。

如前面讨论过的，计划建立在对学步儿发展能力和兴趣的观察之上。当照护者熟悉了学步儿身体、认知和语言发展的标志后，他们就会意识到个人在群体中的位置。他们能够通过计划支持学步儿获得相关发展，帮助他们达到下一个发展水平。

照护者的计划要考虑学步儿特殊的学习风格。学步儿在与材料进行简单互动后会转向其他的活动，然后返回来。虽然照护者为简短的活动时间准备了适宜的材料和活动，如让几个学步儿聚到一起听故事或歌曲，但认识到学

照护者计划激发学步儿好奇心的活动

步儿的大部分学习时间是花在独立探索和自己选择的任务上的。照护者也考虑了学步儿需要一些新奇的事物以刺激他们的好奇心，同时也需要一些熟悉的材料和活动。

计划也是建立在对兴趣的观察之上的。当照护者发现一些主题对学步儿非常重要时，他们就通过增加相关的学习经验来不断扩大学步儿的探索范围，从而保持学步儿的学习兴趣。这听起来非常像生成课程，那是因为该课程经过调整以后也适合学步儿。在学步儿教室中产生的许多问题，可能是照护者的认识不足导致的，他们认为学步儿太小，还不能进行任何真正的学习，因而也不需要真正的设计。往往在这样的教室里，学步儿只是自由地玩一些大多数教室的玩具柜上都有的系列玩具，数月不变。虽然这些典型的拼图、形状分类罐、球、卡车和空心积木并没有什么错——事实上这些东西都是适宜的——但单靠这些而不能有计划地提供多样化以及多层次的材料，加上学步儿追求新异的特点，会导致学步儿来回溜达行为较多，注意时间缩短，冲突增加，越来越依赖成人。

有照护者描述了一个学步儿课程。该课程让学步儿在不同的经验之间建立连接。比如其中的一个方案是玩水，学步儿在一段时间内在许多活动中用水，从清洗玩具到用水画画。他们发现那些相互联系的经验让学步儿理解了最基础的和相互联系的概念，学步儿在他们每天的游戏中运用了更广泛的词汇。

学步儿课堂计划表可能看起来就像表 10-1 中一样。我们注意到照护者设计了团体中每个学步儿都可能喜欢的具体活动。我们还注意到照护者准备的活动采取了备注形式。他们将择机启动这些活动，而不是确定某个时间必须做某项活动。照护者需要（根据学步儿的兴趣和接受能力）对当天的活动计划做好放弃的准备。照护者要追随学步儿，决定何时和如何执行他们计划好的活动。

表 10-1   学步儿课程计划表示例

谈论区：我们在家里做的事情和用的东西。
感官区：塑料铲和耙子。
绘画区：刷子、海绵。
玩水区：肥皂水和要清洗的塑料餐具。
操作区：用镊子将棉花球放进塑料瓶子里。
拼图区：带抓手的房子拼图。
积木区：积木和人偶。
戏剧游戏区：玩具娃娃、婴儿奶瓶、围巾盒。
特色菜：撒了芝麻的奶油饼干。
备注：如何将一系列的事情形成网络？看看杰西卡是否仍然对攀爬感兴趣。
故事：《我的爸爸和我》（*My Daddy and Me*）、《我们的花园》（*Our Garden*）
歌曲：《我们是这样扫地的》（*This is the Way We Sweep the Floor*）

10-6   学步儿的学习材料和活动

如前文所指出的，材料本身能激发学步儿进行感知探索，包括检验材料的特点，寻找新的方法来使用熟悉的材料。这意味着大部分的材料需要是开放性的，也就是说，材料可以以各种方式使用并且可以用在日益复杂的游戏中。

10-6a   创意角

学步儿喜欢用这些材料来表现他们的创造力。

- 蜡笔，包括在盒子里放着的那些自制的短而粗的蜡笔。用透明胶把纸固定到桌子上，或者用线把蜡笔拴到画架上。学步儿喜欢乱涂乱写而不太喜欢创作。
- 手指画，可利用各种方法自制（Kohl，2011），可以画在盘子上、桌面上、镜子上、窗户上或者其他任何可以涂画的地方。
- 圆头画笔。
- 大粉笔和粉笔盒。

- 记号笔。
- 橡皮泥（是的，学步儿还会品尝一下），用诸如压舌板或马铃薯搅碎器这样的工具。
- 贴纸和胶带。
- 颜料、画笔和其他容器，比如空的、有滚轴的瓶子或者海绵。
- 用来撕扯的纸和杂志。
- 偶尔提供粘贴的机会，只要成人愿意让学步儿体验黏性。小刷子、棉签及各种容器会用得上。
- 任何类型的纸张都能成为制作的材料。家长提供的废旧材料、大的纸张可用于大肌肉运动。

黑板为学步儿提供适宜的艺术体验

为减少混乱，用一个旧的浴帘，或在地上铺块塑料布，让学步儿穿上工作服、旧衬衫。

10-6b 桌面玩具区

许多买来的玩具适合学步儿使用，如大的乐高玩具；拼图，有一些带旋钮；硬积木；塑料弹珠；大珠子；可回收材料；形状分类罐；堆叠或嵌套玩具；自助板以练习捆绑和解开。

可回收的材料也是必要的，如各种各样的塑料容器、衣夹、盒子和盖子、冰棒棍、大螺母和螺栓、皮带、海绵、旧玩具上的轮子或其他安全的大零件。

来自自然界的材料也能进行有趣的探索，但是必须小心的是要选择易于操作的材

可回收物和自制玩具也是必要的

料，并且要足够大，以防止学步儿放进嘴里。建议包括以下这些材料：大而光滑的石头；松果和大的种子；大贝壳；树皮和树枝。

运用各种方式加以组合，就会有许多可能性。

10-6c　感官探索

学步儿要经常接触材料。如果照护者无法买到现成的，如盛水/沙子的台，可以临时用盘或婴儿澡盆代替。附近有一个小扫帚、拖把、簸箕会有帮助。浴缸材料包括以下几种。

- 沙子，一些配件，如勺子、铲子、大小不同的容器、漏斗、过滤器、形状模具和小的自卸卡车。有时要在沙子里添水。
- 水，可通过增加颜色或泡泡、冰块做些改变，也可以提供一些配件，如小船、打蛋器、海绵、漏勺、软管、洒水壶、水管、瓶、吸管、娃娃或碟子。

水对学步儿具有无限的吸引力

- 大米、玉米面、燕麦、干豆类和通心粉、小块泡沫、木屑、锯末、刨花、大石头、草、树叶、坚果、马铃薯片、鸟食、咖啡沙（咖啡渣混合沙子）。所有这些都需加强监管，以免石块或豆类（即使那些大的也要考虑安全以免误食）进入鼻子或耳朵。

- 盒子或托盘、砂纸、布、绳子、橡皮圈、胶纸、自然材料（如种子、坚果、树皮、贝壳，有时这些东西可用来配对或比较）。
- 在干净的塑料容器里装上各种物品，自制发声玩具。
- 铃铛、哨子和喇叭。

10-6d　建构区

学步儿还没有为传统的木质积木做好准备。相反，他们喜欢用以下这些材料进行建构：

大块积木便于学步儿进行建构

- 结实的硬纸板；
- 大型积木；
- 泡沫和布做的积木块；
- 不同大小的盒子；
- 教师用箱子和牛奶盒制作的大积木；
- 大纸板或塑料管，另外还有一些道具，如动物、小人或汽车。

学步儿可能会给积木排队或者带着积木到处玩。

10-6e　扮演区

在第一次扮演游戏时，学步儿需要一个清晰可辨的家庭区，包括：

- 桌子和小椅子、炉子、婴儿车和床。学步儿将会再现家庭场景，进行简单重复游戏，所以他们需要一个易于辨认的简单的家具区；
- 一些壶、锅、盘子和大的勺子（是实物而不是玩具）；
- 一个小拖把和扫帚；
- 娃娃和婴儿毛毯（将娃娃的衣服脱下来，学步儿会拿来衣服让你帮着再穿上——反复地），要确保有男娃娃和女娃娃，并且表现种族的多样性；
- 寻找真实家庭生活中的材料，比如空的食物盒子。

家园交流

为什么要使用开放性材料？

亲爱的家长朋友：

　　当你环顾我们的教室时，你会注意到许多游戏材料都是开放式的，这意味着不只有一种方法去使用它们。让我们以大型乐高积木为例，它非常受我们学步儿的欢迎。无论孩子的灵巧程度或技能水平如何，他们都能够以自己满意的方式使用而不会感到挫败。随着孩子年龄的增长，他们能够使用这些材料创造他们想要的任何东西。开放式材料没有对错之分。积木、橡皮泥、颜料和其他艺术材料——都是开放式的。孩子们可以有自己的想法，不必遵循玩具制造商想要的方式。

　　我们的确有一些只有唯一正确使用方法的材料，如拼图。但在学步儿的教室里，我们发现大部分材料都是开放式的才是最适宜的。

　　当你选择家里的玩具时，请记住这一点，即孩子如果能够在最少的帮助或指导下使用材料，他们将获得成功和享受。

　　如果你还有问题，欢迎和我们更深入交流。

××老师

10-6f　图书区

要尝试去鼓励学步儿对书产生兴趣，照护者要为学步儿提供他们自己能够 拿取的书。图书区应该包括下列材料：

- 纸板书（而不是布或塑料书，这些书不容易清洗，并且学步儿也很难用手拿）；
- 自制的图画书，用的是硬纸板，用活页的形式会方便些；
- 相册，可以用熟悉的照片，也可以用大的图片；
- 法兰绒板书。
- 简单的图画书。

此外，看着学步儿运用这些材料可能会给照护者以更多的想法。为学步儿创设发展适宜性的认知环境，不仅能满足了学步儿个体的需要和兴趣，也能发展其作为团队成员的能力。

学步儿喜欢自己阅读

罗萨在扮演区添加了一顶消防员的帽子、一本有消防员照片的图书，在积木区添加了两辆新的小消防车。罗萨发现，当消防车飞驰而过时，米歇尔重复说她刚学会的新单词——"火"。

意识到德不愿意弄脏美术桌，老师在画架上添加了一些纸，并在那上面绑了两根大粗蜡笔。

在注意到萨拉已经掌握了单个拼图块的拼图时，她在储藏室里找来了有3个拼图块的拼图。

认知的发展是由精心准备的环境所激发的，这种环境鼓励探索，并使用精心挑选的开放式的材料和结实的玩具。成人仍然是有作用的，他们观察学步儿的理解水平，并对学步儿的行为做出及时的回应，以分享他们的发现或者给予帮助。他们通过简短交流支持学步儿的好奇心和学习，补充相关的想法，并增加语言。现在让我们思考一下成人在为学步儿提供最佳的语言环境方面的作用。

10-7　学步儿语言教学原则

有人曾经说过，在我们的文化中，成人要教授给学步儿两样重要的东西：在不同场景如何讲话，如何停止讲话。两者的不同在于成人在教授后者时经常感到挫败，而教授前者则更容易成功。这是由于教学方法的不同。在教洗手间的使用时，成人常常专门确定一个时段，直接教授做什么和怎么做，并清楚地让学步儿知道，按照成人的标准怎么算成功或失败。然而，在进行语言教学时，大部分照护者让学步儿选择他们开始讲话的时间，教学也是间接的（主要是通过示范），并且照护者几乎总是积极对待学步儿讲话的任何努力。虽然这需要再思考（主要是考虑进行如厕教育的新策略），但如果照护者想要为学步儿提供最佳的语言环境，就需了解研究发现的非常有帮助的原则。

原则1，回应学步儿。

如果学步儿进入语言发展阶段，他们需要意识到他们努力讲话对成人是非常重要的。如果成人不参与到谈话中，学步儿很快就会发现语言是没有价值或不必要的。

照护者理解学步儿的水平，表现出自己在听，并留出时间帮助他们传达信息（Birckmayer, Kennedy, & Stonehouse, 2010）。即使照护者不能够理解学步儿的第一个词，他们也要通过语境和非语言的线索来尝试理解并做出适宜的回应。即使照护者厌倦了持续的"是什么？"，也要耐心做出

照护者鼓励学步儿说话

回应，因为他们在帮助学步儿命名某些物体上起着关键作用。

"喔。"罗德尼说，并举起了他的杯子。"再来点果汁，罗德尼？你想要更多的果汁？"

"奶（Muk wal）。""嗯？"老师说，"我不明白，给我看看。"

"哈（Whatzat）？""那是一面镜子，镜子。"

原则 2，成为学步儿语言学习的榜样。

要知道学步儿依靠成人的讲话学习语言，并从中提取他们自己对于语法的理解，所以成人要经常对学步儿讲话，语言明白、清楚，比平时与成人讲话时更清楚，并且强调关键词。有时候可准确地重复学步儿的词，加强语气。这是一种积极强化，而不是一种消极的纠正。他们的示范作用不仅在于语言上，而且也包括逻辑。和特殊儿童对话时，要表达得尤其清楚明白，在继续讲话前要等待对方的回应。

"奶（Mok）。"杰弗里说。"是的，这是你的牛奶（milk）。"他的妈妈说。

"罗德尼，这是你的外套。"

"点心时间到了，米歇尔。"

原则 3，简化言辞。

成人要简化他们的许多言语，使之只比学步儿当前的语言水平稍微复杂一些。如果学步儿用两个单词组成的句子讲话，那么成人就用 3 个或 4 个单词组成的句子。长的和复杂的句子要少用，但不要完全避免。一些复杂句子似乎建构起了儿童的语法结构。一项研究表明，如母亲 40% 的时间运用复杂的句子（这些句子都常有从句，比如"何时……"或者"因为……"），学步儿会有 35% 的时间运用复杂的句子；如果复杂的句子只占母亲讲话的10%，那么学步儿运用此类句子的比重是 5%（Begley，1997）。另一个常见的简化是以名词代替代词，比如"鲍比想要一些果汁吗？"——可能对于学步儿尝试学习代词不会有帮助。

"到了穿夹克的时间了。"

"你想要更多的果汁吗，珍妮弗？"

原则4，拓展学步儿的语言。

已知的促进学步儿语言学习的有效策略是扩展他们原有的语言，补充词汇和想法。扩充学步儿遗忘的词或者提供更多具体的词，扩展学步儿原有的想法。这样的扩展对于认知和语言的发展都是很重要的，有时候被称为"评论—提问—回应"模式（Bardige & Bardi，2008）。成人跟随着学步儿的引领，发表评论、提问，通过将学步儿的交流变成一个完整的句子或增加一点信息来回应。

"果汁。"米歇尔说，举起她的杯子。

"要果汁，你想要更多的果汁。"照护者扩展了她的句子。

"想要那个。"萨拉说。"你想要你的兔子？"妈妈说。

"爸爸车，"彼得说。"是的，爸爸进到车子里了。他去上班。"

原则5，把词与行动及经验联系起来。

学步儿在特定的情境中学习词汇。当手势和其他非语言的暗示帮助学步儿理解语言的意思时，他们的学习就得到了帮助。但是照护者并不用手势来代替语言，"拿起这个球"而不是"拿起这个"。当照护者描述他们的行为和学步儿的活动时，具体的情境能帮助学步儿认识其中的意义。照护者提供大量的实物、图片和经验能刺激交流。

"鞋，珍妮弗，请穿上你的鞋。"老师指着鞋说。

"你在玩肥皂泡，是吗？"老师把她自己的手放进肥皂水里，说。

"鸭子在哪里，雅各布？让我看看鸭子的图片。"他们在看贴在墙上的一些图片。

原则6，纠正要间接。

学步儿有许多需要学习的语法和词汇。在这个过程中，他们通常由于过分概括化（overgeneralization）而犯错误，比如通过推论复数形式要加"s"，而过去式后面要加"ed"，学步儿在所有的情况下都运用这些规则，包括不规则的名词和动词，说出诸如"my feets"（或者 foots），或者"Daddy goed"

或"wented"。实际上这样的语言结构清楚展示了学步儿对大量语法规则的惊人理解！成人用正确的方式重复儿童的这些概念是最有帮助的，不要直接指出其中的错误。学步儿能够迅速自我纠正，并不会感觉失败。布拉策尔顿指出，对正确讲话的过分强调可能是语言延迟的一个重要原因。

"是的，爸爸去办公室了。"

"你穿了一双新鞋子，是吗？"

原则 7，鼓励学步儿说话。

在学步儿有能力将声音和词联系起来之后，成人要鼓励学步儿去尝试说话。在学步儿还没有机会用语言表达前，成人不要对这种需要立即做出回应。当学步儿能说一两个词时，要通过提问来鼓励他们说话。然而，不能让学步儿有受挫感，如果学步儿无法说出时，不要求学步儿说。

有时候成人通过环境中的材料来鼓励学步儿说话，比如玩具电话或真电话、木偶、图片和实物。

木偶和玩具电话鼓励学步儿说话

"告诉我你想要什么，米歇尔。"

"你想要一块饼干还是两块？"

"喂？这有人想和你说话，丹尼尔。"成人拿出电话。

原则 8，支持双语学习。

成人认识到正在学习双语的学步儿在听到他们的家庭语言时最舒服，可以学习简单的词和短语，如零食、鞋子和刷牙，以帮助处于学习课堂语言最早期阶段的学步儿。他们在教室里张贴包括拼写和发音的单词，以提醒自己与学步儿一起使用这些单词。如果成人知道学步儿的家庭语言，他们会进行对话，有时会用该语言给学步儿读书。成人帮助学步儿看到同伴在试图与他们交流时，尽管他们使用的是不熟悉的单词，但会使用手势、面部表情和肢体语言。成人也可以使用大量可视化的材料——图片、照片、道具——来帮助学步儿理解新单词的意思。"当谈论碗或球时，展示视觉提示——无论你使用的是英语还是他们的家庭语言。没有必要在同一个对话中用两种语言说这个词。"（Nemeth，2012，p.54）。成人应在同一个语境中，把所有的单词都说清楚，反复说，强调关键词。

"牛奶。"凯伦一边说，一边往奥马尔的杯子里倒了一些，"你喝牛奶。"

"佩洛塔。"约瑟夫边说边把球滚给路易斯。路易斯听到这个熟悉的词笑了。

原则9，多提供歌曲、儿歌和游戏。

传统的儿歌、童谣和游戏之所以流传，是因为它们非常适合学步儿语言的发展，韵律、重复以及与行动和意义的联系能帮助学步儿理解与掌握词汇。

拉托雅唱道："头、肩膀、膝盖和脚。"她边唱边指身体部位以便学步儿模仿她。

当安东尼说完"矮胖子坐在墙上"后，萨拉和德盼着他接着说"掉下来"。

原则10，给学步儿读书，读很多书。

语言和图片的联系支持所有学步儿（包括双语学习的学步儿）增加词汇量。虽然学步儿还不能对故事保持兴趣，但是看图画书的时间是重要的符号发展期。除了词汇，和成人一起读书的时间能够强化学步儿对于图书和愉快体验之间的积极联系。读写是学步儿教室中一项重要内容。精心挑选的图书将会帮助学步儿保持注意。节奏、韵律、重复和序列，就像醒目的图示一样，能激发学步儿的兴趣。放有低书架的舒适区域能鼓励学步儿与图书互动。早期的读写经验为学步儿的发展奠定了重要的基础。

当照护者知道了图书和歌曲对学步儿学习语言来说非常重要，他们就有可能考虑在小组时间为学步儿引入这些活动。学步儿不大可能在有组织的小组里长时间保持兴趣。让大量独立的学步儿共同待在一个空间，并按要求安静聆听，这是非常可怕的。总的来说，为学步儿组织正式的集体活动对其中的每个人来说都是非常令人沮丧的。

　　一个更好的办法是让有兴趣的学步儿坐在地板上，组成小规模的、不太正式的小组，并且在开始时让邻近的学步儿一块唱歌或看图画书。

非正式的小组活动可能包括和附近的学步儿一起看书

　　当活动激发了大家的兴趣时，大家会踊跃参加。就像他们是随机组合到一块的一样，当有其他的事物吸引他们时，照护者也应该允许他们随意离开。在分享阅读时间，房间里的成人可能会发现最好各小组之间保持距离。通常成人在给学步儿读书时，会让学步儿坐在其腿上，而不是像大孩子的小组时间一样组成半圆。有时候把学步儿放在椅子上给他们读书是非常有用的；这种安排鼓励他们停留更长的时间。唱歌和游戏的主要作用是通过一个愉快的开始来提高小组参与度。

　　对于学步儿来说，重要的是他们有了看书和玩语言游戏的愉快经验，而不是他们端坐在那里，学到了技能。

　　在有了大量此类经验以后，那些将满 3 岁的学步儿可能做好了参加短暂的、更有结构的小组活动的准备。比如照护者可能创建半圆，用一个正方形的毛毯来明确标注每个人的位置。他们将设计很短的阅读和音乐活动，每日教一些小组活动技能，比如静坐、听别人讲话等。

想想看：学步儿的数学

将数学基础概念融入日常对话和生活中，学步儿会不知不觉地学习数学基础概念。

数量和操作：

你想再来点果汁吗？

让我看看你的两只眼睛。

我们会再读一遍。这将是第三次读。

你能把红铲子给他吗？那样的话你们每人都有一把。

形状和空间关系：

坐在圆圈上。

你在纸上画了一个大大的圆圈。

把兔子藏在枕头下面。

把杯子放在桌面上。

测量：

你的火车很长。

看起来很重。

我会把你的香蕉掰成两半。

模式、关系和变化：

我喜欢你衬衫上的条纹。

约翰尼比你高。

让我们走进这个大箱子，然后再走出来。

分类和组织：

请把所有的球都放进盒子里。

请把玩偶放进篮子里。

10-8 非支持性的认知/语言环境

当照护者发现了与学步儿学习类型最匹配的方法后，要避免走以下极端。

创设没有挑战和回应的环境。当照护者认定学步儿"太小，还不能进行真正的学习"时，就存在一种危险，那就是提供的环境令人厌烦并扼杀学步儿的好奇心，就像一个婴儿房没有了婴儿床和高脚椅。在这样的房间里，玩具通常都在架子上，几乎没有足够有趣、能引起学步儿好奇的玩具。这时成人将他们的任务看成是在无趣的房间里对学步儿进行监管，更进一步说是解决矛盾，而这些矛盾通常是因为学步儿没有发现有趣的或新奇的东西。

创设强迫学步儿学习、成人决定学习经验的环境。照护者认定学步儿"不再是婴儿了"，通常强迫学步儿死记硬背或照搬幼儿园经验。照护者的计划中通常包括教学卡片时间或者让学步儿制作一些作品带回家，"这样我们就能向孩子的父母展示我们确实教给他们一些东西了"。那通常意味着成人必须自己去做大部分的"工作"——复印一大堆相同的动物让学步儿去涂颜色，或者将复活节兔子的碎片粘在一起。死记硬背不符合学步儿主动、自发的学习风格。虽然有时候学步儿能机械地重复教学卡上的单词（红、黄、起来、出去），或者描绘卡片上的概念，但是他们对单词的真正理解肯定是有问题的。学步儿不仅是通过别人教来学习的，而且还通过他们自己主动的探索来学习。此外，要强迫学步儿学习此类经验，通常需要成人持续维持纪律，让学步儿坐下来并集中注意，这往往导致他们强烈的反抗。未解决的问题是：是否所有学习都要通过这样的途径？

创设强调坐着学习的环境。学步儿是活动的。他们运用他们整个身体的内驱力，平均集中注意力两分钟，这意味着学步儿在学习行动并且在行动中学习。要求学步儿坐下来做事情，是违背他们天性的。他们时刻准备着站起来和活动，甚至在读故事和唱歌时也是如此。吃饭时要求坐着，应该是一天中唯一要求他们坐下的时间。

小结

学步儿自然的感知运动学习风格要求成人在行为上做出回应，包括：

- 准备有趣的环境；
- 将观察作为制订计划和发起互动的基础；

- 成为游戏伙伴；
- 利用简短的、学步儿发起的对话强化语言，补充想法；
- 强调个性化的而不是小组的学习经验。

学步儿的语言发展需要成人：

- 示范语言模式；
- 扩展语言；
- 间接矫正语言；
- 阅读图书和唱歌。

思考

1. 参观一个学步儿班。注意照护者设计的活动类型和时间。你觉得适宜吗？

2. 观察照护者。你看到的哪些行为符合怀特所说的顾问的特点？

3. 列出学步儿在游戏中用到的材料，看看哪些是这一章中曾列出的材料，哪些是新增加的。

4. 选择一个学步儿并在游戏中观察他或她。记录他们10分钟的活动。你注意到了哪些行为？学步儿用什么策略去探究？

5. 举出成人和学步儿之间语言交流的几个例子。这些语言交流体现了本章所讨论的语言教学的哪些原则？

6. 教室中有哪些材料你认为会鼓励学步儿进行语言交流？

自测

1. 描述感知运动发展最后阶段的特点。

2. 讨论学步儿典型的语言发展模式。

3. 描述伯顿·怀特所定义的顾问的角色。

4. 明确促进学步儿认知发展的教学原则。

5. 描述制订学步儿课程计划的过程。

6. 尽可能多地列出适合学步儿学习的活动材料。

7. 讨论培养学步儿语言发展的几种技巧。

8. 明确哪些实践不适宜学步儿认知/语言发展。

应用：案例研究

1. 为学步儿设计两个能以个人或者小组形式开展的语言活动。

2. 你负责一个学步儿小组，这个小组非常活跃，大部分是男孩。为了激发他们的兴趣并给予一定挑战，请设计本周可以引入课堂的新材料和活动。

参考文献

ACEI. (2002). *Global guidelines for early childhood education and care in the 21st century* (ACEI position statement). Retrieved from http://acei.org.

Ainsworth, M. D. S. (1982). Attachment: Retrospect and prospect. In C. M. Parkes & J. Stevenson-Hinde (Eds.), *The place of attachment in human behavior* (pp. 3-30). New York: Basic Books.

Ainsworth, M. D. S., Blehar, M. D., Waters, E., & Wall, S. (1978). *Patterns of attachment: A study of the strange situation*. Hillsdale, NJ: Lawrence Erlbaum.

American Academy of Pediatrics, American Public Health Association, and National Resource center for Health and Safety in Child Care. (2011). *Caring for our children: National health and safety performance standards: Guidelines for out-of-home child care* (3rd ed.). Retrieved October 15, 2014, from http://nrckids.org.

Anderson, S. (2002). He's watching! The importance of the onlooker stage of play. *Young Children*, 57 (6), 58.

Armstrong, T. (2006). *The best schools: How human development research should inform educational practice*. Alexandria, VA: Association for Supervision and Curriculum Development.

Ashton-Warner, S. (1964). *Teacher*. New York: Bantam.

Balaban, N. (2006). Easing the separation process for infants, toddlers, and families. *Young Children*, 61 (6), 14-18.

Bardige, B., & Bardi, M. K. (2008). Talk to me, baby! Supporting language development in the first three years. *Zero to Three*, 29 (1), 4-10.

Begley, S. (1997, Spring/Summer). How to build a baby's brain. Newsweek, Special Edition, pp. 28-32.

Bellafante, G. (2014). As Prekindergarten expands in New York City, guiding guided play. *New York Times* (September 4).

Belsky, J. (1988). Infant day care and socioemotional development: The United States. *Journal of Child Psychology and Psychiatry*, 29 (4), 397-406.

Belsky, J. (2001). Developmental risks (still) associated with early child care. *Journal of Child Psychology and Psychiatry*, 42 (7), 845-859.

Belsky, J., Vandell, D., Burchinal, M., Clarke-Stewart, A., McCartney, K., Owen, M., et al. (2007). Are there long-term effects of early child care? *Child Development*, 78 (2), 681-701.

Beneke, S., & Ostrosky, M. (2013). The potential of the project approach to support diverse young learners. *Young Children*, 68（2）, 22-28.

Beneke, S., Ostrosky, M., & Katz, L. （2008）. Calendar time for young children: Good intentions gone away. *Young Children*, 63（3）, 12-16.

Bentley, D. （2013）. Transparent curtains and teensy-weensy dots: Reflecting on emergent curriculum and the project approach. *Young Children*, 68（2）, 78-85.

Bereiter, C., & Engelmann, S. （1966）. *Teaching disadvantaged children in the preschool.* Englewood Cliffs, NJ: Prentice-Hall.

Bergen, D. （2004）. *Play's role in brain development.* Olney, MD: Association for Childhood Education International.

Bergen, D., & Coscia, J. （2000）. *Brain research and childhood education.* Olney, MD: Association for Childhood Education International.

Berk, L., & Winsler, A. （1995）. *Scaffolding children's learning: Vygotsky and early childhood education.* Washington, DC: NAEYC.

Bernhardt, J. （2000）. A primary caregiving system for infants and toddlers: Best for everyone involved. *Young Children*, 55（2）, 74-80.

Berreuta-Clement, J., Schweinhart, L. J., Barnett, W. S., Epstein, A. S., & Weikart, D. P. （1984）. *Changed lives: The effects of the Perry preschool program on youths through age 19.* Ypsilanti, MI: High/Scope Press.

Bettelheim, B. （1987, March）. The importance of play. *Atlantic Monthly*, 35-46.

Biber, B., Shapiro, E., & Wickens, D. （1971）. *Promoting cognitive growth from a developmental-interaction point of view.* Washington, DC: NAEYC.

Biggam, S., & Hyson, M. （2014）. The Common Core State Standards and Developmentally Appropriate Practice: Creating a Relationship. In Copple, C., Bredekamp, S., Koralek, D., & Charner, H., Eds. *Developmentally appropriate practice: A focus on Kindergartners* （pp. 95-112）. Washington, DC: NAEYC.

Birckmayer, J., Kennedy, A., & Stonehouse, A. （2008）. *From lullabies to literature: Stories in the lives of infants and toddlers.* Washington, DC: NAEYC.

Birckmayer, J., Kennedy, A., & Stonehouse, A. （2009）. Using stories effectively with infants and toddlers. *Young Children*, 64（1）, 43-47.

Birckmayer, J., Kennedy, A., & Stonehouse, A. （2010）. Sharing spoken language: Sounds, conversations, and told stories. *Young Children*, 65（1）, 34-39.

Blaise, M., & Taylor, A. （2012）. Using queer theory to rethink gender equity in early childhood education. *Young Children*, 67（1）, 88-98.

Bodrova, E., & Leong, D. （2004）. Chopsticks and counting chips: Do play and foundational skills need to compete for the teacher's attention in an early childhood classroom? In Koralek, D. （Ed.）, *Spotlight on young children and play* （pp. 4-11）. Washington, DC: NAEYC.

Booth, C. （1997）. The fiber project: One teacher's adventure toward emergent curriculum. *Young Children*, 52（5）, 79-85.

Bordessa, K. （2005）. *Team challenges: 170+ group activities to build cooperation, community, and creativity.* Chicago: Zephyr Press.

Bornstein, M. (2014). *Exploring factors that influence child development.* Retrieved October 2, 2014, from www. nichd. nih. gov.

Bosse, S., Jacobs, G., & Anderson-Topete, T. (2013). Science in the air. In A. Shillady (Ed.), *Spotlight on young children: Exploring science.* Washington, DC: NAEYC.

Bowlby, J. (1988). *A secure base: Parent-child attachment and healthy human development.* New York: Basic Books.

Bowman, B., & Moore, E. (Eds.). (2006). *School readiness and social-emotional development: Perspectives on cultural diversity.* Washington, DC: National Black Child Development Institute.

Brazelton, T. B. (1974). *Toddlers and parents: A declaration of independence.* New York: Delacorte Press/Seymour Lawrence.

Brazelton, T. B., & Greenspan, S. (2000). *The irreducible needs of children: What every child must have to grow, learn, and flourish.* Cambridge, MA: Perseus.

Bredekamp, S. (Ed.). (1987). *Developmentally appropriate practice in early childhood programs serving children from birth through age eight.* Washington, DC: NAEYC.

Bredekamp, S. (1993). Reflections on Reggio Emilia. *Young Children,* 49 (1), 13–17.

Bredekamp, S. (2004). Play and school readiness. In E. Zigler, D. Singer, & S. Bishop-Josef (Eds.), *Children's play: The roots of reading* (pp. 159–174). Washington, DC: Zero to Three.

Bredekamp, S., & Copple, C. (Eds.). (1997). *Developmentally appropriate practice in early childhood programs* (Rev. ed.). Washington, DC: NAEYC.

Bredekamp, S., & Rosegrant, T. (Eds.). (1992). *Reaching potentials: Appropriate curriculum and assessment for young children* (Vol. 1). Washington, DC: NAEYC.

Bredekamp, S., & Rosegrant, T. (Eds.). (1995). *Reaching potentials: Transforming early childhood curriculum and assessment* (Vol. 2). Washington, DC: NAEYC.

Briant, M. (2004). *Baby sign language basics: Early communication for hearing babies and toddlers.* Carlsbad, CA: Hay House.

Briggs, D. C. (1975). *Your child's self-esteem.* Garden City, NY: Doubleday.

Bronson, M. B. (1995). *The right stuff for children birth to 8: Selecting play materials to support development.* Washington, DC: NAEYC.

Brown, K. (2010). Young authors: Writing workshop in kindergarten. *Young Children,* 65 (1), 24–28.

Brown, S., & Vaughn, C. (2010). *Play: How it shapes the brain, opens the imagination, and invigorates the soul.* New York: Avery.

Brown, W. (2008). Young children assess their learning: The power of the quick check strategy. *Young Children,* 63 (6), 14–20.

Bruner, J. (1977). Early social interaction and language acquisition. In H. R. Schaffer (Ed.), *Studies in mother-infant interactions* (pp. 271–290). London: Academic Press.

Bruner, J. (1978, September). Learning the mother tongue. *Human Nature Magazine,* 283–288.

Bruner, J. (1983). Play, thought, and language. *Peabody Journal of Education*, 60 (3), 60–69.

Bruner, J. (1991). Play, thought, and language. In N. Lauter-Klatell (Ed.), *Readings in child development* (pp. 76–81). Mountain View, CA: Mayfield.

Buell, M., & Sutton, T. (2008). Weaving a web with children at the center: A new approach to emergent curriculum planning for young preschoolers. *Young Children*, 63 (4), 100–105.

Burman, L. (2008). *Are you listening? Fostering conversations that help young children learn.* St. Paul, MN: Redleaf Press.

Burts, D. C., Charlesworth, R., & Fleege, P. O. (1991, April). *Achievement of kindergarten children in developmentally appropriate and developmentally inappropriate classrooms.* Paper presented at the meeting of the Society for Research in Child Development, Seattle, WA.

Burts, D. C., Hart, C. H., Charlesworth, R., Fleege, P. O., Mosley, J., & Thomasson, R. H. (1992). Observed activities and stress behaviors in developmentally appropriate and inappropriate kindergarten classrooms. *Early Childhood Research Quarterly*, 7, 297–318.

Butterfield, P., Martin, C., & Prairie, A. (2004). *Emotional connections: How relationships guide early learning.* Washington, DC: Zero to Three.

Caldwell, B. (2001). Déjà vu all over again: A researcher explains the NICHD study. *Young Children*, 56 (4), 58–59.

Cambourne, B. (1988). *The whole story: Natural learning and the acquisition of literacy in the classroom.* New York: Scholastic Press.

Campbell, L., Campbell, B., & Dickinson, D. (2003). *Teaching and learning through the multiple intelligences* (3rd ed.). Needham Heights, MA: Allyn & Bacon.

Carlsson-Paige, N., & Levin, D. (1990). *Who's calling the shots: How to respond effectively to children's fascination with war play and war toys.* Gabriola Island, BC: New Society Publishers.

Carlsson-Paige, N., & Levin, D. (2005). *The war play dilemma: What every parent and teacher needs to know.* New York: Teachers College Press.

Carnegie Task Force on Learning in the Primary Grades. (1996). *Years of promise: A comprehensive learning strategy for America's children.* New York: Carnegie Corporation of New York.

Ceppi, G., & Zeni, M. (Eds.). (1998). *Children, spaces, relations: Metaprojects for an environment for young children.* Washington, DC: Reggio Children.

Chang, H. (1993). *Affirming children's roots: Cultural and linguistic diversity in early care and education.* San Francisco: A California Tomorrow Publication.

Chard, S. (1998a). *The project approach, book 1: Making curriculum come alive.* New York: Scholastic Press.

Chard, S. (1998b). *The project approach, book 2: Managing successful projects.* New York:

Scholastic Press.

Charlesworth, R. (1998a). Developmentally appropriate practice is for everyone. *Childhood Education*, 74 (5), 274-282.

Charlesworth, R. (1998b). Response to Sally Lubeck's "Is developmentally appropriate practice for everyone?" *Childhood Education*, 74 (5), 293-298.

Charlesworth, R. (2016). *Math and science for young children* (8th ed.) Boston: Wadsworth.

Cheatham, G. , & Ro, Y. (2010). Young English learners' inter-language as a context for language and early literacy development. *Young Children*, 65 (4), 18-23.

Chen, J. , & Shire, S. (2011). Strategic teaching: Fostering communication skills in diverse young learners. *Young Children*, 66 (2), 20-27.

Cherry, C. (1981). *Think of something quiet: A guide for achieving serenity in early childhood classrooms*. Belmont, CA: Pitman Learning.

Cherry, C. (2002). *Please don't sit on the kids: Alternatives to punitive discipline* (Rev. ed.). Grand Rapids, MI: Frank Schaffer.

Chess, S. (1982). Infant bonding: Mystique and reality. *American Journal of Orthopsychiatry*, 52, 213-221.

Chess, S. , & Thomas, A. (1977). Temperamental individuality from childhood to adolescence. *Journal of Child Psychology and Psychiatry*, 16, 218-226.

Chomsky, N. (2006). *Language and mind*. Cambridge, UK: Cambridge University Press.

Chugani, H. (1996). Neuroimaging of developmental nonlinearity and developmental pathologies. In R. Thatcher, G. Lyon, J. Rumsey, & N. Krasnegor (Eds.), *Developmental neuroimaging: Mapping the development of brain and behavior* (pp. 187 - 193). San Diego: Academic Press.

Clark, K. , & Clark, M. (1939). The development of consciousness of self and the emergence of racial identity in Negro preschool schoolchildren. *Journal of Social Psychology*, 10, 591- 599.

Clarke-Stewart, K. A. (1989). Infant daycare: Maligned or malignant? Special issue: Children and their development: Knowledge base, research agenda, and social policy application. *American Psychology*, 44 (2), 266-273.

Clemens, S. C. (1983). *The sun's not broken, a cloud's just in the way: On child-centered teaching*. Beltsville, MD: Gryphon House.

Clements, D. , & Sarama, J. (2003). Young children and technology: What does the research say? *Young Children*, 58 (6), 34-40.

Cole, M. , Cole, S. R. , & Lightfoot, C. (2012). *The development of children* (7th ed.). New York: Freeman.

Copley, J. (2010). *The young child and mathematics* (2nd ed.). Washington, DC: NAEYC.

Cooper, P. (2009). *The classrooms all young children need: Lessons in teaching from Vivian Paley*. Chicago: The University of Chicago Press.

Copley, J. , Jones, C. , & Dighe, J. (2007). *Mathematics: The Creative Curriculum*® *approach*. Washington, DC: Teaching Strategies.

Copple, C., & Bredekamp, S. (2008). Getting clear about developmentally appropriate practice. *Young Children*, 63 (1), 54–55.

Copple, C., & Bredekamp, S. (Eds.). (2009). *Developmentally appropriate practice in early childhood programs serving children from birth through age 8* (3rd ed.). Washington, DC: NAEYC.

Copple, C., Bredekamp, S., Koralek, D., & Charner, K. (Eds.). (2013). *Developmentally appropriate practice: Focus on infants and toddlers*. Washington, DC: NAEYC.

Copple, C., Bredekamp, S., Koralek, D., & Charner, K. (Eds.). (2014). *Developmentally appropriate practice: Focus on children in first, second, and third grades*. Washington, DC: NAEYC.

Council for Physical Education and Children. (2001). *Recess in elementary schools* (Position paper from the National Association for Sport and Physical Education). Retrieved from www. aahperd. org/naspe/.

Cowley, G. (1997, Spring/Summer). The language explosion. Newsweek, Special Edition, pp. 16–22.

Cryer, D., & Harms, T. (1987). *Active learning for infants*. Reading, MA: Addison-Wesley.

Cuffaro, H. (1977). The developmental-interaction approach. In B. Boegehold, H. Cuffaro, W. Hooks, & G. Klopf (Eds.), *Education before five: A handbook of preschool education* (pp. 36–45). New York: Bank Street College of Education. *Curriculum in Head Start* (Head Start Bulletin # 67). Retrieved December 6, 2014, from http://eclkc. ohs. acf. hhs. gov/hslc/tta-system.

Curtis, D., & Carter, M. (2000). *The art of awareness: How observation can transform your teaching*. St. Paul, MN: Redleaf Press.

Curtis, D., & Carter, M. (2003). *Designs for living and learning: Transforming early childhood environments*. St. Paul, MN: Redleaf Press.

Curtis, D., & Carter, M. (2005). Rethinking early childhood environments to enhance learning. *Young Children*, 60 (3), 34–38.

Curtis, D., & Carter, M. (2008). *Learning together with young children: A curriculum framework for reflective teachers*. St. Paul, MN: Redleaf Press.

Curtis, D. (2011). Riding the waves again: Returning to work with toddlers. In D. Curtis & M. Carter (Eds.), *Reflecting children's lives: A handbook for planning child-centered curriculum* (pp. 238–241). St. Paul, MN: Redleaf Press.

Curtis, D., & Carter, M. (2011). *Reflecting children's lives: A handbook for planning child-centered curriculum* (2nd ed.). St. Paul, MN: Redleaf Press.

Curtis, D., Brown, K., Baird, L., & Coughlin, A. (2013). Planning environments and materials that respond to young children's lively minds. *Young Children*, 68 (4): 26–31.

Cutting, B. (1991, May). Tests, independence and whole language. *Teaching K-8*, 64–66.

Dangel, J., & Durden, T. (2010). The nature of teacher talk during small group activities.

Young Children, 65 (1), 74-81.

Davis, S. (2004). *Schools where everyone belongs: Practical strategies for reducing bullying*. New York: Stop Bullying Now.

DeBord, K., Hestenes, L., Moore, R., Cosco, N., & McGinnis, J. (2002). Paying attention to the outdoor environment is as important as preparing the indoor environment. *Young Children*, 57 (3), 32-35.

DEC/NAEYC. (2009). *Early Childhood Inclusion: A Joint Position Statement of the Division for Early Childhood (DEC) and the National Association for the Education of Young Children*. Retrieved March 21, 2015, from www. naeyc. org/positionstatements.

Delpit, L. (1988). The silenced dialogue: Power and pedagogy in educating other people's children. *Harvard Educational Review*, 58, 280-298.

Delpit, L. (2006). *Other people's children: Cultural conflict in the classroom*. New York: The New Press.

Denham, S. (2006). Social-emotional competence as support for school readiness: What is it and how do we assess it? *Early Education and Development*, 17 (1), 57-89.

Derman-Sparks, L., & Phillips, C. (1997). *Teaching/learning anti-racism: A developmental approach*. New York: Teachers College Press.

De-Souza, D., & Radell, J. (2011). Superheroes: An opportunity for prosocial play. *Young Children*, 66 (4): 26-31.

DeVault, L. (2003). The tide is high, but we *can* hold on: One kindergarten teacher's thoughts on the rising tide of academic expectations. *Young Children*, 58 (6), 90-93.

Dewey, J. (1916). *Democracy and education*. New York: Macmillan.

Diffily, D., & Sassman, C. (2002). *Project-based learning with young children*. Portsmouth, NH: Heinemann.

Diller, D. (2003). *Literacy work stations: Making centers work*. Portland, ME: Stenhouse.

Dodge, D., Colker, L., & Heroman, C. (2010). *The Creative Curriculum® for preschool* (5th ed., 5 vols.). Washington, DC: Teaching Strategies.

Dodge, D., Rudick, S., Berke, K., Heroman, C., Burts, D., & Bickart, T. (2010). *The Creative Curriculum® for infants, toddlers, and twos* (2nd ed., Rev. ed., 3 vols.). Washington, DC: Teaching Strategies.

Duckworth, E. (2006). *"The having of wonderful ideas" and other essays on teaching and learning* (3rd ed.). New York: Teachers College Press.

Durland, M., et al. (1992). *A comparison of the frequencies of observed stress behaviors in children in developmentally appropriate and inappropriate preschool classrooms*. Unpublished information included in paper at NAEYC.

Early Childhood Education Assessment Consortium, Council of Chief State School Officers. (2005). *The words we use: A glossary of terms for early childhood education standards and assessment*. Retrieved from www. ccsso. org/projects/SCASS/projects/early _ childhood _ education_ assessment_ consortium/publications_ and_ products/2840. cfm.

Edwards, C. (1997). Partner, nurturer, and guide: The roles of the Reggio teacher in action.

In C. Edwards, L. Gandini, & G. Forman (Eds.), *The hundred languages of children: The Reggio Emilia approach to early childhood education* (2nd ed., pp. 151 – 170). Norwood, NJ: Ablex.

Edwards, C., & Raikes, H. (2002). Extending the dance: Relationship-based approaches to infant/toddler care and education. *Young Children*, 57 (4), 10–17.

Edwards, J., & Derman-Sparks, L. (2010). *Anti-bias education for young children and ourselves* (2nd ed.). Washington, DC: NAEYC.

Eisenhauer, M., & Feikes, D. (2009). Dolls, blocks, and puzzles: Playing with mathematical understandings. *Young Children*, 64 (3), 18–24.

Elkind, D. (1987a). The child yesterday, today, and tomorrow. *Young Children*, 42 (4), 6–11.

Elkind, D. (1987b). Superbaby syndrome can lead to elementary school burnout. *Young Children*, 42 (3), 14.

Elkind, D. (1988). *Miseducation: Preschoolers at risk*. New York: Knopf.

Elkind, D. (1989, October). Developmentally appropriate practice: Philosophical and practical implications. *Phi Delta Kappan*, 113–117.

Elkind, D. (2006). *The hurried child: Growing up too fast too soon* (25th Anniversary ed.). Cambridge, MA: Da Capo Press.

Elkind, D. (2012). Knowing is not understanding: Fallacies and risks of early academic instruction. *Young Children*, 67 (1), 84–87.

Elliot, E., & Gonzalez-Mena, J. (2011). Babies' self-regulation: Taking a broad perspective. *Young Children*, 66 (1), 28–32.

Epstein, A. (1993). *Training for quality: Improving early childhood programs through systematic inservice training*. Ypsilanti, MI: High/Scope Educational Research Foundation.

Epstein, A. (2003). How planning and reflection develop young children's thinking skills. *Young Children*, 58 (5), 28–36.

Epstein, A. (2009). *Me, you, us: Social-emotional learning in preschool*. Washington, DC: NAEYC.

Epstein, A. (2014). *The intentional teacher: Choosing the best strategies for young children's learning* (Rev. ed.). Washington, DC: NAEYC.

Erikson, E. (1963). *Childhood and society*. New York: Norton.

Erikson, E. (1968). *Identity: Youth and crisis*. New York: Norton.

Espinosa, L. (2010). *Getting it right for young children from diverse backgrounds: Applying research to improve practice*. Washington, DC: NAEYC.

Espiritu, E., Meier, D., Villazana-Price, N., & Wong, M. (2002). A collaborative project on language and literacy learning. *Young Children*, 57 (5), 71–78.

Evans, B. (2002). *You can't come to my birthday party: Conflict resolution with young children*. Ypsilanti, MI: High/Scope Press.

Falk, B. (Ed.). (2012). *Defending childhood: Keeping the promise of early education*. New York: Teachers College Press.

Faulk, J. , & Evanshen, P. (2013). Linking the primary classroom environment to learning. *Young Children*, 68 (4), 40-45.

Ferguson, C. , Green, S. , & Marchel, C. (2013). Teacher-made assessments show growth. *Young Children*, 68 (3), 28-37.

Filippini, T. (1998). The role of the*pedagogista*: An interview with Lella Gandini. In C. Edwards, L. Gandini, & G. Forman (Eds.), *The hundred languages of children*: *The Reggio Emilia approach to early childhood education* (2nd ed. , pp. 127-138). Norwood, NJ: Ablex.

Fisher, R. (1994). *Getting ready to negotiate—The getting to yes workbook*. New York: Penguin.

Flynn, L. , & Kieff, J. (2002). Including everyone in outdoor play. *Young Children*, 57 (3), 20-27.

Fox, L. , & Lentini, R. (2006). "You got it!" Teaching social and emotional skills. *Young Children*, 61 (6), 36-42.

Fraiberg, S. (1959). *The magic years*. New York: Scribner's.

Fraiberg, S. (1977). *Every child's birthright*: *In defense of mothering*. New York: Basic Books.

Fraser, S. , & Gestwicki, C. (2002). *Authentic childhood*: *Exploring Reggio Emilia in the classroom*. Clifton Park, NY: Thomson Delmar Learning.

Fromberg, D. (2002). *Play and meaning in early childhood education*. Boston: Allyn & Bacon.

Gaffney, J. , Ostrosky, M. , & Hemmeter, M. L. (2008). Books as natural support for young children's literacy learning. *Young Children*, 63 (4), 87-93.

Gallagher, K. (2013). Guiding children's friendship development. *Young Children*, 68 (5), 26-32.

Gamberg, R. , Kwak, W. , Hutchings, M. , & Altheim, J. (1988). *Learning and loving it*: *Theme studies in the classroom*. Portsmouth, NH: Heinemann.

Gandini, L. (1997). Educational and caring spaces. In C. Edwards, L. Gandini, & G. Forman (Eds.), *The hundred languages of children*: *The Reggio Emilia approach to early childhood education* (2nd ed. , pp. 161-178). Norwood, NJ: Ablex.

Gandini, L. , Etheredge, S. , & Hill, L. (2009). *Insights and inspirations from Reggio Emilia*: *Stories of teachers and children from North America*. Worcester, MA: Davis Publications.

Gardner, H. (1983). *Frames of mind*: *The theory of multiple intelligences*. New York: Basic Books.

Gardner, H. (1991). *The unschooled mind*: *How children think and how schools should teach*. New York: Basic Books.

Gardner, H. (2000). *Intelligence reframed*: *Multiple intelligences for the twenty-first century*. New York: Basic Books.

Gartrell, D. (2008). Understand bullying. *Young Children*, 63 (3), 54-57.

Gartrell, D. (2010). *A guidance approach for the encouraging classroom* (5th ed.). Belmont,

CA：Wadsworth.

Gartrell, D. (2012). From rules to guidelines：Moving to the positive. *Young Children*, 67 (1), 56–58.

Genesee, F. (2008). Early dual language learning. *Zero to Three Bulletin*, 29 (1), 17–23.

Gerber, M., & Weaver, J. (2003). *Dear parent：Caring for infants with respect*. Los Angeles, CA：RIE.

Gestwicki, C. (2016). *Home, school, & community relations：A guide to working with families* (9th ed.). Boston：Wadsworth/Cengage.

Gillander, C., & Castro, D. (2011). Storybook reading for dual language learners. *Young Children*, 66 (1), 91–95.

Gillespie, L., & Hunter, A. (2010). Believe, watch, act! Promoting prosocial behavior in infants and toddlers. *Young Children*, 65 (1), 42–43.

Goldstein, L., & Baum, M. (2014). Supporting children's learning while meeting state standards：Strategies and suggestions for teachers in public school contexts. In Copple, C., Bredekamp, S, Koralek, D., & Charner, K. (Eds.), *Developmentally appropriate practice：Focus on children in first, second, and third grades* (pp. 77–85). Washington, DC：NAEYC.

Goleman, D. (1995). *Emotional intelligence*. New York：Bantam.

Golinkoff, R., Hirsh-Pasek, K., & Singer, D. (2006). Why play = learning：A challenge for parents and educators. In D. Singer, R. Golinkoff, & K. Hirsh-Pasek (Eds.), *Play = learning：How play motivates and enhances children's cognitive and social-emotional growth* (pp. 3–14). New York：Oxford University Press.

Gonzalez-Mena, J. (1986). Toddlers：What to expect. *Young Children*, 41 (1), 47–51.

Gonzalez-Mena, J. (2012). *Child, family, and community：Family centered early care and education* (6th ed.). New York：Prentice-Hall.

Gonzalez-Mena, J. (2008). *Diversity in early care and education* (5th ed.). Washington, DC：NAEYC.

Gonzalez-Mena, J. (2013). What works? Assessing infant and toddler play environments. *Young Children*, 68 (4), 22–25.

Gonzalez-Mena, J., & Eyer, D. W. (2011). *Infants, toddlers, and caregivers：A curriculum of respectful, responsive care* (9th ed.). New York：McGraw-Hill.

Gordon, T. (2000). *Parent effectiveness training* (Rev. ed.). New York：Three Rivers Press.

Gould, P., & Sullivan, J. (2004). *The inclusive early childhood classroom：Easy ways to adapt learning centers for all children*. Beltsville, MD：Gryphon House.

Gray, P. (2013). *Free to learn：Why unleashing the instinct to play will make our children happier, more self-reliant, and better*. New York：Basic Books.

Greenberg, J. (2012). More, all gone, empty, full：Math talk every day in every way. *Young Children*, 67 (3), 62–64.

Greenberg, P. (1987). *Staff growth program for child care centers*. New York：Acropolis Books.

Greenberg, P. (1990). Why not academic preschool? (part 1). *Young Children*, 45 (2), 70–79.

Greenberg, P. (1991). *Character development: Encouraging self-esteem and self-discipline in infants, toddlers, and two-year-olds*. Washington, DC: NAEYC.

Greenman, J. (2004). Great places to be a baby. *Child Care Information Exchange*, 157, 46–48.

Greenman, J. (2005a). *Caring spaces, learning places: Children's environments that work* (Rev. ed.). Redmond, WA: Exchange Press.

Greenman, J. (2005b). Places for children in the twenty-first century: A conceptual framework. *Young Children*. Retrieved October 6, 2014, from www. journal. naeyc. org/btj/ 200505/01.

Greenman, J., Stonehouse, A., & Schweikart, G. (2007). *Prime time: A handbook for excellence in infant and toddler programs (2nd edition)*. St. Paul, MN: Redleaf Press.

Greenspan, S. (2007). *Great kids: Helping your baby and child develop the ten essential qualities for a healthy, happy life*. Cambridge, MA: Da Capo Press.

Grisham-Brown, J., Hemmeter, M., & Pretti-Frontczak, K. (2005). *Blended practices for teaching young children in inclusive settings*. Baltimore: Paul H. Brookes.

Gronlund, G. (2006). *Make early learning standards come alive: Connecting your practice and curriculum to state guidelines*. St. Paul, MN: Redleaf Press.

Gronlund, G. (2008). Standards, standards, everywhere. *Young Children*, 63 (4), 10–13.

Gurian, M. (2001). *Boys and girls learn differently: A guide for teachers and parents*. San Francisco: Jossey-Bass.

Gurian, M., & Ballew, A. (2003). *The boys and girls learn differently action guide for teachers*. San Francisco: Jossey-Bass.

Hachey, A., & Butler, D. (2012). Creatures in the classroom: Including insects and small animals in your preschool gardening curriculum. *Young Children*, 67 (2): 38–42.

Hall, K. (2008). The importance of including culturally authentic literature. *Young Children*, 63 (1), 80–86.

Hamlin, M., & Wisneski, D. (2012). Supporting the scientific thinking and inquiry of toddlers and preschoolers through play. *Young Children*, 67 (3), 82–88.

Hancock, L., & Wingert, P. (1997, Spring/Summer). The new preschool. Newsweek, Special Edition, pp. 36–37.

Hanvey, C. (2010). Experiences with an outdoor prop box: Addressing standards during recess. *Young Children*, 65 (1), 30–33.

Harlow, H. (1958). The nature of love. *American Psychologist*, 13, 673–685.

Harms, T., & Clifford, R. (2004). *Early childhood environment rating scale* (Rev. ed.). New York: Teachers College Press.

Harris, M. (2009). Implementing portfolio assessment. *Young Children*, 64 (3), 82–85.

Harris, R., & Emberley, M. (2006). *It's not the stork: A book about girls, boys, babies, bodies, families, and friends*. Somerville, MA: Candlewick Press.

Harris, T. , & Fuqua, J. D. (1996). To build a house: Designing curriculum for primary-grade children. *Young Children*, 51 (6), 77–84.

Hart, B. , & Risley, T. (2003). *Meaningful differences in everyday parenting and intellectual development in young American children*. Baltimore: Paul H. Brookes.

Hart, C. H. (1991, November). *Behavior of first and second grade children who attended developmentally appropriate and developmentally inappropriate classrooms*. Paper presented at the annual meeting of NAEYC, Denver, CO.

Head Start Resource Center. (2011). *Head start child development and early learning framework: Promoting positive outcomes in early childhood programs serving children 3 – 5 years old*. Arlington, VA: Office of Head Start. Retrieved November 8, 2014.

Hearron, P. , & Hildebrand, V. (2008). *Guiding young children* (8th ed.). New York: Prentice-Hall.

Heburn, S. (1995). *Cost, quality and child outcomes in child care centers* (Technical Paper). Denver: University of Colorado.

Heidemann, S. , & Hewitt, D. (2010). *Play: The pathway from theory to practice* (2nd ed.). St Paul, MN: Redleaf Press.

Heller, C. (1993). Equal pay. *Teaching Tolerance*, 23, 24–28.

Helm, J. , & Beneke, S. (Eds.). (2003). *The power of projects: Meeting contemporary challenges in early childhood classrooms—Strategies and solutions*. New York: Teachers College Press.

Helm, J. , & Katz, L. (2010). *Young investigators: The project approach in the early years* (2nd ed.). New York: Teachers College Press.

Helm, J. H. (2008). Got standards? Don't give up on engaged learning. *Young Children*, 63 (4), 14–20.

Hemmeter, M. L. , Ostrosky, M. , Artman, K. , & Kinder, K. (2008). Moving right along: Planning transitions to prevent challenging behavior. *Young Children*, 63 (3), 18–25.

Hendricks, J. (Ed.). (1997). *First steps toward teaching the Reggio way*. Columbus, OH: Merrill.

Hendricks, J. (2003). *Next steps towards teaching the Reggio way: Accepting the challenge to change*. New York: Prentice-Hall.

Heroman, C. , Burts, D. C. , Berke, K. , & Bickart, T. S. (2010). *Teaching strategies GOLD assessment* (Toolkit and online system). Washington, DC: Teaching Strategies, Inc.

Heroman, C. , & Jones, C. (2004). *Literacy: The Creative Curriculum' approach*. Washington, DC: Teaching Strategies, Inc.

Herr, J. , & Swim, T. (1999). *Creative resources for infants and toddlers* (2nd ed.). Clifton Park, NY: Thomson Delmar Learning.

High/Scope Foundation. (2005). *The High/Scope Perry preschool study through age 40: Summary, conclusions, and frequently asked questions*. Retrieved March 10, 2015, from www. highscope. org.

Hirsh-Pasek, K. , Golinkoff, R. , Berk, L. , & Singer, D. (2009). *A mandate for playful learning in preschool: Presenting the evidence*. New York: Oxford University.

Hitz, M., Somers, M., & Jenlink, C. (2007). The looping classroom: Benefits for children, families, and teachers. *Young Children*, 62 (2), 80-84.

Hoffman, L. (1989). Effects of maternal employment in the twoparent family: A review of the research. *American Psychology*, 44 (2), 283-292.

Hohmann, M., & Weikart, D. (2002). *Educating young children: Active learning practices for preschool and child care programs* (2nd ed.). Ypsilanti, MI: High/Scope Press.

Hollyfield, A., & Hast, F. (2001). *More infant and toddler experiences*. St. Paul, MN: Redleaf Press.

Holt, J. (1983). *How children learn* (Rev. ed.). New York: Delacorte Press.

Honig, A. (2010). Keys to quality infant care: Nurturing every baby's life journey. *Young Children*, 65 (5), 40-47.

Hughes, K., & Gullo, D. (2010). Joyful learning and assessment in kindergarten. *Young Children*, 65 (3), 57-59.

Hurless, B., & Gittings, S. (2008). Weaving the tapestry: A first grade teacher integrates teaching and learning. *Young Children*, 63 (2), 40-46.

Hyson, M., & Taylor, J. (2011). Caring about caring: What adults can do to promote young children's prosocial skills. *Young Children*, 66 (4), 74-83.

Hyson, M., & Tomlinson, H. (2014). *The early years matter: Education, care, and the well-being of children, birth to 8*. Published simultaneously by New York: Teachers College Press, and Washington, DC: NAEYC.

Isenberg, J., & Jalongo, M. (2000). *Creative expression and play in early childhood* (3rd ed.). Upper Saddle River, NJ: Merrill Prentice-Hall.

Isenberg, J., & Quisenberry, N. (1988). Play: A necessity for all children. *Childhood Education*, 64 (3), 138-145.

Jablon, J., Dombro, A., & Dichtelmiller, M. (2007). *The power of observation* (2nd ed.). Washington, DC: Teaching Strategies.

Jacobs, G., & Crowley, K. (2007). *Play, projects and preschool standards: Nurturing children's sense of wonder*. Thousand Oaks, CA: Corwin Press.

Jalongo, M. (2008). *Learning to listen, listening to learn: Building essential skills in young children*. Washington, DC: NAEYC.

Jarrett, O. (2002). *Recess in elementary school: What does the research say?* (ERIC Documentation Reproduction Service No. ED466331). Champaign, IL: ERIC Clearinghouse on Elementary and Early Childhood Education.

Jarrett, O., & Waite-Stipiansky, S. (2009). Recess—It's indispensable! *Play, Policy, and Practice Interest Forum, Young Children*, 64 (5), 66-69.

Jipson, J. (1991, April). Developmentally appropriate practice: Culture, curriculum, connections. *Early Education and Development*, 2 (2), 120-136.

Johnson, J., Christie, J., & Wardle, F. (2005). *Play, development, and early education*. Boston: Pearson.

Jones, E. (1977). Introduction: Curriculum planning in early childhood education. In L. Dittman (Ed.), *Curriculum is what happens: Planning is the key* (pp. 4-5). Washington, DC: NAEYC.

Jones, E., Evans, K., & Rencken, K. (2001). *The lively kindergarten: Emergent curriculum in action*. Washington, DC: NAEYC.

Jones, E., & Nimmo, J. (1994). *Emergent curriculum*. Washington, DC: NAEYC.

Jones, E., & Reynolds, G. (2011). *The play's the thing: Teachers' roles in children's play* (2nd ed.). New York: Teachers College Press.

Jones, N. (2008). Grouping children to promote social and emotional development. *Young Children*, 63 (3), 34-39.

Kagan, S. (1990). Children's play: The journey from theory to practice. In E. Klugman & S. Smilansky (Eds.), *Children's play and learning: Perspectives and policy implications* (pp. 43-61). New York: Teachers College Press.

Kalmar, K. (2008). Let's give children something to talk about! Oral language and preschool literacy. *Young Children*, 63 (1), 88-92.

Kamii, C. (1982). *Number in preschool and kindergarten: Educational implications of Piaget's theory*. Washington, DC: NAEYC.

Kamii, C. (Ed.). (1990). *Achievement testing in the early grades: The games grownups play*. Washington, DC: NAEYC.

Kamii, C., & Kamii, M. (1990). *Negative effects of achievement testing in mathematics*. Washington, DC: NAEYC.

Kamii, C., & Rosenblum, V. (1990). *An approach to assessment in mathematics*. Washington, DC: NAEYC.

Karen, R. (1998). *Becoming attached: First relationships and how they shape our capacity to love*. New York: Oxford University Press.

Katz, L. (1984). The professional early childhood teacher. *Young Children*, 39 (5), 3-10.

Katz, L. (1987). *What should young children be learning*? Urbana, IL: ERIC Clearing House of Elementary and Early Childhood Education.

Katz, L. (1988, Summer). What should young children be doing? *American Educator*, 28-33, 44-45.

Katz, L. (1994). Images from the world: Study seminar on the experience of the municipal infant-toddler centers and preprimary schools of Reggio Emilia, Italy. In L. Katz & B. Cesarone (Eds.), *Reflections on the Reggio Emilia approach* (pp. 3-19). Urbana, IL: ERIC Clearing House on Elementary and Early Childhood Education.

Katz, L. (1997). The challenges of the Reggio Emilia approach. In J. Hendricks (Ed.), *First steps toward teaching the Reggio way* (pp. 96-110). Columbus, OH: Merrill.

Katz, L., & Chard, S. (2000). *Engaging children's minds: The project approach* (2nd ed.). Norwood, NJ: Ablex.

Kauerz, K. (2013). Developmentally appropriate practice in preK-third grade: It can be done. Speech recorded at NAEYC Institute of Professional Development, 2013.

Kennedy, D. (1996). After Reggio Emilia: May the conversation begin! *Young Children*, 51 (5), 24-27.

Kessler, S. (1991). Early childhood education as development: Critique of the metaphor. *Early Education and Development*, 2 (2), 137-152.

Kinnell, G. (2002). *No biting: Policy and practice for toddler programs*. St. Paul, MN: Redleaf Press.

Kinney, M. L., & Ahrens, P. (2008). *Beginning with babies*. St. Paul, MN: Redleaf Press.

Kirmani, M. (2007). Empowering culturally and linguistically diverse children and families. *Young Children*, 62 (6), 94-98.

Klefstad, K., & Martinez, K. (2013). Promoting young children's cultural awareness and appreciation through multicultural books. *Young Children*, 68 (5), 74-81.

Klein, M. D., Cook, R., & Richardson-Gibbs, A. M. (2000). *Strategies for including children with special needs in early childhood settings*. Clifton Park, NY: Thomson Delmar Learning.

Koc, K., & Buzzelli, C. (2004). The moral of the story is... Using children's literature in moral education. *Young Children*, 59 (1), 92-97.

Kohl, M. (2011). *First art: Art experiences for toddlers and twos: Open-ended art experiences*. Lewisville, NC: Gryphon House.

Kohlberg L. (1976). Moral stages and moralization: The cognitive-developmental approach. In J. Lickona (Ed.), *Moral development behavior: Theory, research, and social issues* (pp. 93-120). New York: Holt, Rinehart & Winston.

Kohlberg, L., & Kramer, R. (1969). Continuities and discontinuities in childhood and adult moral development. *Human Development*, 12, 93-120.

Kohn, A. (2001). Fighting the tests: Turning frustration into action. *Young Children*, 56 (2), 19-24.

Kostelnik, M., Gregory, K., Soderman, A., & Whiren, A. (2011). *Guiding children's social development* (7th ed.). Belmont, CA: Wadsworth.

Kostelnik, M., Soderman, A., & Whiren, A. (2008). *Developmentally appropriate curriculum: Best practices in early childhood education* (5th ed.). New York: Prentice-Hall.

Kovach, B., & Da Ros-Voseles, D. (2011). Communicating with babies. *Young Children*, 66 (2), 48-50.

Kumar, R. (2009). Why is collaboration good for my child? Engaging families in understanding the benefits of cooperative learning. *Young Children*, 64 (3), 91-95.

Lakin, M. (1996). The meaning of play: Perspectives from Pacific Oaks College. In A. Phillips (Ed.), *Topics in early childhood education: Playing for keeps. Inter-institutional early childhood consortium* (pp. 37-59). St. Paul, MN: Redleaf Press.

Lally, R., & Mangione, P. (2006). The uniqueness of infancy demands a responsive approach to care. *Young Children*, 61 (4), 14-20.

Lamm, S., Grouix, J., Hansen, C., Patton, M., & Slaton, A. (2006). Creating environments for peaceful problem solving. *Young Children*, 61 (6), 22–28.

Laski, E. (2013). Portfolio picks: An approach for developing children's metacognition. *Young Children*, 68 (3), 38–43.

Leong, D., & Bodrova, E. (2012). Assessing and scaffolding make-believe play. *Young Children*, 67 (1), 28–34.

Levine, D. (1998). *Remote control childhood? Combating the hazards of media culture.* Washington, DC: NAEYC.

Levine, D. (2003). *Teaching young children in violent times: Building a peaceable classroom* (2nd ed.). Washington, DC: NAEYC.

Levine, D. (2004). Beyond banning war and superhero play: Meeting children's needs in violent times. In Koralek, D. (Ed.), *Spotlight on young children and play* (pp. 46–49). Washington, DC: NAEYC.

Lewin-Benham, A. (2010). *Infants and toddlers at work: Using Reggio-inspired materials to support brain development.* New York: Teachers College Press.

Lewin-Benham, A. (2006, March). One teacher, 20 preschoolers, and a goldfish: Environmental awareness, emergent curriculum, and documentation. *NAEYC Beyond the Journal, Young Children on the Web.*

Linder, S. (2012). Interactive whiteboards in early childhood mathematics. *Young Children*, 67 (3), 26–35.

Louv, R. (2008). *Last child in the woods: Saving our children from nature deficit disorder* (Updated ed.). Chapel Hill, NC: Algonquin.

Love, A., Burns, M. S., & Buell, M. (2007). Writing: Empowering literacy. *Young Children*, 62 (1), 12–19.

Lubeck, S. (1998a). Is DAP for everyone? A response. *Childhood Education*, 74 (5), 299–301.

Lubeck, S. (1998b). Is developmentally appropriate practice for everyone? *Childhood Education*, 74 (5), 283–292.

Lucas-Thompson, R., Goldberg, W., & Prouse, J. (2010). Maternal work early in the lives of children and its distal associates with achievement and behavior problems. *Psychological Bulletin*, 136 (6), 915–942.

Luvmour, J., & Luvmour, S. (2007). *Everyone wins: Cooperative games and activities.* Gabriola Island, BC: New Society.

Lynch, S., & Warner, L. (2013). How adults foster young children's intellectual development. *Young Children*, 68 (2), 86–91.

Mahler, M. (1979). *Separation-individuation* (Vol. 2). London: Jason Aronson.

Mallory, B., & New, R. (Eds.). (1994). *Diversity and developmentally appropriate practices: Challenges for early childhood education.* New York: Teachers College Press.

Manaster, H., & Jobe, M. (2012). Supporting preschoolers' positive peer relationships. *Young Children*, 67 (5), 12–17.

Marshall, H. (2003). Research in review—Opportunity deferred or opportunity taken? An updated look at delaying kindergarten entry. *Young Children*, 58 (5), 84–93.

Martin, L., & Thacker, S. (2009). Teaching the writing process in primary grades: One teacher's approach. *Young Children*, 64 (4), 30–35.

McCarry, B., & Greenwood, S. (2009). Practice what you teach: Writers' lunch club in first grade. *Young Children*, 64 (1), 37–41.

McLennan, D. (2011). Meeting standards in the changing landscape of today's kindergarten. *Young Children*, 66 (4), 106–111.

McManis, D., & Gunnewig, S. (2012). Finding the education in educational technology with early learners. *Young Children*, 67 (3), 14–23.

McMullen, M., Addleman, J., Fulford, A., Moore, S., Mooney, S., Sisk, S., et al. (2009). Learning to be me while coming to understand we: Encouraging prosocial babies in group settings. *Young Children*, 64 (4), 20–28.

Meece, D., & Soderman, A. (2010). Positive verbal environments: Setting the stage for young children's social development. *Young Children*, 65 (5), 81–86.

Meier, D. (1997). *Learning in small moments: Life in an urban classroom*. New York: Teachers College Press.

Meisels, S. (2000). *Using assessments to enhance teaching and improve learning*. Presented at the Head Start Child Development Institute. Retrieved December 15, 2014, from www. hsnrc. org.

Meisels, S., & Atkins-Burnett, S. (2000). The elements of early childhood assessment. In J. Shonkoff & S. Meisels (Eds.), *The handbook of early childhood intervention* (2nd ed., pp. 231–257). New York: Cambridge University Press.

Meisels, S., Marsden, D., Jablon, J., & Dichgelmille, M. (2013). *The work sampling system* (5th ed.). New York: Pearson.

Miller, E., & Almon, J. (2009). *The crisis in kindergarten: Why children need to play in school*. College Park, MD: Alliance for Childhood.

Miller, K. (2002). *Things to do with toddlers and twos* (Rev. ed.). Lewisville, NC: Gryphon House.

Miller, L., & Gibbs, M. (2002). *Making toys for infants and toddlers: Using ordinary stuff for extraordinary play*. Lewisville, NC: Gryphon House.

Monighan-Nourot, P. (1990). The legacy of play in American early childhood education. In E. Klugman & S. Smilansky (Eds.), *Children's play and learning: Perspectives and policy implications* (pp. 4–17). New York: Teachers College Press.

Monighan-Nourot, P. (2003). Playing with play in four dimensions. In J. Isenberg & M. Jalongo (Eds.), *Major trends and issues in early childhood education: Challenges, controversies, and insights* (2nd ed., pp. 123–148). New York: Teachers College Press.

Montessori, M. (1995). *The absorbent mind* (Reprint ed.). New York: Owl Books.

Mooney, C. (2010). *Theories of attachment: An introduction to Bowlby, Ainsworth, Gerber, Brazelton, Kennell, and Klaus*. St. Paul, MN: Redleaf Press.

Morrow, L. (2011). *Literacy development in the early years: Helping children read and write* (7th ed.). Needham Heights, MA: Allyn & Bacon.

Moyer, J. (2001). The child-centered kindergarten—A position paper. Association for childhood education international. *Childhood Education*, 77 (3), 161–166.

NAECS/SDE. (2000–2001). *Still unacceptable trends in kindergarten entry and placement* (Position paper). Washington, DC: Author.

NAECS/SDE. (2002). *Recess and the importance of play: A position statement on Young Children and Recess*. Retrieved March 22, 2015, from www. naecs-sde. org/policy.

NAESP. (2005). *Leading early childhood learning communities: What principals should know and be able to do*. Alexandria, VA: Author.

NAEYC. (1990). NAEYC position statement on media violence in children's lives. *Young Children*, 45 (5), 18–21. Retrieved October 26, 2014 from www. naeyc. org.

NAEYC. (1995a). Cost, quality, and child outcomes in child care centers: Key findings and recommendations. *Young Children*, 50 (4), 40–44.

NAEYC. (1995b). Mr. Hoagie and his happy, hardworking second-graders: An interview. *Young Children*, 50 (6), 40–44.

NAEYC. (1996a). *Biters: Why they do it and what to do about it*. Washington, DC: Author.

NAEYC. (1996b). Position statement: Responding to linguistic and cultural diversity—Recommendations for effective early childhood education. *Young Children*, 51 (2), 4–12.

NAEYC. (1998, 2009). *Learning to read and write: Developmentally appropriate practices for young children* (A position statement of the International Reading Association and the National Association for the Education of Young Children). Retrieved October 26, 2014, from www. naeyc. org.

NAEYC. (2005). *NAEYC Early childhood program standards and accreditation criteria*. Washington, DC: NAEYC.

NAEYC & NCTM. (2002, 2010). *Early childhood mathematics: Promoting good beginnings* (A joint position statement of the National Association for the Education of Young Children and the National Council of Teachers of Mathematics). Retrieved October 26, 2014, from www. naeyc. org.

NAEYC. (2011). *Code of ethical conduct and statement of commitment*. Reaffirmation and updates. Retrieved October 26, 2014, from www. naeyc. org.

NAEYC & Fred Rogers Center for Early Learning and Children's Media at St. Vincent College. (2012). *Technology and interactive media as tools in early chilldhood programs serving children from birth through age 8*. Retrieved October 26, 2014, from www. naeyc. org/positions.

NAEYC & NAECS/SDE. (2002). *Joint position statement. Early learning standards: Creating the conditions for success*. Retrieved October 26, 2014, from www. naeyc. org/positions.

NAEYC & NAECS/SDE. (2003). *Early childhood curriculum, assessment, and program evaluation: Building an effective, accountable system in programs for children birth through age 8*. Retrieved from www. naeyc. org.

Nansel, T., Overpeck, M., Pilla, R., Ruan, W., Simons-Morton, B., & Scheidt, P. (2001). Bullying behaviors among U. S. Youth: Prevalence and association with psychosocial adjustment. *Journal of the American Medical Association*, 285 (16), 2094 – 2100.

NASBE. (1988). *Right from the start*. Alexandria, VA: Author. NASBE. (1991). *Caring communities: Supporting young children and families: The report of the national task force on school readiness*. Alexandria, VA: Author.

NASP. (2003). *Position statement on student grade retention and social promotion*. Retrieved November 7, 2014, from www. nasponline. org.

National Early Literacy Panel. (2004). *A synthesis of research on language and literacy*. Retrieved November 7, 2014, from www. famlit. org.

National Governors Association Center for Best Practices & Council of Chief State School Officers. (2010). *Common Core State Standards*. Washington, DC: Author. Retrieved from www. corestandards. org.

NCTM. (2000). *Principles and standards for school mathematics*. Reston, VA: Author.

NCTM. (2006). *Curriculum focal points for prekindergarten through grade 8 mathematics: A quest for coherence*. Retrieved December 16, 2014, from www. nctm. org/Publications/ teaching-children-mathematics/2006/Vol13/Issue3/Curriculum-Focal-Points-for-Pre-K-Grade- 8-Mathematics_ -A-Quest-for-Coherence/

NCTM. (2014). *Principles to actions: Ensuring mathematical success for all*. Reston, VA: Author.

National Research Council. (2012). *A framework for K – 12 science education: Practices, crosscutting concepts, and core ideas*. Committee on a Conceptual Framework for New K-12 Science Education Standards. Washington, DC: The National Academies Press.

Nemeth, K. (2009). Meeting the home language mandate: Practical strategies for all classrooms. *Young Children*, 64 (2), 36–42.

Nemeth, K. (2012). *Basics of supporting dual language learners: An introduction for educators of children from birth through age 8*. Washington, DC: NAEYC.

Nemeth, K., & Brillante, P. (2011). Dual language learners with challenging behaviors. *Young Children*, 66 (4), 12–17.

Neuman, S., & Dickinson, D. (Eds.). (2010). *Handbook of early literacy research* (Vol. 3). New York: Guilford Press.

New, R. (1993). Cultural variations on developmentally appropriate practice: Challenges to theory and practice. In C. Edwards, L. Gandini, & G. Forman (Eds.), *The hundred languages of children: The Reggio Emilia approach to early childhood education* (pp. 215 – 232). Norwood, NJ: Ablex.

Newberger, J. (1997). New brain development research—A wonderful window of opportunity to build public support for early childhood education. *Young Children*, 52 (4), 4–9.

Next Generation Science Standards (NGSS). (2013). *The next generation science standards: For states, by states*. Washington, DC: National Academies Press.

NICHD Early Child Care Research Network. (2006). The effects of infant child care on infant-mother attachment security: Results of the NIHCD study of early child care. Published online June 30, 2006. Updated 2012. First published in*Child Development*, 1997, 68 (5), 860-879.

New York Times. (9/7/2014). *Guiding guided play*. Author: pA26. Oehlberg, B. (1996). *Making it better: Activities for children living in a stressful world*. St. Paul, MN: Redleaf Press.

Olweus, D. (1993). *Bullying at school: What we know and what we can do*. Cambridge, MA: Blackwell.

O'Neill, B. (2013). Improvisational play interventions: Fostering social-emotional development in inclusive classrooms. *Young Children*, 68 (3), 62-69.

Orlick, T. (2006). *Cooperative games and sports: Joyful activities for everyone* (2nd ed.). Champaign IL: Human Kinetics.

Ostrosky, M., & Meadan, H. (2010). Helping children play and learn together. *Young Children*, 65 (1), 104-110.

Ostrow, J. (1995). *A room with a different view*. York, ME: Stenhouse. Owocki, G., & Goodman, Y. (2002). *Kidwatching: Documenting children's literacy development*. Portsmouth, NH: Heinemann.

Paley, V. G. (1984). *Boys and girls: Superheroes in the doll corner*. Chicago: University of Chicago Press.

Paley, V. G. (1986). *Mollie is three*. Chicago: University of Chicago Press.

Paley, V. G. (1992). *You can't say you can't play*. Cambridge, MA: Harvard University Press.

Paley, V. G. (1999). *The girl with the brown crayon*. Cambridge, MA: Harvard University Press.

Paley, V. G. (2004). *A child's work: The importance of fantasy play*. Chicago: University of Chicago Press.

Pancheri-Ambrose, B., & Tritschler-Scali, J. (2013). Beyond green: Developing social and environmental awareness in early childhood. *Young Children*, 68 (4), 54-61.

Papalia, D., Olds, S., & Feldman, R. (2006). *A child's world: Infancy through adolescence* (10th ed.). New York: McGraw-Hill.

Park, B., Neuharth-Pritchett, S., & Reguero de Atiles, J. (2003). Using integrated curriculum to connect standards and developmentally appropriate practice. *Dimensions of Early Childhood*, 31 (3), 13-17.

Parnell, W., & Bartlett, J. (2012). iDocument: How smartphones and tablets are changing documentation in preschool and primary classrooms. *Young Children*, 67 (3), 50-57.

Parten, M. (1932). Social participation among preschool children. *Journal of Abnormal and Social Psychology*, 27, 243-269.

Pellegrini, A. (2005). *Recess: Its role in education and development*. Mahwah, NJ: Lawrence Erlbaum.

Pelo, A. (2011). Our school's not fair: A story about emergent curriculum. In D. Curtis & M. Carter (Eds.), *Reflecting children's lives: A handbook for planning child-centered curriculum* (2nd ed., pp. 158-164). St. Paul, MN: Redleaf Press.

Petersen, S., & Wittmer, D. (2008a). Relationship-based infant care: Responsive, on demand, and predictable. *Young Children*, 63 (3), 40-42.

Petersen, S., & Wittmer, D. (2008b). *Endless opportunities for infant toddler curriculum: A relationship-based approach.* Upper Saddle River, NJ: Prentice-Hall.

Peth-Pierce, R. (2000). *A good beginning: Sending America's children to school with the social and emotional competence they need to succeed.* Bethesda, MD: NIMH.

Petty, K. (2009). Using guided participation to support young children's social development. *Young Children*, 64 (4), 80-85.

Philliber Research Associates. (2004). *Hartford children are learning by leaps and bounds: Achievements of children involved in Brightest Future Child Care Enhancement Project.* Accord, NY: Philliber Research Project.

Phillips, D. (1987, November). Infants and child care: The new controversy. *Child Care Information Exchange*, 58, 19-22.

Piaget, J. ([1923] 1926). *The language and thought of the child.* New York: Harcourt, Brace and World.

Piaget, J. (1951). *Play, dreams and imitation in childhood.* New York: Norton.

Piaget, J. (1952). *The origins of intelligence in children.* New York: International Universities Press.

Piaget, J. (1962). *Play, dreams, and imitation in childhood.* New York: Norton.

Piaget, J. (1963). *The origins of intelligence in children.* New York: Norton.

Piaget, J. (1965). *The moral judgment of the child.* New York: The Free Press.

Piaget, J. (1969). *The language and thought of the child.* New York: World Publishing.

Pica, R. (2006). *Great games for young children: Over 100 games to develop self-confidence, problem-solving skills, and cooperation.* Beltsville, MD: Gryphon House.

Pica, R. (2010). Babies on the move. *Young Children*, 65 (4), 48-50.

Plummer, D., Wright, J., & Serrurier, J. (2008). *Social skills games for children.* London: Jessica Kingsley.

Prairie, A. (2013). Supporting sociodramatic play in ways that enhance academic learning. *Young Children*, 68 (2), 62-68.

Prescott, E. (1994, November). The physical environment—A powerful regulator of experience. *Child Care Information Exchange*, 100, 9-15.

Prieto, H. V. (2009). One language, two languages, three languages … More? *Young Children*, 64 (1), 52-53.

Project Zero. (2010). *Research projects: Visible thinking.* Cambridge, MA: Harvard Graduate School of Education. Retrieved November 12, 2014, from www. pz. harvard. edu/Research/ ResearchVisible. htm.

Ramming, P., Kyger, C., & Thompson, S. (2006). A new bit on toddler biting: The influence of food, oral motor development, and sensory activities. *Young Children*, 61 (2), 17-23.

Reifel, S. (2011). Observation and early childhood teaching: Evolving fundamentals. *Young Children*, 66 (2), 62-65.

Reyes, C. (2010). A teacher's case for learning center extensions in kindergarten. *Young Children*, 65 (5), 94-98.

Reynolds, E. (2006). *Guiding young children: A problem-centered approach* (4th ed.). New York: McGraw-Hill.

Reynolds, G., & Jones, E. (1996). *Master players*. New York: Teachers College Press.

Rightmyer, E. (2003). Democratic discipline: Children creating solutions. *Young Children*, 58 (4), 38-45.

Roberts, L., & Hill, H. (2003). Using children's literature to debunk gender stereotypes. *Young Children*, 58 (2), 39-42.

Roskos, K., & Christie, J. (Eds.). (2001). *Play and literacy in early childhood: Research from multiple perspectives*. Mahwah, NJ: Lawrence Erlbaum.

Roskos, K., Tabors, P., & Lenhart, L. (2009). *Oral language and early literacy in preschool: Talking, reading, and writing* (2nd ed.). Washington, DC: International Reading Association.

Salmon, A. (2010). Tools to enhance young children's thinking. *Young Children*, 65 (5), 26-31.

Saltz, G., & Cravath, L. (2008). *Amazing you: Getting smart about your private parts*. New York: Puffin Press.

Sandall, S. (2004). Play modifications for children with disabilities. In Koralek, D. (Ed.), *Spotlight on young children and play* (pp. 44-45). Washington, DC: NAEYC.

Sandall, S., Hemmeter, M., Smith, B., & McLean, M. (Eds.). (2005). *DEC recommended practices in early intervention/early childhood special education: A comprehensive guide*. Longmont, CA: Sopris West.

Sarama, J., & Clements, D. (2009). Building blocks and cognitive building blocks: Playing to know the world mathematically. *American Journal of Play*, 1 (3), 313-337.

Scheinfeld, D., Haigh, K., & Scheinfeld, S. (2008). *We are all explorers: Learning and teaching with Reggio principles in urban settings*. New York: Teachers College Press.

Schickedanz, J., Schickedanz, D., Forsyth, P., & Forsyth, G. A. (2000). *Understanding children and adolescents* (4th ed.). Boston: Pearson/Allyn & Bacon.

Schiller, P. (2003). *The complete resource book for toddlers and twos*. Lewisville, NC: Gryphon House.

Schiller, P., & Willis, C. (2008). Using brain-based teaching strategies to create supportive early childhood environments that address learning standards. *Young Children*, 63 (4), 52-55.

Schwarz, T., & Luckenbill, J. (2012). Let's get messy! Exploring sensory and art activities with infants and toddlers. *Young Children*, 67 (4), 26-34.

Schwartz, I., & Sandall, S. (2008). *Building blocks for teaching preschoolers with special needs* (2nd ed.). Baltimore: Paul H. Brookes.

Schweinhart, L. J. (1988, May). How important is child-initiated activity? *Principal*, 6–10.

Schweinhart, L. J., Montie, J., Xiang, Z., Barnett, W., Belfield, C., & Nores, M. (2005). *Lifetime effects: The High/Scope Perry Preschool Study through age 40.* Ypsilanti, MI: High/Scope Press.

Schweinhart, L. J., & Weikart, D. P. (1993, Summer). Changed lives, significant benefits: The High/Scope Perry Preschool Project to date. *High/Scope Resource*, 12 (3), 1, 10–14.

Schweinhart, L. J., & Weikart, D. P. (1997, Spring/Summer). Childinitiated learning in preschool—prevention that works. *High/Scope Resource*, 16 (20), 1, 9–11.

Schweinhart, L. J., Weikart, D., & Larner, M. (1986). Consequences of three preschool curriculum models through age 15. *Early Childhood Research Quarterly*, 1, 15–45.

Scully, P., Barbour, N., & Seefeldt, C. (2003). *Developmental continuity across preschool and primary grades.* Wheaton, MD: ACEI.

Seefeldt, C. (2005). *How to work with standards in the early childhood classroom.* New York: Teachers College Press.

Seitz, H. (2008). The power of documentation in the early childhood classroom. *Young Children*, 63 (2), 88–93.

Shabazian, A., & Soga, C. (2014). Making the right choice simple: Selecting materials for infants and toddlers. *Young Children*, 69 (3), 60–65.

Shagoury, R. (2009). Language to language: Nurturing writing development in multilingual classrooms. *Young Children*, 64 (2), 52–57.

Shapiro, E., & Mitchell, A. (1992). Principles of the bank street approach. In A. Mitchell & J. David (Eds.), *Explorations with young children: A curriculum guide from the Bank Street College of Education* (pp. 12–23). Beltsville, MD: Gryphon House.

Sharapan, H. (2012). From STEM to STEAM: How early childhood educators can apply Fred Rogers' approach. *Young Children*, 67 (1), 36–41.

Shell, E. R. (1989, December). Now, which kind of preschool? *Psychology Today*, 52–53, 56–57.

Shillady, A. (Ed.). (2013). *Spotlight on young children: Exploring science.* Washington, DC: NAEYC.

Shore, R. (2003). *Rethinking the brain: New insights into early development* (Rev. ed.). New York: Families and Work Institute.

Shores, E., & Grace, C. (2005). *The portfolio book: A step-by-step guide for teachers.* Upper Saddle River, NJ: Pearson.

Silberg, J., & DArgo, L. (2001). *Games to play with babies* (3rd ed.). Beltsville, MD: Gryphon House.

Skinner, B. F. (1938). *The behavior of organisms: An experimental analysis.* New York: Appleton-Century-Crofts.

Sloane, M. (2007). First grade study groups deepen math learning. *Young Children*, 62 (4), 83-88.

Smilansky, S. (1968). *The effects of sociodramatic play on disadvantaged preschool children.* New York: Wiley.

Smilansky, S. (1990). Sociodramatic play: Its relevance to behavior and achievement in school. In E. Klugman & S. Smilansky (Eds.), *Children's play and learning: Perspectives and policy implications* (pp. 18-42). New York: Teachers College Press.

Smilansky, S., & Shefatya, L. (1990). *Facilitating play: A medium for promoting cognitive, socioemotional and academic development in young children.* Gaithersburg, MD: Psychosocial and Educational Publications.

Smith, C. (2013). Beyond "I'm sorry": The educator's role in preschoolers' emergence of conscience. *Young Children*, 68 (1), 76-82.

Sprung, B., Froschl, M., & Gropper, N. (2010). *Supporting boys' learning: Strategies for teacher practice, pre-K-Grade 3.* New York: Teachers College Press.

Stacey, S. (2009). *Emergent curriculum in early childhood settings: From theory to practice.* St. Paul, MN: Redleaf Press.

Stacey, S. (2011). *The unscripted classroom: Emergent curriculum in action.* St. Paul, MN: Redleaf Press.

Steiner, R. (1970). *Education as an art.* London: Rudolf Steiner Press.

Stone, S. (1995). Wanted: Advocates for play in the primary grades. *Young Children*, 50 (6), 45-54.

Stone, S., & Miyake, Y. (2004). *Creating the multi-age classroom.* New York: Goodyear Books.

Stonehouse, A. W. (1986). Discipline. In R. Lurie & R. Neugebauer (Eds.), *Caring for infants and toddlers: What works, what doesn't* (Vol. 2, pp. 40-58). Redmond, WA: Child Care Information Exchange.

Stonier, F., & Dickerson, D. (2009). When children have something to say, writers are born. *Young Children*, 64 (1), 32-36.

Stuber, G. (2007). Centering your classroom: Setting the stage for engaged learners. *Young Children*, 62 (4), 58-59.

Taylor, A. S. (2003). What to do with Lee? Academic redshirting of one kindergarten-age boy. *Young Children*, 58 (5), 94-95.

Teachout, C., & Bright, A. (2007). Reading the pictures: A missing piece of the literacy puzzle. *Young Children*, 62 (4), 106-107.

Thelan, P., & Klifman, T. (2011). Using daily transition strategies to support all children. *Young Children*, 66 (4), 92-98.

Theilheimer, R. (2006). Molding to the children: Primary caregiving and continuity of care. *Zero to Three Bulletin*, 26 (3), 50-54.

The ten best schools in the world, and what we can learn from them. (1991, December 2). *Newsweek.*

Thomas, P. (2003). *The power of relaxation: Using tai chi and visualization to reduce children's stress*. St. Paul, MN: Redleaf Press.

Thompson, R. (2009). *Connecting neurons, concepts, and people: Brain development and its implications* (NIEER Publications). Retrieved October 31, 2014, from www. nieer. org/resources/factsheets/21. pdf.

Tomlinson, H. (2009a). Developmentally appropriate practice in the kindergarten year—Ages 5-6. In C. Copple & S. Bredekamp (Eds.), *Developmentally appropriate practice in early childhood programs serving children from birth through age 8* (3rd ed., pp. 187 – 216). Washington, DC: NAEYC.

Tomlinson, H. (2009b). Developmentally appropriate practice in the primary grades—Ages 6-8: An overview. In C. Copple & S. Bredekamp (Eds.), *Developmentally appropriate practice in early childhood programs serving children from birth through age 8* (3rd ed., pp. 257-288). Washington, DC: NAEYC.

Trawick-Smith, J. (1994). *Interactions in the classroom: Facilitating play in the early years*. New York: Macmillan College.

Trawick-Smith, J. (2013). *Early childhood development: A multicultural perspective* (6th ed.). Upper Saddle River, NJ: Pearson.

Trepanier-Street, M. (2000). Multiple forms of representation in long-term projects: The garden project. *Childhood Education*, 77 (1), 18-25.

Tunks, K., & Giles, R. (2009). Strategies for supporting young authors. *Young Children*, 64 (1), 22-25.

Vance, E. (2013). Class meeting variations and adaptations. *Young Children*, 68 (5), 42-45.

Vance, E., & Weaver, P. (2002). *Class meetings: Young children solving problems*. Washington, DC: NAEYC.

Van Hoorn, J., Nourot, P., Scales, B., & Alward, K. (2011). *Play at the center of the curriculum* (5th ed.). New York: Prentice-Hall.

Verma, A. K. (1992). *Achievement of kindergarten, first, and second grade children from developmentally appropriate and inappropriate kindergarten classrooms*. Unpublished master's thesis. Included in paper presented at NAEYC, November 1992, Louisiana State University, Baton Rouge.

Vygotsky, L. ([1930 – 1935] 1978). *Mind in society: The development of higher mental*. Cambridge, MA: Harvard University Press.

Walsh, D. J. (1989). Changes in kindergarten: Why here? Why now? *Early Childhood Research Quarterly*, 4, 377-391.

Walsh, D. J. (1991, April). Extending the discourse on developmental appropriateness: A developmental perspective. *Early Education and Development*, 2 (2), 109-119.

Ward, C. (1996). Adult intervention: Appropriate strategies for enriching the quality of children's play. *Young Children*, 51 (3), 20-25.

Wasserman, S. (2000). *Serious players in the primary classroom: Empowering children through active learning experiences* (2nd ed.). New York: Teachers College Press.

Watson, A. , & McCathren, R. (2009). Including children with special needs: Are you and your early childhood program ready? *Young Children*, 64 (2), 20-27.

Weems-Moon, N. (1991). *An ethnographic study of kindergarten students' literacy skills and stress-related behaviors before and after teacher demonstrations in bookreading strategies.* Unpublished doctoral dissertation. Included in paper presented at NAEYC, November 1992, Louisiana State University, Baton Rouge.

Weiser, M. G. (1991). *Infant toddler care and education* (2nd ed.). New York: Macmillan.

Wesson, K. (2001). The "Volvo effect" —Questioning standardized tests. *Young Children*, 56 (2), 16-18.

White, B. (1988). *Educating the infant and toddler.* Lexington, MA: Lexington Books.

White, B. (1995). *The new first three years of life* (Rev. ed.). New York: Simon & Schuster.

Whitin, P. , & Whitin, D. (2005). Pairing books for children's mathematical learning. *Young Children*, 60 (2), 42-48.

Whittaker, J. (2014). Fostering children's reasoning and problem solving. *Young Children*, 69 (3), 80-87.

Wien, C. (1995). *Developmentally appropriate practice in "real life": Stories of teacher practical knowledge.* New York: Teachers College Press.

Wien, C. (2008). *Emergent curriculum in the primary classroom: Interpreting the Reggio Emilia approach in schools.* New York: Teachers College Press.

Willis, C. , & Schiller, P. (2011). Preschoolers' social skills steer life success. *Young Children*, 66 (1), 42-49.

Wirth, S. , & Rosenow, N. (2012). Supporting whole-child learning in nature-filled outdoor classrooms. *Young Children*, 67 (1), 42-48.

Wittmer, D. (2012). The wonder and complexity of infant and toddler peer relationships. *Young Children*, 67 (4), 16-25.

Wolfgang, C. (1977). *Helping aggressive and passive preschoolers through play.* Columbus, OH: Merrill.

Worsley, M. , Beneke, S. , & Helm, J. (2003). The pizza project: Planning and integrating math standards in project work. *Young Children*, 58 (1), 44-49.

Yopp, H. , & Yopp, R. (2009). Phonological awareness is child's play. *Young Children*, 64 (1), 12-21.

Zero to Three. (2008). *Caring for infants and toddlers in groups: Developmentally appropriate practices* (2nd ed.). Washington, DC: Author.

后　记

　　"他山之石，可以攻玉。"了解发展适宜性实践的基本组成部分、基本原则、主要观点、支持性环境的创设，可以为我国建构基于中国文化特质且适宜中国儿童发展的课程与实践模式提供帮助。本书是对发展适宜性实践这一套教育哲学、理论框架、行动指南和评估标准的概览，较为全面、深入地呈现了发展适宜性实践的价值理念。基于此认识，在对原书第3版译稿进行系统回顾和反思的基础上，我带领由北京师范大学已毕业硕士研究生、在读博士研究生组成的研究团队和抚州幼儿师范高等专科学校的两位教师共同完成了第6版的翻译工作。本书的完成是研究团队集体力量的呈现。我和张仁甫在多次通读全书的基础上将书设计为"发展适宜性实践与早期教育课程"译丛，包括《0—3岁婴幼儿发展适宜性实践》与《3—8岁儿童发展适宜性实践》两本书，并对两本书的翻译工作做了整体规划。我和李柃霏在对全书先行进行通读的基础上，对两本书各章节标题和关键表达等进行了细致翻译和多轮修订，并在此基础上对全书框架和翻译思路、风格和分工等进行了讨论和确认，之后，与李柃霏、李金、刘祎玮对全书涉及的通用术语和专业术语进行了翻译、多轮校改。黄爽作为《0—3岁婴幼儿发展适宜性实践》的校改支持者，协助张仁甫和高静雅完成分册最后定稿；高宏钰作为《3—8岁儿童发展适宜性实践》的校改支持者，协助张仁甫和邓璠老师完成分册最后定稿。

　　就本书的具体翻译工作来说，李柃霏负责翻译前言、第1、第2章，何淼负责翻译第3、第4章，王驰负责翻译第5、第6章，刘祎玮负责翻译第7、第8章，张仁甫负责翻译第9、第10章。研究团队在翻译书稿的过程中，围绕术语开展了多轮次的细致讨论和互校工作，李柃霏、李金、何淼对值得商榷的术语进行了深入研究。李柃霏、张仁甫、高静雅和黄爽进行了最后一轮认真、系统、全面的审校与完善。书稿最后由我定稿，译者序由李柃霏协助我完成。

在本书翻译的过程中，我们参考和学习了原书第 3 版的译文，因此对所有参与第 3 版翻译工作的老师和同学表示感谢。

付梓之际，还要特别感谢教育科学出版社的领导和老师们为本书提供的支持和付出的心血。

本书完稿离不开整个研究团队的不懈追求和持续努力，我相信这是我和团队在基础教育大改革的时代背景下，踏上"幼有善育"征程的新起点。希望这本书能够激发和我们一样有志于建构具有中国文化特色、适宜中国娃发展的学前教育课程模式的教师贡献自己的智慧与力量。